Erfolgsfaktoren der Werbung im Produktlebenszyklus
Ein Beitrag zur Werbewirkungsforschung

Universität zu Köln
Seminar f. Allg. Betriebswirtschaftslehre, Marktforschung und Marketing

Schriften zu Marketing und Management

Herausgegeben von Prof. Dr. Heribert Meffert

Band 19

PETER LANG

Frankfurt am Main · Berlin · Bern · New York · Paris · Wien

Uwe Schürmann

Erfolgsfaktoren der Werbung im Produktlebenszyklus

Ein Beitrag zur Werbewirkungsforschung

PETER LANG
Frankfurt am Main · Berlin · Bern · New York · Paris · Wien

Die Deutsche Bibliothek - CIP-Einheitsaufnahme

Schürmann, Uwe:

Erfolgsfaktoren der Werbung im Produktlebenszyklus : ein Beitrag zur Werbewirkungsforschung / Uwe Schürmann. - Frankfurt am Main ; Berlin ; Bern ; New York ; Paris ; Wien : Lang, 1993
  (Schriften zu Marketing und Management ; Bd. 19)
  Zugl.: Münster (Westfalen), Univ., Diss., 1992
  ISBN 3-631-45750-2

NE: GT

D 6
ISSN 0176-2729
ISBN 3-631-45750-2

© Verlag Peter Lang GmbH, Frankfurt am Main 1993
Alle Rechte vorbehalten.

Das Werk einschließlich aller seiner Teile ist urheberrechtlich geschützt. Jede Verwertung außerhalb der engen Grenzen des Urheberrechtsgesetzes ist ohne Zustimmung des Verlages unzulässig und strafbar. Das gilt insbesondere für Vervielfältigungen, Übersetzungen, Mikroverfilmungen und die Einspeicherung und Verarbeitung in elektronischen Systemen.

Printed in Germany 1 2 3 4 5 6 7

Vorwort des Herausgebers

Wie kein anderes Marketing-Instrument hat es die Werbung vermocht, ein hohes empirisches Forschungsinteresse auf sich zu lenken. Als Teilgebiet der Werbewirkungsforschung nehmen hypothesenorientierte Ansätze zur Gewinnung und Fundierung von sogenannten "Erfolgstheorien" der Werbung i. S. der Erfolgsfaktorenforschung hierbei eine Schlüsselstellung ein. Trotz der überwältigenden Vielzahl von Ansätzen und Studien auf diesem Gebiet kann der als gesichert geltende Erkenntnisstand über generalisierbare Wirkungszusammenhänge zwischen der Werbung und der durch sie ausgelösten Werbewirkung kaum befriedigen. Dies gilt insbesondere für die Werbewirkung in bestimmten Marktsituationen, wie sie u. a. in den Phasen des Produktlebenszyklus zum Ausdruck kommen.

Der vorliegende Beitrag verfolgt die generelle Zielsetzung, Zusammenhänge zwischen dem Werbeerfolg und dem Produktlebenszyklus aufzudecken. Bezugnehmend auf ein empirisches Forschungsprojekt am Institut für Marketing untersucht der Verfasser auf der Basis einer Stichprobe von 185 Markenartikeln des Konsumgüterbereichs zentrale Erfolgsfaktoren der Werbewirkung in den Phasen des Produktlebenszyklus, um daraus strategische Empfehlungen für die Gestaltung der Werbung abzuleiten.

Ausgehend von den allgemeinen Arbeiten der Erfolgsfaktorenforschung, der Werbewirkungs- und der Produktlebenszyklusforschung werden zunächst dort identifizierte Untersuchungsergebnisse und -ansätze auf den Sonderfall der Werbung in verschiedenen Marktsituationen übertragen. Der Schwerpunkt liegt auf den neueren Befunden der Produktlebenszyklusforschung, die anhand der phasenspezifischen Erkenntnisse des Anbieter-, Nachfrager- und Absatzmittlerverhaltens diskutiert werden.

Modellannahmen der Werbewirkung bilden den Ausgangspunkt der weiteren Analyse, die auf der Basis eines erweiterten Stufenmodells der Werbewirkung vorgenommen wird und anhand dessen phasenspezifische Werbeziele herausgearbeitet werden. Die Auswahl der Werbeziele erfolgt auf der Grundlage von theoretisch und praxeologisch abgeleiteten Relevanzkriterien und richtet sich dabei auf zentrale in der Fachliteratur diskutierte Zieldimensionen aus.

Zur Auswahl und Differenzierung der werbebezogenen Erfolgsfaktoren wird zwischen ziel- und strategieabhängigen Bestimmungsfaktoren auf der einen und maßnahmenabhängigen Bestimmungsfaktoren auf der anderen Seite unterschieden. In diesem Zusammenhang diskutiert der Verfasser z. T. konträre Befunde der Literatur und verdichtet übereinstimmende Erkenntnisse, welche bereits über einen gewissen Grad an Bewährtheit verfügen, zu Hypothesen. Die Hypothesen werden anschließend in einen Bezugsrahmen überführt, der als Grundlage der empirischen Untersuchung dient.

Die empirische Analyse der Werbewirkung erfolgt in einem zweistufigen Modellansatz zur Identifizierung der Produktlebenszyklusphasen. Dabei wird zwischen unternehmensextern und unternehmensintern bedingten Determinanten des Produktlebenszyklus unterschieden. Es gelingt dem Verfasser nicht nur unterschiedliche Werbezielprioritäten in den einzelnen Produktlebenszyklusphasen, sondern auch phasentypische Werbemuster aufzuzeigen.

Die Ermittlung der Erfolgsfaktoren erfolgt zunächst auf Basis einer isolierten Betrachtung der jeweiligen Bestimmungsfaktoren. Im Rahmen einer integrierten Regressionsanalyse gelingt es des weiteren, hinreichend abgesicherte Erkenntnisse abzuleiten, die zur zielgerechten Gestaltung von Werbestrategien in unterschiedlichen Marktsituationen beitragen können.

Die Arbeit stellt eine Bereicherung der wissenschaftlichen Diskussion auf dem Gebiet der situativen Werbewirkungsforschung dar und gibt aufschlußreiche Hinweise für die Werbeplanung. Es ist zu wünschen, daß die Untersuchung ein entsprechendes Echo in Wissenschaft und Praxis findet.

Die Durchführung der vorliegenden Untersuchung erfolgte mit Unterstützung des Gesamtverbandes Werbeagenturen e. V., der A. C. Nielsen GmbH sowie der Wissenschaftlichen Gesellschaft für Marketing und Unternehmensführung e. V. Dafür gilt mein besonderer Dank.

Münster, im August 1992   Prof. Dr. H. Meffert

Vorwort des Verfassers

Die Kommunikationspolitik vieler Unternehmen wird heute durch Diskontinuitäten und eine komplexer werdende Aufgabenumwelt vor neue Herausforderungen gestellt. Gerade die Bedingungen der klassischen Werbung, als traditionell wichtigstes Kommunikationsinstrument, haben sich in den vergangenen Jahren in gravierender Weise verändert. Die Werbung steht vor der Herausforderung, ihre Rolle als Erfolgsfaktor in Marketing und Unternehmensführung neu zu definieren und nachzuweisen, um sich einem noch gewachsenen Anspruchsspektrum zu stellen. Hierbei gewinnt die Werbewirkungsforschung an Bedeutungsgewicht.

Die Werbewirkungsforschung ist als dasjenige Gebiet unternehmensbezogener Erfolgsuntersuchungen anzusehen, zu dem die meisten empirischen Arbeiten vorliegen. Dabei findet eine Auseinandersetzung mit Kontextparametern i. S. von kontingenztheoretischen Überlegungen allerdings nur partiell und oftmals nur implizit in den vorliegenden Untersuchungsansätzen ihren Niederschlag. Vor allem das Produktlebenszyklus-Konzept, dem eine hohe Bedeutung als Taxonomie von strategisch relevanten Situationsbedingungen zuzusprechen ist, wird bislang kaum herangezogen, um auf empirischer Basis Erfolgsfaktoren der Werbung in divergenten Marktsituationen herauszuarbeiten. Unter Bezugnahme auf Erkenntnisse der Werbewirkungs- und Produktlebenszyklusforschung will die vorliegende Arbeit diese Lücke schließen und einen Beitrag zur empirisch fundierten Analyse von Erfolgsfaktoren der Werbung in unterschiedlichen Produktlebenszyklusphasen leisten. Am Beispiel von klassischen Markenartikeln des Konsumgüterbereichs wird dazu eine Vorgehensweise entwickelt, die zur Ableitung tragfähiger Werbestrategien Ansatzpunkte liefert.

Die Erstellung der vorliegenden Arbeit war nur mit Unterstützung verschiedener Personen möglich. Herr Professor Dr. Heribert Meffert regte die Arbeit an und betreute sie. Nicht nur dafür möchte ich ihm danken, sondern insgesamt für seine vielgestaltige und vielfache Förderung, die er mir in meiner Assistenten-Zeit zukommen ließ und läßt, kurz: dafür, daß er mein akademischer Lehrer ist.

Dank schulde ich allen Kolleginnen und Kollegen am Institut für Marketing und in der Wissenschaftlichen Gesellschaft für Marketing und Unternehmensführung e. V., die mich während der Erstellung dieser Arbeit auch von vielen anderen Aufgaben entlastet haben. Dies gilt vor allem für die Herren Dr. Manfred Kirchgeorg und Professor Dr. Martin Benkenstein, die im konzeptionellen Stadium der Untersuchung sowie während der Abfassung der Arbeit jederzeit zu konstruktiv-kritischer, stets aber freundschaftlicher Diskussion bereit waren und mir wertvolle Hinweise gaben.

Darüber hinaus danke ich ganz herzlich meinen Eltern, die mich seit langem in umfassender Weise unterstützt haben. Sie haben mich geprägt, mir stets und entscheidend geholfen und damit erst die Grundlage für die Anfertigung der Arbeit geschaffen. Dies gilt ebenso für meinen langjährigen Mentor und Paten General a. D. Hermann Heinrich Behrend. Schade, daß ich ihm dieses Buch nicht mehr zeigen kann.

Mein besonderer Dank aber gilt meiner großartigen Valérie. Sans ton formidable soutien et la stimulation de tes encouragements permanents - et ce malgré tes propres préoccupations - cette thèse aurait été irréalisable. Merci. Ihr ist dieses Buch gewidmet.

Münster, im August 1992   Uwe Schürmann

Inhaltsverzeichnis

	Seite
A. Der Stellenwert der Werbewirkungsforschung für die kontextbezogene Werbeplanung	1
1. Herausforderungen der Werbung im Zeichen wachsender Marktdynamik	1
2. Ansätze der Erfolgsfaktorenforschung in der Werbung	9
3. Gegenstand und Bedeutung des Produktlebenszyklus als Determinante der kontextbezogenen Werbung	20
4. Zielsetzung und Gang der Untersuchung	29
B. Konzeptionelle Grundlagen zur Analyse von Erfolgsfaktoren der Werbung in unterschiedlichen Produktlebenszyklusphasen	34
1. Grundkonzept zur Analyse von Erfolgsfaktoren der Werbung in divergenten Marktsituationen	34
1.1 Allgemeine konzeptionelle Ansatzpunkte	36
1.2 Produktlebenszyklusspezifische konzeptionelle Ansatzpunkte	38
1.3 Ableitung eines allgemeinen Bezugsrahmens	44
2. Modell und Zielsystem der Werbung als Ausgangspunkt der Wirkungsanalyse	46
2.1 Modellannahmen der Werbewirkung	46
2.2 Analyse der Werbezielsetzungen	51
2.21 Generelle Werbezielsetzungen im Produktlebenszyklus	53
2.22 Psychographische Ziele im Produktlebenszyklusverlauf	55
2.23 Ökonomische Ziele im Produktlebenszyklusverlauf	61

	Seite
3. Abgrenzung der relevanten Bestimmungsfaktoren der Werbewirkung im Produktlebenszyklus	66
3.1 Ziel- und strategieabhängige Bestimmungsfaktoren	68
3.11 Zielgruppenstrategische Ausrichtung	69
3.12 Instrumentestrategische Ausrichtung	71
3.13 Positionierungsstrategische Ausrichtung	76
3.2 Maßnahmenabhängige Bestimmungsfaktoren	78
3.21 Budgetabhängige Bestimmungsfaktoren	78
3.22 Gestaltungsabhängige Bestimmungsfaktoren	85
3.23 Bestimmungsfaktoren der medialen Exposition	93
3.24 Integrationsabhängige Bestimmungsfaktoren	99
4. Bezugsrahmen der empirischen Untersuchung	104
C. Empirische Analyse zur Erfassung der Erfolgsfaktoren der Werbung im Produktlebenszyklus	109
1. Design der Untersuchung	109
2. Situativer Kontextrahmen und werbliche Maßnahmengestaltung der einbezogenen Markenartikel	116
2.1 Einflußgrößen und Kennzeichnung des Produktlebenszyklus	116
2.2 Werbeziele als Ausgangspunkt der Analyse	121
2.3 Ausprägungen der Bestimmungsfaktoren der Werbewirkung in den Produktlebenszyklusphasen	125
3. Erfolgswirkung der Werbung	137
3.1 Phasenspezifische Erfolgswirkung	138

		Seite
3.2	Empirische Ableitung relevanter Erfolgsdimensionen	141

4. Isolierte Analyse phasenspezifischer Erfolgsfaktoren der Werbung — 145

    4.1 Ziel- und strategieabhängige Erfolgsfaktoren — 146

        4.11 Instrumentestrategien — 146

        4.12 Zielgruppenstrategien — 151

        4.13 Positionierungsstrategien — 154

    4.2 Budgetabhängige Erfolgsfaktoren — 155

        4.21 Werbebudgethöhe, Werbedruck und Werbebudgetwachstum — 155

        4.22 Budgetmodifikation und zeitliche Zielung der Werbung — 159

    4.3 Gestaltungsabhängige Erfolgsfaktoren — 160

        4.31 Inhaltliche Gestaltung — 163

        4.32 Formale Gestaltung — 164

    4.4 Erfolgsfaktoren der medialen Exposition — 165

        4.41 Elektronische Medien — 168

        4.42 Insertionsmedien — 169

        4.43 Modifikation des Media-Mix — 171

    4.5 Integrationsabhängige Erfolgsfaktoren — 171

    4.6 Synoptischer Überblick der Beziehungszusammenhänge — 175

	Seite
5. Integrierte Analyse der Erfolgsfaktoren im Produktlebenszyklus	178
5.1 Erfolgsfaktoren des kognitiven Werbeerfolgs	178
5.2 Erfolgsfaktoren des affektiven Werbeerfolgs	186
5.3 Erfolgsfaktoren des konativen Werbeerfolgs	191
5.4 Erfolgsfaktoren des Umsatzwachstums	196
5.5 Erfolgsfaktoren des Marktanteilswachstums	201
D. Zusammenfassung und Implikationen	206
1. Zusammenfassung der Untersuchungsergebnisse	206
2. Implikationen für die kontextbezogene Werbeplanung	214
3. Implikationen für die Werbewirkungsforschung	217
Anhang I: Tabellen der empirischen Untersuchung	223
Anhang II: Fragebogen	235
Literaturverzeichnis	243

Abbildungsverzeichnis

Seite

Abb. 1: Managementprozeß der strategischen Werbeplanung 7

Abb. 2: Grundkonzept zur Analyse von Erfolgsfaktoren in der Werbung im Produktlebenszyklus 35

Abb. 3: Charakteristika und Abgrenzung der Produktlebenszyklusphasen 43

Abb. 4: Allgemeiner Bezugsrahmen zur Systematisierung relevanter Einflußgrößen des Werbeerfolges im Produktlebenszyklus 45

Abb. 5: Erweitertes Stufenmodell der Werbewirkung 48

Abb. 6: Zieldimensionen der Werbung im Produktlebenszyklus 54

Abb. 7: Ziel- und strategieabhängige Bestimmungsfaktoren der Werbewirkung 68

Abb. 8: Relevante Dimensionen der Werbebudgetierung als Bestimmungsfaktoren der Werbewirkung 79

Abb. 9: Zentrale inhaltliche und formale Gestaltungselemente der Werbebotschaft 86

Abb. 10: Ausgewählte Massenmedien im Intermediavergleich 94

Abb. 11: Integrationsabhängige Bestiimmungsfaktoren der Werbewirkung 100

Abb. 12: Bezugsrahmen der empirischen Untersuchung 105

Abb. 13: Warengruppenspezifische Verteilung der Stichprobe 111

Abb. 14: Verteilung der Umsätze und Werbeaufwendungen in der Stichprobe 112

Abb. 15: Wettbewerbscharakteristika in den Phasen des Produktlebenszyklus 117

Abb. 16: Werbezielprioritäten in den Phasen des Produktlebenszyklus 122

Abb. 17: Ausprägungen der ziel- und strategieabhängigen Bestimmungsfaktoren 126

Abb. 18: Ausprägungen der budgetabhängigen Bestimmungsfaktoren 129

Abb. 19: Ausprägungen der gestaltungsabhängigen Bestimmungsfaktoren 131

Abb. 20: Aufteilung der Werbebudgets auf die Medien 133

		Seite
Abb. 21:	Ausprägungen der integrationsabhängigen Bestimmungsfaktoren	135
Abb. 22:	Erfolgseinschätzung der Werbung im Produktlebenszyklus	139
Abb. 23:	Korrelations-Matrix der Einschätzung der Werbezielerreichung	142
Abb. 24:	Faktorenanalyse des psychographischen Erfolges	144
Abb. 25:	Faktorenanalyse des ökonomischen Erfolges	144
Abb. 26a:	Beziehungen zwischen den ziel- und strategieabhängigen Bestimmungsfaktoren und den Erfolgsdimensionen in der Einführungsphase	147
Abb. 26b:	Beziehungen zwischen den ziel- und strategieabhängigen Bestimmungsfaktoren und den Erfolgsdimensionen in der Wachstumsphase	147
Abb. 26c:	Beziehungen zwischen den ziel- und strategieabhängigen Bestimmungsfaktoren und den Erfolgsdimensionen in der Reifephase	148
Abb. 26d:	Beziehungen zwischen den ziel- und strategieabhängigen Bestimmungsfaktoren und den Erfolgsdimensionen in der Schrumpfungsphase	148
Abb. 27a:	Beziehungen zwischen den budgetabhängigen Bestimmungsfaktoren und den Erfolgsdimensionen in der Einführungsphase	156
Abb. 27b:	Beziehungen zwischen den budgetabhängigen Bestimmungsfaktoren und den Erfolgsdimensionen in der Wachstumsphase	156
Abb. 27c:	Beziehungen zwischen den budgetabhängigen Bestimmungsfaktoren und den Erfolgsdimensionen in der Reifephase	157
Abb. 27d:	Beziehungen zwischen den budgetabhängigen Bestimmungsfaktoren und den Erfolgsdimensionen in der Schrumpfungsphase	157
Abb. 28a:	Beziehungen zwischen den gestaltungsabhängigen Bestimmungsfaktoren und den Erfolgsdimensionen in der Einführungsphase	161
Abb. 28b:	Beziehungen zwischen den gestaltungsabhängigen Bestimmungsfaktoren und den Erfolgsdimensionen in der Wachstumsphase	161
Abb. 28c:	Beziehungen zwischen den gestaltungsabhängigen Bestimmungsfaktoren und den Erfolgsdimensionen in der Reifephase	162

		Seite
Abb. 28d:	Beziehungen zwischen den gestaltungsabhängigen Bestimmungsfaktoren und den Erfolgsdimensionen in der Schrumpfungsphase	162
Abb. 29a:	Beziehungen zwischen den medialen Bestimmungsfaktoren und den Erfolgsdimensionen in der Einführungsphase	166
Abb. 29b:	Beziehungen zwischen den medialen Bestimmungsfaktoren und den Erfolgsdimensionen in der Wachstumsphase	166
Abb. 29c:	Beziehungen zwischen den medialen Bestimmungsfaktoren und den Erfolgsdimensionen in der Reifephase	167
Abb. 29d:	Beziehungen zwischen den medialen Bestimmungsfaktoren und den Erfolgsdimensionen in der Schrumpfungsphase	167
Abb. 30a:	Beziehungen zwischen den integrationsabhängigen Bestimmungsfaktoren und den Erfolgsdimensionen in der Einführungsphase	173
Abb. 30b:	Beziehungen zwischen den integrationsabhängigen Bestimmungsfaktoren und den Erfolgsdimensionen in der Wachstumsphase	173
Abb. 30c:	Beziehungen zwischen den integrationsabhängigen Bestimmungsfaktoren und den Erfolgsdimensionen in der Reifephase	174
Abb. 30d:	Beziehungen zwischen den integrationsabhängigen Bestimmungsfaktoren und den Erfolgsdimensionen in der Schrumpfungsphase	174
Abb. 31:	Synoptische Übersicht der ermittelten Beziehungszusammenhänge im Produktlebenszyklus	176
Abb. 32:	Erfolgsfaktoren des kognitiven Werbeerfolgs	180
Abb. 33:	Korrelationsmatrix der informativen Werbung mit produkt- und werbegestalterischen Ausprägungsparametern	184
Abb. 34:	Erfolgsfaktoren des affektiven Werbeerfolgs	187
Abb. 35:	Erfolgsfaktoren des konativen Werbeerfolgs	192
Abb. 36:	Erfolgsfaktoren des Umsatzwachstums	197
Abb. 37:	Erfolgsfaktoren des Marktanteilswachstums	201
Abb. 38:	Einschätzungen der Gründe für Zielverfehlungen in den Produktlebenszyklusstadien	216

Abkürzungsverzeichnis

a. a. O.	am angegebenen Ort
Abb.	Abbildung
allg.	allgemein
AMA	American Marketing Association
AoMJ	Academy of Management Journal
ARF	Advertising Research Foundation
Art.	Artikel
ASW	Absatzwirtschaft
Aufl.	Auflage
Bd.	Band
BddW	Blick durch die Wirtschaft
bspw.	beispielsweise
bzw.	beziehungsweise
ca.	circa
d. h.	das heißt
DBW	Die Betriebswirtschaft
Diss.	Dissertation
e. V.	eingetragener Verein
et al.	et alteri
etc.	et cetera
f, ff	folgend, folgende
FAZ	Frankfurter Allgemeine Zeitung
FN	Fußnote
GfK	Gesellschaft für Konsumforschung
ggfs.	gegebenenfalls
GWA	Gesamtverband Werbeagenturen e. V.
H.	Heft
HBR	Harvard Business Review
HM	Harvard Manager
Hrsg.	Herausgeber
i. e. S.	im engeren Sinne
i. d. R.	in der Regel
i. S.	im Sinne
IJoA	International Journal of Advertising
IMM	Industrial Marketing Management

insbes.	insbesondere
JAVF	Jahrbuch der Absatz- und Verbrauchsforschung
Jg.	Jahrgang
JoAR	Journal of Advertising Research
JoB	The Journal of Business
JoBR	Journal of Business Research
JoBS	Journal of Business Strategy
JoCR	Journal of Consumer Research
JoM	Journal of Marketing
JoMR	Journal of Marketing Research
JoPIM	Journal of Product Innovation Management
Kap.	Kapitel
MIR	Management International Review
MJ	Marketing Journal
MP	Media Perspektiven
MSI	Marketing Science Institute
No	Number
Nr.	Nummer
o. J.	ohne Jahrgang
o. O.	ohne Ort
o. S.	ohne Seite
o. V.	ohne Verfasser
p. a.	per anno
PIMS	Profit Impact of Market Strategies
PLZ	Produktlebenszyklus
PR	Public Relations
rd.	rund
RM	Research Management
S.	Seite
SMJ	Strategic Manangement Journal
sog.	sogenannte
Sp.	Spalte
SPSS	Statistical Package for the Social Sciences
t	Zeit
Tab.	Tabelle
TDM	Tausend Deutsche Mark
U	Umsatz
u. a.	und andere, unter anderem

u. ä.	und ähnliches
u. U.	unter Umständen
UAP	Unique Advertising Proposition
USP	Unique Selling Proposition
vgl.	vergleiche
Vol.	Volume
w & v	werben und verkaufen
WiSt	Wirtschaftswissenschaftliches Studium
WISU	Das Wirtschaftsstudium
WiWo	Wirtschaftswoche
z. B.	zum Beispiel
z. T.	zum Teil
ZAW	Zentralausschuß der Werbewirtschaft e. V.
ZfB	Zeitschrift für Betriebswirtschaft
ZfbF	Zeitschrift für die betriebswirtschaftliche Forschung
ZFP	Zeitschrift für Forschung und Praxis

A. Der Stellenwert der Werbewirkungsforschung für die kontextbezogene Werbeplanung

1. Herausforderungen der Werbung im Zeichen wachsender Marktdynamik

Anforderungsspektrum und Interpretationsmuster der Marktkommunikation haben sich in den vergangenen Jahren angesichts dynamischer Umwelt- und Marktentwicklungen essentiell verändert.[1] Vor dem Hintergrund sich rasch wandelnder Markt- und Kommunikationsbedingungen, eines an Komplexität gewinnenden Aufgabenumfeldes der Unternehmen und Polarisierungstendenzen im Konsumentenverhalten sieht sich die Kommunikationspolitik aktuell vor besondere Herausforderungen gestellt.[2]

---

[1] Diese Veränderung leitet sich mittelbar aus dem gewandelten Stellenwert des Marketing im Paradigmenwechsel der Betriebswirtschaftslehre ab. Vgl. hierzu Meffert, H., Marketing und allgemeine Betriebswirtschaftslehre - Eine Standortbestimmung im Lichte neuerer Herausforderungen der Unternehmensführung, in: Die Betriebswirtschaftslehre im Spannungsfeld zwischen Generalisierung und Spezialisierung, Festschrift zum 75. Geburtstag von Edmund Heinen, Hrsg.: Kirsch, W., Picot, A., Wiesbaden 1989, S. 337-357; derselbe, Erfolgreiches Marketing in den neunziger Jahren, in: Marketing im Umbruch. Chancen und Gefahren für den Unternehmer, Hrsg.: ATAG ERNST & YOUNG, Zürich 1991, S. 7 ff. Zu den abgeleiteten Auswirkungen auf Entwicklungslinien der Marktkommunikation vgl. Yankelovich, D., New Rules: Some Implications for Advertising, in: JoAR, No 5, 1982, S. 9-14; Bruhn, M., Integrierte Unternehmenskommunikation: Ansatzpunkte für eine strategische und operative Umsetzung integrierter Kommunikationsarbeit, Stuttgart 1992, insbes. S. 1-17; ähnlich Meffert, H., Integrierte Marktkommunikation, Münster o.J., S. 1-6.

[2] Vgl. u.a. Schenk, M., Donnerstag, J., Höflich, J. R., Wirkungen der Werbekommunikation, Köln, Wien 1990, S. 1 ff; Dyer, G., Advertising as Communication, London, New York 1988, S. 55 ff.

Die **Wettbewerbsbedingungen** sind in vielen Teilmärkten durch Sättigungserscheinungen[3] und die Verkürzung von Produktlebenszyklen[4] geprägt. Dabei ist ein Trend zunehmender Marktsegmentierung evident, der einhergeht mit einer wachsenden Angebotsdifferenzierung, die für den Konsumenten allerdings kaum mehr objektiv nachvollziehbar ist.[5] Der Differenzierungswettbewerb der Unternehmen wandelt sich in diesem Kontext zunehmend von einem Leistungs- und Produktwettbewerb zu einem Kommunikationswettbewerb mit der Folge eines erhöhten Kommunikationsdrucks.[6]

---

[3] Zur Marktsättigung und Marketingsstrategie auf gesättigten Märkten vgl. Meffert, H., Strategische Planungskonzepte in stagnierenden und gesättigten Märkten, in: DBW, H. 2, 1983, S. 193-209; Romer, K.-H., Strategische Unternehmensplanung in gesättigten Märkten. Eine Analyse unter besonderer Berücksichtigung des Bewertungs- und Entscheidungsaspekts, in: Hochschulschriften zur Betriebswirtschaftslehre, Bd. 49, Hrsg.: Beschorner, D., Heinhold, M., München 1988, S. 69-86. Die Kommunikationspolitik auf gesättigten Märkten diskutiert Kroeber-Riel, W., Zentrale Probleme auf gesättigten Märkten, in: Marketing ZFP, H. 3, 1984, S. 210-214.

[4] Das Phänomen der Verkürzung von Produktlebenszyklen und deren Auswirkungen auf das Marketing wird in der Literatur bereits seit langem für Produkte in unterschiedlichen Branchen diskutiert. Vgl. hierzu beispielhaft Hoffmann, K., Der Produktlebenszyklus - Eine kritische Analyse, Freiburg 1972, S. 3 und die dort zitierte Literatur; Qualls, W., Olshavsky, R. W., Michaels, R. E., Shortening of PLC - An Empirical Test, in: JoM, No 4, 1981, S. 76-80; Goldman, A., Short Product Life Cycles: Implications for the Marketing Activities of Small High-Technology Companies, in: R&D Management, April 1982, S. 81-89; Backhaus, K., Auswirkungen kurzer Lebenszyklen bei High-Tech Produkten, in: Thexis, Nr. 6, 1991, S. 11-13.

[5] In diesem Zusammenhang wird das Phänomen der Markeninflation erörtert. Wurden in den klassischen Medien 1975 ca. 25.000 Produkte beworben, stieg diese Zahl 1988 auf über 41.000 an. Vgl. GfK-Testmarktforschung (Hrsg.), Ökonomische Werbewirkung. Schlußfolgerungen und Hypothesen, Nürnberg 1991, S. 4.

[6] Vgl. Kroeber-Riel, W., Strategie und Technik der Werbung. Verhaltenswissenschaftliche Ansätze, 3. Aufl., Stuttgart 1991, S. 20 f; Rosenstiel diskutiert in diesem Zusammenhang das Phänomen der psychologischen Produktdifferenzierung durch Werbung. Vgl. Rosenstiel, L. v., Produktdifferenzierung durch Werbung, in: Marketing ZFP, H. 3, 1979, S. 151-165.

Die relevanten **Kommunikationsbedingungen** sind vorrangig durch zunehmende Bildkommunikation und verstärkten Einsatz der Fernsehwerbung als Trägermedium gekennzeichnet.[7] Die Dynamik der Medienstruktur wird hierbei begleitet von einer Ausweitung und Spezialisierung des Kommunikations-Instrumentariums, die traditionelle Anspracheformen wie die klassische Werbung ergänzen und teilweise ersetzen.[8]

Konzentration und Pluralisierung von Handelsleistungen kennzeichnen Rahmenparameter, die durch den **Handel** bedingt sind. Diese Entwicklungen führen zu Machtverschiebungen zwischen Produzenten und Händlern, die nicht nur Mittler zwischen Konsumenten- und Herstellerinteressen sind, sondern zunehmend eigene Absatz- und Kommunikationszielsetzungen forcieren.[9] Hieraus wird in der aktuellen Diskussion zum einen die Notwendigkeit einer verstärkten Einbindung der Handelspartner in die absatzmarktbezogenen Kommunikationsaktivitäten der Hersteller abgeleitet.[10] Zum anderen wird auf eine verstärkte handelsgerichtete Kommunikation abgestellt.

Das **Konsumentenverhalten** läßt sich schließlich durch einen umfassenden Wertewandel kennzeichnen, der zu Polarisierungstendenzen im Einkaufs- und Mediennutzungsverhalten

---

[7] Vgl. ZAW (Hrsg.), Werbung in Deutschland 1991, Siegburg 1991, S. 18; Pretzsch, D., Werbefernsehboom hält an - Die Entwicklung in den klassischen Medien 1990, in: MP, H. 3, 1991, S. 147-160.

[8] Vgl. Bruhn, M., Integrierte Unternehmenskommunikation, a.a.O., S. 51 ff und die dort zitierte Literatur zu den funktionalen Beziehungen zwischen den Kommunikationsinstrumenten.

[9] Vgl. Böcker, F., Handelskonzentration: Ein partielles Phänomen? - oder: Irreführende Handelsstatistiken, in: ZfB, H. 7, 1986, S.654-660. Zu den Zielbeziehungen zwischen Hersteller und Handel vgl. Meffert, H., Steffenhagen, H., Konflikte in den Absatzkanälen, in: WiSt, H. 4, 1977, S. 164-169 und die dort angegebene Literatur.

[10] Vgl. Schlitt, P., Handel will mit der Industrie enger zusammenarbeiten, in: w & v, Nr. 5, 1992, S. 12-16.

führt.[11] Als zentrale Rahmenbedingung lassen sich hierbei aus kommunikationswissenschaftlicher Perspektive die wachsende Informationsüberlastung und Reizüberflutung der Konsumenten ausmachen. Eine tendenzielle Erosion der Kommunikationswirkung wird hierfür als Folge angesehen.[12] In diesem Zusammenhang gewinnt das Paradigma des Low-Involvement-Verhaltens der Konsumenten an Relevanz.[13]

Den skizzierten dominanten und z. T. interdependenten Entwicklungslinien ist gemeinsam, daß sie das Problembewußtsein für strategische Fragestellungen in der Marktkommunikation in besonderem Maße geschärft und Bemühungen zu ihrer Lösung intensiviert haben. Die Erkenntnis, daß gerade der klassischen Werbung[14] als absichtlicher und zwangfreier

---

[11] Vgl. u.a. Silberer, G., Werteforschung und Werteorientierung, Stuttgart 1990, S. 1 ff; Windhorst, K.-G., Wertewandel und Konsumentenverhalten, in: Schriften der Wissenschaftlichen Gesellschaft für Marketing und Unternehmensführung e.V., Bd. 2, Hrsg.: Meffert, H., Wagner, H., Münster 1985, S. 53 ff.

[12] Empirischen Untersuchungen zufolge werden lediglich ca. 2 bis 5% der im Rahmen der Marktkommunikation angebotenen Informationen überhaupt durch die Konsumenten wahrgenommen und haben damit die Chance der intrapersonalen Weiterverarbeitung i.S. psychographischer und ökonomischer Wirkungskriterien. Vgl. Kroeber-Riel, W., Informationsüberlastung durch Massenmedien in Deutschland, in: DBW, H. 3, 1987, S. 257-264; Arnold, U., Zur Informationsüberlastung von Konsumenten, in: JAVF, H. 4, 1989, S. 387-401.

[13] Vgl. zu diesem Paradigma Batra, R., Ray, M. L., How Advertising Works at Contact, in: Psychological Processes and Advertising Effects - Theory, Research and Application, Hrsg.: Alwitt, L. F., Mitchell, A. A., 1985, S. 13-44; Kroeber-Riel, W., Zukünftige Strategien und Techniken der Werbung - Anpassung der Marktkommunikation an veränderte Kommunikationsbedingungen, in: ZfbF, H. 6, 1990, S. 484 f.

[14] Der Begriff der Werbung wird in der Literatur mit unterschiedlichen Schwerpunkten belegt und je nach Autor anhand differenzierender Abgrenzungskriterien wie z.B. Zielsetzungen, Mitteleinsatz, strategischer vs. operativer Charakter etc. definiert. Vgl. beispielhaft für die allgemein in der Literatur anerkannten Definitionsansätze Behrens, K. C., Absatzwerbung, Wiesbaden 1963, S. 14; Haseloff, O. W., Werbung als instrumen-

Form instrumenteller Kommunikation unter Einsatz spezieller Massenkommunikationsmittel eine Schlüsselrolle für den Produkt- und Unternehmenserfolg, insbesondere auf den kommunikationsintensiven Konsumgütermärkten[15], zukommt, führt gegenwärtig zu einer Fokussierung der Werbeforschung und -praxis auf den Bereich der strategisch ausgerichteten Werbung und Werbeplanung.[16]

Gegenstand der **Werbeplanung** ist die "bewußte Gestaltung der marktgerichteten Informationen eines Unternehmens zum Zweck der Steuerung von Meinungen, Einstellungen und Verhaltensweisen werblicher Zielgruppen"[17]. Hieraus läßt sich die Schlüsselfunktion der Werbeplanung ableiten, die in der Erschließung und Sicherung von werbebedingten Erfolgspotentialen zur langfristigen Stabilisierung von Markterfolgsvoraussetzungen der beworbenen Produkte zu sehen ist.[18]

---

telle Kommunikation, in: Die Werbung - Handbuch der Kommunikations- und Werbewirtschaft, Bd. 1, Hrsg.: Tietz, B., Landsberg a. L. 1981, S. 108 f; Meffert, H., Marketing - Grundlagen der Absatzpolitik, 7. Aufl., Wiesbaden 1986, S. 443. Einen Überblick über definitorische Abgrenzungen des Begriffs der Werbung gibt Mayer, H., Werbewirkung und Kaufverhalten unter ökonomischen und psychologischen Aspekten, Stuttgart 1990, S. 5 f.

[15] Vgl. zur Situation auf den Konsumgütermärkten Konert, F.-J., Konsumgütermarketing im Zeichen veränderter Marktstrukturen, Marketing ZFP, H. 4, 1984, S. 279-285.

[16] In diesem Zusammenhang wird der Werbung in aktuellen Publikationen auch die Rolle eines Kern- und Leitinstruments der Kommunikation mit strategischem Charakter zugeschrieben. Um den Langfristcharakter der Werbung als strategisches Instrument hervorzuheben, wird häufig auch von Werbeinvestitionen im Zusammenhang mit Etatentscheidungen gesprochen. Zu Recht weist jedoch Bruhn darauf hin, daß einzelnen Kommunikationsinstrumenten je nach Kommunikationssituation und -ziel strategische und taktische Bedeutung zukommt und das Bedeutungsgewicht variieren kann. Vgl. Bruhn, M., Integrierte Unternehmenskommunikation, a.a.O., S. 65-69.

[17] Meffert, H., Werbe- und Mediaplanung, in: Handwörterbuch der Planung, Hrsg.: Szyperski, N., Stuttgart 1989, Sp. 2207.

[18] Die Diskussion der strategisch ausgerichteten Werbeplanung setzt damit im Kern die schwerpunktmäßig seit

Betrachtet man die Werbeplanung in Abbildung 1 als umfassenden, iterativen und dynamischen Managementprozeß, sind - vereinfachend gesehen - aus entscheidungsorientierter Sicht[19] folgende Aufgabenfelder inhaltlich zu füllen und zu erörtern:[20]

Ausgehend von der Situationsanalyse werden Werbeziele und -strategien abgeleitet. Die Umsetzung der Ziele geschieht im Rahmen der Maßnahmengestaltung durch die Festlegung der Kommunikations-Instrumente, Budgets, der Botschaftsgestaltung und der medialen Exposition. Als weiterer Problemkreis gewinnt die Integration der skizzierten Entscheidungstatbestände an Bedeutung. Hierbei ist die Abstimmung der Entscheidungstatbestände i. S. eines optimalen Gesamtmixes angesprochen. An die Realisation schließt sich die Kontrolle der Werbewirkung mit den zur Verfügung stehenden Verfahren und Ansätzen an, um ein zielgerichtetes Feedback zu erlangen.

Aus dem skizzierten Regelkreis wird deutlich, daß die Werbeplanung immer auch als Kontextplanung zu interpretieren ist. Die Auswahl erfolgversprechender Werbestrategien wird wesentlich von relevanten Indikatoren der Marktsituation

---

Anfang der 80er Jahre geführte Debatte zu den Ansätzen der strategischen Planung mit verändertem Forschungsfokus fort. Zu den Ziel- und Zwecksetzungen dieser Ansätze vgl. stellvertretend Homburg, Chr., Modellgestützte Unternehmensplanung, Wiesbaden 1991, S. 25 ff; Hahn, D., Strategische Unternehmensplanung: Ein konzentrierter Überblick (I.), in: WISU, Nr. 5, 1981, S. 223-227.

[19] Zur Einordnung der Entscheidungstheorie vgl. Heinen, E., Einführung in die Betriebswirtschaftslehre, 9. Aufl., Wiesbaden 1985, S. 35 ff. Einen Überblick über den Stand der entscheidungstheoretischen Forschung geben Martin, A., Die empirische Forschung in der Betriebswirtschaftslehre - Eine Untersuchung über die Logik der Hypothesenprüfung, die empirische Forschungspraxis und die Möglichkeit einer theoretischen Fundierung realwissenschaftlicher Untersuchungen, Stuttgart 1989, S. 258-261; Nienhüser, W., Die praktische Nutzung theoretischer Erkenntnisse in der Betriebswirtschaftslehre - Probleme der Entwicklung und Prüfung technologischer Aussagen, Stuttgart 1989, S. 25 f.

[20] Vgl. hierzu und im folgenden Meffert, H., Werbe- und Medienplanung, a.a.O., Sp. 2208 ff; Bruhn, M., Integrierte Unternehmenskommunikation, a.a.O., S. 97-101.

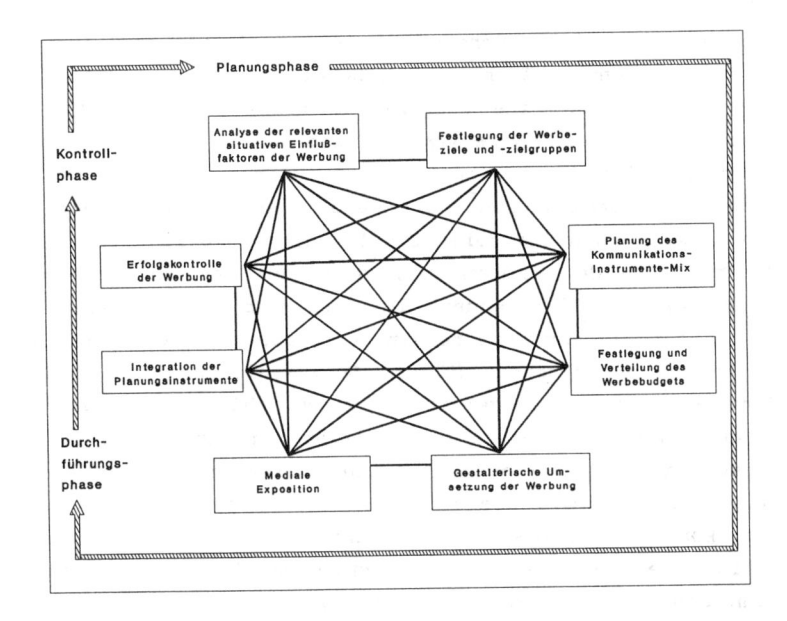

Abb. 1: Managementprozeß der strategischen Werbeplanung

>Quelle: In Anlehnung an Meffert, H., Werbe- und Mediaplanung, a.a.O., Sp. 2208; Bruhn, M., Integrierte Unternehmenskommunikation, a.a.O., S. 98.

bestimmt, die in die planerische und konzeptionelle Gestaltung der Werbung einzubeziehen sind.[21]

Angesichts der aufgezeigten zunehmenden Komplexität und Dynamik der ökonomischen Umwelt und des sich abzeichnenden Verfalls der Werbewirkung stellen sich in Zukunft noch erhöhte Anforderungen an die kontextbezogene strategische Werbeplanung: Die Effektivität und Effizienz der Werbung sind dabei als wesentliche Prämissen für den Markterfolg anzusehen, welcher durch gesteigerte Wirksamkeit der werblichen Gestaltung und einen wachsenden Werbedruck - die

---

[21] Zum Selbstverständnis der Werbeplanung als Kontextplanung vgl. Meffert, H., Integrierte Marktkommunikation, a.a.O., S. 11.

inzwischen erreichte Höhe der Werbeetats in vielen Branchen belegt dies anschaulich - unter schwierigeren Vorzeichen zu realisieren ist. Eine maßgebliche Rolle kommt in diesem Zusammenhang der **Werbewirkungsforschung**[22] zu, die einen substantiellen Beitrag bei der notwendigen Abstimmung zwischen Umweltbedingungen[23] und werblichen Planungsmechanismen leisten kann und deren Stellenwert erheblich ansteigen dürfte.[24] In der Relevanzdiskussion der Werbewirkungsforschung wird dabei zunehmend die Forderung erhoben, aus der Vielzahl möglicher Entscheidungsparameter der Werbeplanung in bestimmten Marktsituationen Schlüsseldeterminanten des durch die Werbung ausgelösten psychographischen und ökonomischen Markterfolges zu identifizieren und zu gewichten.[25] Diese Forderung leitet eine Neuorientierung der Werbewirkungsforschung ein, die zu einer verstärkten Berücksichtigung kontingenztheoretischer Erkenntnisse führt. Die Information über diese situativen erfolgsbestimmenden Faktoren kann dann bei der Formulierung von Werbestrategien wert-

---

[22] Werbewirkungsforschung ist jene Forschungsrichtung, die auf empirischer Basis durch Werbeaktivitäten ausgelöste Reaktionen von Zielpersonen der Werbung erfaßt. Konzeptionelle Ansätze, die lediglich den jede empirische Forschung leitenden Bezugsrahmen bilden, werden in der vorliegenden Arbeit nur insofern berücksichtigt, als sie gedankliche Leitlinien vorhandener empirischer Studien darstellen. Vgl. hierzu den deutschsprachigen Standardbeitrag zur Werbewirkungsforschung: Steffenhagen, H., Ansätze der Werbewirkungsforschung, in: Marketing ZFP, H. 2, 1984, S. 77 f.

[23] Auf den engen Zusammenhang von Umweltbedingungen sowie Planung und Kontrolle und die Notwendigkeit eines stimmigen "fit" zwischen diesen Parametern weist insbes. Staehle hin. Vgl. Staehle, W. H., Management: eine verhaltenswissenschaftliche Einführung, 3. Aufl., München 1987, S. 392.

[24] Bislang unternehmen die Werbetreibenden oftmals nur geringe Anstrengungen, um die Wirkung der Werbemaßnahmen genauer aufzuklären: "Managers simply don't know what the marginal response to advertising is and they often believe it is not cost effective to find out." Aaker, D. A., Carman, J. M., Are you Overadvertising?, in: JoAR, No 4, S. 58.

[25] Vgl. Mayer, H., Werbewirkung und Kaufverhalten, a.a.O, S. 3 f.

volle Anhaltspunkte zur Konzentration auf strategisch relevante Entscheidungstatbestände bieten. Des weiteren ist die Kenntnis von Erfolgsdeterminanten auch zur Bewertung bereits realisierter Strategien notwendig, um Ansätze für eine insgesamt effizientere Werbepolitik zu erlangen. Damit ist bereits die zentrale Aufgabenstellung der Werbewirkungsforschung angesprochen.

2. Ansätze der Erfolgsfaktorenforschung in der Werbung

Die Werbewirkungsforschung kann als dasjenige Gebiet unternehmensbezogener Erfolgsuntersuchungen angesehen werden, zu dem die weitaus meisten empirischen Arbeiten und Publikationen vorliegen.[26] Als Teilgebiet der Werbewirkungsforschung nehmen hypothesenorientierte Ansätze zur Gewinnung

---

[26] Vgl. zu dieser Einschätzung Meffert, H., Werbung und Markterfolg - Neuere Erkenntnisse der Werbewirkungsforschung, Rede anläßlich der Verleihung der Dr. Kurt Neven DuMont-Medaille, Köln, 13. November 1991; Steffenhagen, H., Ansätze der Werbewirkungsforschung im Überblick, Teil 1, in: Planung & Analyse, H. 4, 1985, S. 192. Zu den allgemeinen und sonstigen instrumentespezifischen Ansätzen der Erfolgsfaktorenforschung vgl. insbes. Fritz, W., Marketing - ein Schlüsselfaktor des Unternehmenserfolgs? Eine kritische Analyse vor dem Hintergrund der empirischen Erfolgsfaktorenforschung, in: Marketing ZFP, H. 2, 1990, S. 91-110, der einen strukturierten Überblick der zentralen Studien vermittelt. Des weiteren vgl. Trommsdorff, V., Erfolgsfaktorenforschung, Produktinnovationen und Schnittstelle Marketing - F&E, Arbeitspapier des Instituts für Betriebswirtschaftslehre, Fachgebiet Betriebswirtschaftslehre-Marketing, Berlin 1990, vor allem S. 2-15; Hruschka, H., Erfolgsfaktoren der strategischen Marketing-Planung. Eine Bestandsaufnahme empirischer Ergebnisse, in: DBW, H. 6, 1989, S. 743-750. Die wohl bedeutendsten Impulse verdankt die Erfolgsfaktorenforschung den Arbeiten des MSI, das mit der Anfang der 70er Jahre gegründeten PIMS-Datenbank (Profit Impact of Market Strategies) eine Fülle von Erfolgsfaktorenuntersuchungen auch für den Bereich der Werbung auslöste. Vgl. Buzzell, R. D., Gale, B. T., Das PIMS-Programm - Strategien und Unternehmenserfolg, Wiesbaden 1989, insbes. der Überblick zu den Forschungsarbeiten auf S. 247-256.

und Fundierung von "Erfolgstheorien"[27] der Werbung i. S. der Erfolgsfaktorenforschung eine Schlüsselstellung ein.[28] Als Erfolgsfaktor der Werbung werden dabei solche global oder situationsspezifisch gültigen Einflußgrößen angesehen, die den Erfolg oder Mißerfolg der Werbung entscheidend mitbestimmen. Letztlich steht hinter dem Terminus des Erfolgsfaktors die Idee, daß es trotz der Mehrdimensionalität und Multikausalität der Werbewirkung einige wenige, zentrale Einflußgrößen gibt, die den Erfolg der Werbung entscheidend bestimmen.[29] Erfolgsfaktoren sind damit quasi Gesetze über

---

[27] Als Erfolgstheorien werden allgemein Theorien über erfolgsdeterminierende Faktoren definiert. Vgl. dazu Trux, W., Müller, G., Kirsch, W., Das Management strategischer Programme, 1. Halbband, München 1984, insbes. S. 226 f und die dort zitierte Literatur. Einen Überblick unterschiedlicher Erfolgstheorien vermittelt Patt, P.-J., Strategische Erfolgsfaktoren im Einzelhandel - Eine empirische Analyse am Beispiel des Bekleidungsfachhandels, in: Schriften zu Marketing und Management, Bd. 14, Hrsg.: Meffert, H., Frankfurt 1988, S. 5 f.

[28] Vgl. zur Abgrenzung von hypothesenfreien und -orientierten Studien der Werbewirkungsforschung Steffenhagen, H., Ansätze der Werbewirkungsforschung, a.a.O., S. 78. Hypothesenorientierte Ansätze, die auf generalisierbare Wirkungszusammenhänge zwischen der Werbung und ihren Erfolgsdimensionen gerichtet sind, werden inhaltsgleich auch als Ansätze der Erfolgsfaktorenforschung in der Werbung umschrieben. Vgl. zur synonymen Begriffsverwendung Kube, Chr., Erfolgsfaktoren in Filialsystemen: Diagnose und Umsetzung im strategischen Controlling, Wiesbaden 1991, S. 2 f.

[29] Damit werden Denkansatz und das verwendete Methodenspektrum der allgemeinen Erfolgsfaktorenforschung auf die Werbung übertragen. Vgl. exemplarisch zur abgeleiteten Definition des Erfolgsfaktors der Werbung die zugrunde liegenden allgemeinen Definitionsansätze bei Grimm, U., Analyse strategischer Erfolgsfaktoren - ein Beitrag zur Theorie der strategischen Unternehmensplanung, Wiesbaden, 1983, S. 26; Dunst, K. H., Portfolio-Management. Konzeption für die strategische Unternehmensplanung, 2. Aufl., Berlin u.a. 1983, S. 65; Hildebrandt, L., Die quantitative Analyse strategischer Erfolgsfaktoren in der Marketingforschung, Habilitationsschrift, Berlin 1989, S. 6; Kube, Chr., Erfolgsfaktoren, a.a.O., S. 2 f; Rehkugler, H., Erfolgsfaktoren der mittelständischen Unternehmen, in: WISU, H. 12, 1989, S. 626-632, insbes. S. 627.

Zusammenhänge zwischen werbebedingten Entscheidungstatbeständen bzw. -alternativen und ihren Erfolgsaussichten. In Kongruenz zu der wissenschaftstheoretischen Orientierung der allgemeinen Erfolgsfaktorenforschung verfolgen die Ansätze dieser Forschungsrichtung in der Werbung ein primär pragmatisches und praxeologisches Wissenschaftsziel.[30] Es sollen, über den Einzelfall hinausgehend, statistisch hinreichend abgesicherte Aussagen über empirisch nachweisbare Wirkungsregelmäßigkeiten zwischen Bestimmungsfaktoren und Erfolgsdimensionen der Werbung abgeleitet werden.

Stellt man der überwältigenden Vielzahl von Studien und Ansätzen der Erfolgsfaktorenforschung den als gesichert geltenden Erkenntnisstand über generalisierbare Wirkungszusammenhänge zwischen der Werbung und der durch sie ausgelösten Werbewirkung gegenüber, so muß trotz des erreichten hohen Forschungsniveaus in einigen Teilbereichen doch ein eher schlichtes Fazit gezogen werden: Globale Erfolgsfaktoren der Werbung sind zwar vereinzelt auszumachen, können aber oftmals kaum Hilfestellung für die konkrete Umsetzung der Werbeplanung bieten.[31] Darüber hinaus fehlt es einigen Arbeiten auch an konzeptioneller Differenziertheit und Klarheit, die empirische Basis ist unzureichend oder sonstige methodische Mängel führen zu widersprüchlichen Ergeb-

---

[30] Praxeologische Ansätze und Aussagen richten sich als handlungsorientierte Forschung vorrangig an Adressaten, die vor einem konkreten Gestaltungsproblem wie bspw. der Werbebudgetierung stehen. Vgl. Kieser, A., Kubicek, H., Organisation, 2. Aufl., Berlin u.a. 1983, S. 59.

[31] Vgl. Steffenhagen, H., Ansätze der Werbewirkungsforschung, a.a.O., S. 86. Tomczak spricht in diesem Zusammenhang verallgemeinernd vom Scheitern von "Marktgesetzen". Vgl. Tomczak, T., Vom Nutzen der Marketingwissenschaft für die Praxis, in: Thexis, Nr. 4, 1991, S. 26. Insbes. die Befunde zu globalen Erfolgsfaktoren sind theoretisch und empirisch umstritten und weisen den forscherischen Weg zur situationsspezifischen Erfolgsfaktorenforschung mittlerer und kürzerer Reichweite. Vgl. Kube, Chr., Erfolgsfaktoren, a.a.O., S. 4 f und die dort zitierte Literatur.

nissen.[32] Das Reservoir an Erkenntnisquellen reduziert sich dadurch nicht unerheblich.

Angesichts dieser Schwächen erscheint es zweckmäßig, zunächst eine den klassifikatorischen Überblick erleichternde, trennfähige und im Sinne des Regelkreises der Werbeplanung entscheidungsbezogene Einordnung von solchen Ansätzen der Erfolgsfaktorenforschung vorzunehmen, die grundsätzlich geeignet sind, Schlüsselgrößen der Werbung im Hinblick auf ihren generalisierbaren Beitrag zur Werbewirkung zu analysieren. Ein derartig theoriegeleitetes Vorgehen legt nicht nur potentielle Lücken der empirischen Forschung offen, es weist auch auf die vorliegenden tragfähigen Befunde und den "State of the Art" hin. Eine Differenzierung der Erfolgsfaktorenforschung erfolgt hierbei nach formalen und sachlichen Abgrenzungskriterien.[33] **Formale Abgrenzungskriterien** umfassen neben dem primären Forschungsfokus insbesondere die Art der Hypothesengenerierung und die datenstrukturelle Kennzeichnung.

Ein erster formaler Klassifikationsansatz bietet sich, wenn man auf die **Entwicklungsstufen der Erfolgsfaktorenforschung** anhand des vorrangig verfolgten Forschungsfokus und des primären Erkenntnisinteresses abstellt. Im Zeitablauf lassen sich zwei zentrale Forschungs- und Entwicklungslinien ausmachen: Evaluative und diagnostische Ansätze der Erfolgsfaktorenforschung.[34] Die Forschung der 60er und 70er

---

[32] Vgl. Aaker, D. A., Stayman, D. M., Measuring Audience Perceptions of Commercials and Relating them to Ad Impact, in: JoAR, No 4, 1990, S. 7; Kaplitza, G., Zwei Schritte vor, drei zurück, in: Planung & Analyse, H. 4, 1987, S. 226-229; Ogilvy, D., Raphaelson, J., Der Nutzen der Werbewirkungsforschung, in: HM, H. 4, 1983, S. 66-68.

[33] Vgl. zu weiteren Abgrenzungskriterien Steffenhagen, H., Kommunikationswirkung - Kriterien und Zusammenhänge, Hrsg.: Heinrich Bauer Stiftung, Hamburg 1984.

[34] Vgl. zu dieser Unterscheidung vor allem Zaltman, G., Moorman, Chr., The Management and Use of Advertising Research, in: JoAR, No 1, 1989, S. 11-18; Kroeber-Riel, W., Strategie und Technik der Werbung, a.a.O., S. 97 f.

Jahre war wesentlich durch evaluative Ansätze geprägt, die als Wirkungsmaße vor allem auf globale Erfolgsindikatoren wie Bekanntheit, Marktanteil oder Umsatz abzielen. Diese Studien beziehen sich unmittelbar auf den angestrebten Erfolg der Werbung und können so als Entscheidungshilfe dienen, ob eine bestimmte Werbekampagne und Budgetfestsetzung im Hinblick auf ein angestrebtes Werbeziel vorteilhaft ist.[35] Nur bedingt kann durch diese Verfahren jedoch die Frage beantwortet werden, warum eine bestimmte Werbung größere Wirkungseffekte erzielen kann. Hierzu sind nicht Wirkungseffekte, sondern vielmehr Wirkungsvoraussetzungen i. S. psychographischer Verhaltensmuster zu analysieren.

Dieser Aspekt wurde Anfang der 80er Jahre - vor allem ausgelöst durch die Arbeiten der Saarbrücker Aktivierungsforschung von Kroeber-Riel - mit den diagnostischen Ansätzen aufgegriffen.[36] Die durch die Verhaltenswissenschaft fundierte und mit Unterstützung apparativer Verfahren arbeitende diagnostische Erfolgsfaktorenforschung dient in erster Linie der Ursachenanalyse der Werbewirkung und stellt somit eine wichtige Ergänzung evaluativer Verfahren dar. Durch die Untersuchung von Fragenkomplexen, die z. B.

---

[35] Insbes. zum Einfluß des Werbebudgets auf die Absatzmenge und den Umsatz liegt eine kaum überschaubare Zahl einschlägiger Untersuchungen vor. Vgl. die strukturierenden Übersichten bei Assmus, G., Farley, J. U., Lehmann, D. R., How Advertising Affects Sales: Meta Analysis of Econometric Results, in: JoMR, February 1984, S. 65-74; Clarke, D. G., Econometric Measurement of the Duration of Advertising Effect on Sales, in: JoMR, November 1976, S. 345-357; Schmidt, B., Topritzhofer, E., Reaktionsfunktionen im Marketing: Zum Problem der Quantifizierung von Nachfrage- und Konkurrenzreaktionen, in: Marketing: Neue Ergebnisse aus Forschung und Praxis, Hrsg.: Topritzhofer, E., Wiesbaden 1978, S. 195-238.

[36] Zur Aktivierungstheorie und ihrem z.T. streitigen Bedeutungsgehalt für die Unternehmenspraxis vgl. Kroeber-Riel, W., Konsumentenverhalten, 4. Aufl., München 1990, S. 55 ff; Lenz, M., Fritz, W., Die Aktivierungsforschung im Urteil der Marketingpraxis, in: Marketing ZFP, H. 3, 1986, S. 181-186.

auf das Aktivierungspotential von Werbespots mit unterschiedlich wirksamen Erlebnisbildern gerichtet sind, leistet diese Forschungsrichtung einen Beitrag zur mittelbaren Erforschung der Erfolgsfaktoren der Werbung.[37]

Neben das Erkenntnisinteresse tritt als weiteres formales Klassifikationsmerkmal die **Art der Hypothesengenerierung**. Hierbei läßt sich zwischen der deduktiv und der induktiv orientierten Erfolgsfaktorenforschung trennen.[38] Während Ansätze der induktiv orientierten Erfolgsfaktorenforschung die Datenbasis auf erkennbare und statistisch gesicherte Regelmäßigkeiten untersuchen, verfolgt die deduktiv-hypothesentestende Forschung den Zweck, Datenmaterial auf Wirkungsgesetzmäßigkeiten hin zu untersuchen, mit denen aufgrund theoriegeleiteter Vorüberlegungen zu rechnen ist. So werden bspw. aus historischen Umsatz- und Marktanteilsdaten Wirkungsregelmäßigkeiten modifizierter Werbebudgets herausgefiltert oder aus experimentell gewonnenen Werbewirkungsdaten Werbe-Lern-Kurven abgeleitet. Kennzeichen der hypothesenorientierten Ansätze ist damit nicht die Art der Datengewinnung, sondern vielmehr die Perspektive der Datenauswertung.[39]

---

[37] Wenngleich die Aktivierung selbst zwar noch keine Erfolgsdimension, sondern vielmehr eine Erfolgsvoraussetzung darstellt, ist es dennoch zweckmäßig, diese Ansätze unter die Erfolgsfaktorenforschung zu subsumieren: Die Aktivierung ist eine notwendige, nicht jedoch hinreichende Bedingung für den Werbeerfolg und steht mit diesem in engem Kausalzusammenhang. Vgl. bspw. Keitz, B. v., Wirksame Fernsehwerbung. Die Anwendung der Aktivierungstheorie auf die Gestaltung von Werbespots, Würzburg, Wien 1983, insbes. S. 91; dieselbe, der Test von TV-Werbung, in: Planung & Analyse, H. 10, 1983, S. 344; Kroeber-Riel, W., Meyer-Hentschel, G., Werbung - Steuerung des Konsumentenverhaltens, Würzburg, Wien 1982, S. 34 ff.

[38] Vgl. Steffenhagen, H., Ansätze der Werbewirkungsforschung, a.a.O., S. 78.

[39] Beispielhaft für die durch die Marktforschungspraxis geprägten induktiv hypothesenorientierten Studien seien genannt: Der auf PIMS.-Daten basierende Ansatz des Strategic Planning Institute - vgl. The Ogilvy Center For Research & Development (Hrsg.), The Impact of Adverti-

Die datenstrukturelle Kennzeichnung der Untersuchungsansätze bezieht sich auf die Datenerhebung und bietet Diskriminanzpotential hinsichtlich des zugrunde liegenden Zeitaspektes und der Datenherkunft. Der **zeitliche Horizont der Ansätze** differenziert die Erfolgsfaktorenforschung nach Ansätzen, die mit Zeitreihendaten und Objektreihendaten arbeiten. In der Erfolgsfaktorenforschung ist insbesondere solchen Arbeiten Interesse entgegenzubringen, die den Einfluß erfolgsbestimmender Faktoren über einen längeren Zeitraum betrachten und kurzfristige Schwankungen in den abhängigen und unabhängigen Variablen wie z. B. saisonale Einflüsse und zufallsbedingte, nicht erklärbare Zusammenhänge zugunsten der Ermittlung gesetzmäßiger Abhängigkeiten ausschalten.[40]

Mit der **Datenherkunft** sind die den Untersuchungen zugrunde liegenden Informationen insbesondere der abhängigen Variablen und Erfolgsdimensionen angesprochen, die sich entsprechend ihrer Erhebung in objektive und subjektive Daten strukturieren lassen. Während objektive Daten direkt auf Ebene der beworbenen Zielgruppe erhoben werden und sich auf aggregierter Ebene in Marktreaktionen wie z. B. den durch Befragung ermittelten Bekanntheitsgrad oder das gemessene Umsatzwachstum ausdrücken[41], erfolgt die Erfassung subjektiver Daten indirekt. In diesem Fall werden die relevanten Erfolgsdimensionen mittelbar durch Experteneinschätzungen über die Auswirkungen auf Konsumentenebene eingeholt.[42]

---

    sing Expenditures on Profits for Consumer Business, o.O. 1987 - sowie der methodisch ausgereiftere GfK-Ansatz, der sich auf Scanner-Daten stützt - vgl. GfK-Testmarktforschung, Ökonomische Werbewirkung, a.a.O.

[40] Vgl. zu den in der Literatur diskutierten Störeinflüssen der Erfolgsbeurteilung - hierzu zählen i.e.S. sachliche und zeitliche Interdependenzen sowie unkontrollierte Störgrößen - Meffert, H., Integrierte Marktkommunikation, a.a.O., S. 226.

[41] Vgl. zu diesen Ansätzen insbes. die Übersicht der von Rehorn vorgestellten Analyseverfahren. Rehorn, J., Werbetests, Neuwied 1988.

[42] Expertenurteile sind Einschätzungen zu speziellen Teil-

Neben forschungsökonomischen Gründen der relativen Einfachheit, Schnelligkeit und Kostengünstigkeit der subjektiven Analyseverfahren werden Expertenurteile immer dann als vorteilhaft betrachtet, wenn ein komplexes und interdependentes Wirkungssystem besteht, welches sich häufig der umfassenden objektiven Messung entzieht.[43] Die entscheidende Voraussetzung für eine brauchbare Experteneinschätzung ist jedoch in der sozialtechnischen Kompetenz der befragten Experten zu sehen, welche durch fachliche Qualifikation und berufliche Erfahrung zu belegen ist. Sind diese Anforderungskriterien erfüllt, können Teilwirkungen der Werbung in

---

komplexen und -wirkungen der Werbung, die personenspezifisches Erfahrungswissen nutzen. Vgl. Berekoven, L., Eckert, W., Ellenrieder, P., Marktforschung. Methodische Grundlagen und praktische Anwendung, 2. Aufl., Wiesbaden 1986, S. 245 f; Camerer, C., The Validity and Utility of Expert Judgment, Research Paper, Graduate School of Business, University of Chicago 1980.

[43] Die meisten Entscheidungen über den Einsatz von Werbemitteln stützen sich auf Expertenurteile, welche implizit Aussagen zu Erfolgsfaktoren darstellen. Vgl. Kroeber-Riel, W., Strategie und Technik der Werbung, a.a.O., S. 198. Amerikanische Untersuchungen ermitteln z.B. auf Basis einer Befragung von Werbemanagern zehn Faktoren wie die Mediaselektion oder die Kreativität, die den Erfolg von Werbekampagnen beeinflussen. Vgl. Korgaonkar, P. K., Bellenger, D. N., Correlates of Successful Advertising Campaigns: The Manager's Perspective, in: JoAR, No 4, 1985, S. 34-39. Darüber hinaus lassen sich aus sog. Delphi-Untersuchungen zentrale Erfolgsfaktoren der Werbung ableiten, die durch Expertenurteile eruiert werden. Vgl. z.B. Kühn, R., Jucken, H., Entwicklungstendenzen der Werbung - Ergebnisse einer Delphi-Studie, Arbeitspapier Nr. 1 des Instituts für Marketing und Unternehmensführung, Universität Bern, Bern 1988. Für den deutschsprachigen Sprachraum vgl. des weiteren insbes. die Arbeiten zur Validität von Expertenurteilen in der Werbung: Mayer, H., Kollmorgen, K., Prognose von Pretest-Ergebnissen durch Werbeexperten mit unterschiedlicher Berufserfahrung, in: JAVF, H. 2, 1987, S. 172-189; Mayer, H., Kampik, W., Riether, H., Vorhersagbarkeit von Werbemittel-Pretest-Ergebnissen durch Experten aus den Bereichen Marketing und Werbung, in: JAVF, H. 1, 1986, S. 1-15; Mayer, H., Weidling, E., Prognose oder Projektion der Werbewirkung? Zur Validität von Experten-Prognosen, in: JAVF, H. 1, 1989, S. 63-91.

vielen Bereichen mit hinreichender Treffsicherheit eingeschätzt werden.[44]

Den bislang diskutierten formalen Abgrenzungskriterien ist gemeinsam, daß sie zwar eine grobe Klassifikation und Standortbestimmung der Erfolgsfaktorenforschung der Werbung schaffen, eine notwendige Beziehung zu den einzelnen Entscheidungstatbeständen der Werbung jedoch nicht herstellen können. Dazu bedarf es der **sachlichen Klassifikation** unter expliziter inhaltlicher Bezugnahme auf die einbezogenen Erfolgsdimensionen, Bestimmungsfaktoren und situativen Kontextfaktoren.

Erfolgsdimensionen stellen Wirkungskategorien der Werbung dar, die i. S. eines Systems zueinander in Beziehung stehender Reaktionen von Personen auf werbliche Stimuli als Teilwirkungen der Werbung nach psychographischen und ökonomischen Zielwirkungen zu differenzieren sind.[45] Zu den psychographischen Zielwirkungen zählen solche Prozesse, die innerhalb der Psyche des Konsumenten ablaufen und dabei kognitive, affektive und konative Reaktionen zeitigen. Die ökonomischen Zielwirkungen, die sich unmittelbar und z. T. interdependent an die konativen Reaktionen der Konsumenten anschließen, sind direkt beobachtbare Größen, die sich auf

---

[44] Vgl. Kroeber-Riel, W., Strategie und Technik der Werbung, a.a.O., S. 197; Kube, Chr., Erfolgsfaktoren, a.a.O., S. 58; Neibecker, B., Werbewirkungsanalyse mit Expertensystemen, Heidelberg 1990, S. 125. Abzugrenzen ist hierbei die Analyse von Werbewirkungen mit Hilfe von Expertensystemen, die Erfolgsfaktoren nicht ermitteln, sondern systemimplizit in Form von Erfahrungsregeln vorgeben. Vgl. allg. zu Expertensystemen Schmitz, P., Expertensysteme, in: Frese, E., Handwörterbuch der Organisation, 3. Aufl., Stuttgart 1992, Sp. 611-626 und die dort angegebene Literatur.

[45] Die Erfolgsdimensionen lassen sich mittelbar aus den relevanten Werbezielen ableiten. Vgl. hierzu und im folgenden Mayer, H., Werbewirkung und Kaufverhalten, a.a.O., S. 22-24 sowie S. 37 ff; Schweiger, G., Schrattenecker, G., Werbung - Eine Einführung, Stuttgart 1986, S. 38-43; Meffert, H., Integrierte Marktkommunikation, a.a.O., S. 221 ff.

aggregiertem Niveau in Kauffrequenzen, Umsätzen, Marktanteilen etc. niederschlagen können. Für die Erfolgsfaktorenforschung kann insbesondere von solchen Forschungsansätzen ein Erkenntnisfortschritt erwartet werden, die über die Analyse eines Systems von Wirkungsbeziehungen das Wissen über den Stellenwert einzelner Kriterien der Werbeleistung auf empirischer Basis vertiefen.[46]

Je nach Anzahl der in die empirischen Arbeiten einbezogenen **Bestimmungsfaktoren des Erfolgs** kann von mono- und polyvariablen Ansätzen gesprochen werden. Während monovariable Ansätze lediglich eine unabhängige Größe wie bspw. die Höhe des Werbebudgets als erfolgsbestimmenden Faktor berücksichtigen, sind polyvariable Ansätze durch die empirische Untersuchung eines Variablensets von mindestens zwei unabhängigen Variablen zu kennzeichnen. Im Rahmen der Erfolgsfaktorenforschung werden insbesondere Entscheidungstatbestände der absoluten und relativen Höhe des Werbebudgets, des Werbedrucks, der zeitlichen Zielung, der medialen Exposition und der Werbemittelgestaltung untersucht.[47]

Ausgangspunkt der Auseinandersetzung mit Kontextparametern der Erfolgsfaktorenforschung in der Werbung und damit der **Spezifizität**[48] der zugrunde liegenden Ansätze ist das aus

---

[46] Hierauf hat bereits Steffenhagen in seinem vielbeachteten Artikel zum Stand der Werbewirkungsforschung hingewiesen, ohne jedoch bislang entsprechende forscherische Resonanz auszulösen. Vgl. Steffenhagen, H., Ansätze der Werbewirkungsforschung, a.a.O., S. 86.

[47] Diese erfolgsbestimmenden Faktoren sind ineinander hierarchisch verschachtelt, und es liegen zu jedem dieser Teilbereiche eine Vielzahl von Untersuchungen vor. Vgl. zur Abgrenzung und Operationalisierung insbes. Meffert, H., Integrierte Marktkommunikation, a.a.O., S. 81 ff sowie Steffenhagen, H., Ansätze der Werbewirkungsforschung, a.a.O., S. 86 ff.

[48] Die Spezifizität der Ansätze bezieht sich auf den postulierten Gültigkeitsbereich der ermittelten Erfolgsfaktoren. Ansätze, die "laws of the market place" i.S. situationsunabhängiger, branchenübergreifender Erfolgsfaktoren analysieren, sind Ansätze großer Reichweite. Je nach Spezifikationsgrad der berücksich-

der Organisationsforschung abgeleitete Postulat der situativen Relativierung als Leitidee.[49] Besonders in der Werbung als marktnahem Bereich unterliegen die Kontextbedingungen und damit auch die situationsadäquaten Werbestrategien einem ständigen Wandel. Der situative Kontext wird bislang in der Erfolgsfaktorenforschung nur partiell und oftmals allenfalls implizit in die Untersuchungsansätze einbezogen.[50] Ausgehend von kontingenztheoretischen Überlegungen sind es Kontextfaktoren der unternehmensinternen und -externen Umwelt, die als Determinanten der Erfolgsfaktoren aufzufassen sind. Diese Kontextfaktoren der Werbung sind jedoch nicht unabhängig voneinander zu betrachten, vielmehr sind komplexe Interdepenzbeziehungen zu

---

tigten Kontextfaktoren sind branchenspezifische Ansätze, die bspw. den Erfolg für spezielle Marktsituationen analysieren, Ansätze mittlerer und kurzer Reichweite. Vgl. Kube, Chr., Erfolgsfaktoren, a.a.O., S. 4 f.

[49] Vgl. zu den situativen Ansätzen der Kontingenztheorie in der Betriebswirtschaftslehre insbes. Lehnert, S., Die Bedeutung von Kontingenzansätzen für das strategische Management, Frankfurt u.a. 1983, S. 119 ff; Kieser, A., Kubicek, H., Organisation, a.a.O., S. 50 f. Die Betrachtung von Phänomenen unter situativen Bedingungen steht in der Tradition der Betriebswirtschaftslehre als angewandte Wissenschaft. Schanz schreibt den situativen Kontextfaktoren einen disziplin-konstituierenden Charakter zu. Vgl. Schanz, G., Betriebswirtschaftslehre als Sozialwissenschaft, Stuttgart u.a. 1979, S. 89-91. Eine fundierte Kritik an den vorliegenden situativen Ansätzen findet sich u.a. bei Schreyögg, G., Umwelt, Technologie und Organisationsstruktur, Bern u. Stuttgart 1978, S. 235 ff; Staehle, W. H., Management, a.a.O., S. 384 ff.

[50] Abzugrenzen von dieser den Gesamtmarkt analysierenden Sichtweise sind Ansätze, die situative Einflußfaktoren auf individueller Konsumentenebene im Rahmen der Werbeträger- und Werbemittelkontaktsituation erfassen. Die Kontaktsituation auf personaler Ebene - vgl. hierzu u.a. Tolle, E., Der Einfluß ablenkender Tätigkeiten auf die Werbewirkung: Bestimmungsfaktoren der Art und Höhe von Ablenkungseffekten bei Rundfunkspots, in: Schriften zu Marketing und Management, Bd. 15, Hrsg.: Meffert, H., Frankfurt u.a. 1987, insbes. S. 2 u. 6 und die dort zitierte Literatur - wird von den Kontaktbedingungen auf Marktebene überlagert.

berücksichtigen, die in der Realität allerdings kaum i. S. eines Totalmodells erfaßt werden können.[51] Die vorliegenden Untersuchungen beschränken sich daher auf zentrale Situationsvariablen oder greifen bestimmte Branchen- und Produktcharakteristika zur Abgrenzung des Untersuchungsfeldes auf. Eine bislang in diesem Zusammenhang weitgehend vernachlässigte Variable stellt das Konzept des Produktlebenszyklus dar, dem eine hohe Bedeutung i. S. einer Taxonomie von strategisch relevanten Situationsbedingungen zuerkannt wird.[52]

3. Gegenstand und Bedeutung des Produktlebenszyklus als Determinante der kontextbezogenen Werbung

Das Produktlebenszyklus-Modell ist ein zeitraumbezogenes, deterministisches Marktmodell, dessen Grundlage die durch empirische Untersuchungen gestützte Annahme bildet, daß bei der Marktentwicklung eines Produktes über die Zeit charakteristische Regelmäßigkeiten festgestellt werden können.[53]

---

[51] Vgl. zur generellen Abgrenzungsproblematik interner und externer Kontextfaktoren Muchna, C., Strategische Marketing-Früherkennung auf Investitionsgütermärkten, Wiesbaden 1988, S. 102 f.

[52] Vgl. zu dieser Einschätzung Hofer, C. W., Toward a Contingency Theory of Business Strategy, in: Strategische Unternehmensplanung, Stand und Entwicklungstendenzen, Hrsg.: Hahn, D., Taylor, B., 4. Aufl., Würzburg 1986, S. 53-77; Becker, J., Marketing-Konzeption: Grundlagen des strategischen Marketing-Managements, München 1988, S. 513 f; Meffert, H., Marketing und strategische Unternehmensführung - ein wettbewerbsorientierter Kontingenzansatz, Arbeitspapier Nr. 32 der Wissenschaftlichen Gesellschaft für Marketing und Unternehmensführung e.V., Hrsg.: Meffert, H., Wagner, H., Münster 1986, S. 4 ff; Kotler, Ph., Bliemel, F. W., Marketing-Management: Analyse, Planung, Umsetzung und Steuerung, 7. Aufl., Stuttgart 1992, S. 539 ff.

[53] In diesem Sinne soll der Produktlebenszyklus im folgenden als die Entwicklung des Absatzes eines Produktes oder auf aggregierter Ebene einer Produktgruppe, gemessen in geeigneter Dimensionierung, während des Zeitabschnitts, innerhalb dessen sich das Produkt am Markt befindet, definiert werden. Vgl. Brockhoff, K., Art.

Dabei werden idealtypisch bestimmte Stadien durchlaufen, die im klassischen Vierphasenmodell durch die Einführung, das Wachstum, die Reife und die Schrumpfung gekennzeichnet sind.[54] Der Einführungsphase mit nur langsam ansteigendem Umsatz und konvex verlaufendem Kurvenverlauf folgt die Wachstumsphase mit überproportional zunehmenden Umsätzen. In der Reifephase kommt es zu einer gewissen Konsolidierung mit nur noch geringem Wachstum, während die Schrumpfungsphase, ausgelöst durch geänderte Nachfragestrukturen, technischen Fortschritt oder sonstige Gründe, durch zurückgehende Umsätze eingeleitet wird.[55] Häufig deutet sich in dieser Phase bereits der Verfall eines Produktes an, der langsam oder - bei Einführung attraktiver Substitutionsprodukte - rasch erfolgen kann und mit dem Ausscheiden aus dem Markt endet.

Produktlebenszyklen, in: Handwörterbuch der Absatzwirtschaft, Bd. 4, Hrsg.: Tietz, B., Stuttgart 1974, Sp. 1763 f. Vgl. zur begrifflichen Grundlegung auch Wesner, E., Die Planung von Marketing-Strategien auf der Grundlage des Modells des Produktlebenszyklus, Diss., Berlin 1977, S. 14-17.

[54] Vor allem ältere Ansätze untergliedern diese Phasen weiter und gelangen so z.T. zu sechsphasigen Zyklusverläufen. In der jüngeren Literatur hat sich das Vierphasenmodell durchgesetzt. Vgl. Kreilkamp, E., Strategisches Management und Marketing: Markt- und Wettbewerbsanalyse, strategische Frühaufklärung, Portfolio-Management, Berlin u.a. 1987, S. 133 und die dort zitierte Literatur sowie Drazin, R., Kazanjian, R. K., A Reanalysis of Miller and Friesen's Life Cycle Data, in: SMJ, No 4, 1990, S. 319-325.

[55] Das Produktlebenszykluskonzept ist in der Literatur so umfassend beschrieben, daß auf eine Deskription in dieser Arbeit weitgehend verzichtet werden kann. Vgl. die Darstellungen bei Kotler, Ph., Bliemel, F. W., Marketing-Management, a.a.O., S. 539-575; Pfeiffer, W., Bischof, P., Produktlebenszyklus - Instrument jeder strategischen Produktplanung, in: Planung und Kontrolle, Hrsg.: Steinmann, H., München 1981, S. 133-165; Höft, U., Lebenszykluskonzepte. Grundlage für das strategische Marketing- und Technologiemanagement, Berlin 1992, S. 15-46 sowie die beiden gut strukturierten Überblicke bei Rink, D. R., Swan, J. E., Product Life Cycle Research: A Literature Review, in: JoBR, No 7, 1979, S. 219-242 und Gardner, D. M., The Product Life Cycle: A Critical Look at the Literature, in: Review of marketing, Hrsg.: AMA, Chicago 1987, S. 162-194.

Als Bezugsobjekt des Konzeptes werden unterschiedliche Aggregationsniveaus diskutiert.[56] Die Unterscheidung des Aggregationsniveaus ist aus kontingenztheoretischen Überlegungen schon allein deshalb angezeigt, weil sich abhängig von der Aggregationsstufe die implizierten Situationsvariablen und damit auch die abgeleiteten situationsadäquaten Normstrategien unterscheiden. So differenzieren Rink und Swan zwischen Marke, Produktform und Produktklasse. Andere Autoren erörtern das Produktlebenszykluskonzept auf einer höheren Aggregationsstufe und beziehen das Konzept auf Branchen und Industrien. Wenngleich in einigen Beiträgen die Meinung vertreten wird, das Produktlebenszykluskonzept gewinne mit höherem Aggregationsniveau an Aussagekraft, muß die Frage der adäquaten Betrachtungsebene als offen gelten.

Ein Blick in die einschlägige Literatur vermittelt, unabhängig vom Aggregationsniveau des Bezugsobjektes, einen nicht unerheblichen Teil divergierender Darstellungen und Einschätzungen, die letztendlich auf unterschiedliche modelltheoretische Interpretationen des Produktlebenszykluskonzepts zurückzuführen sind.[57] Trotz aller berechtigter Kritik, die sich im wesentlichen auf Aspekte der mangelnden Allgemeingültigkeit und Prognostizierbarkeit,

---

[56] Vgl. hierzu und im folgenden Rink, D. R., Swan, J. E., Product Life Cycle Research, a.a.O., S. 219-242; Meffert, H., Marketingstrategien in unterschiedlichen Marktsituationen, in: Handbuch des Marketing - Anforderungen an Marketingkonzeptionen aus Wissenschaft und Praxis, Hrsg.: Bruhn, M., München 1989, S. 223 ff; Porter, M. E., Wettbewerbsstrategie: Methoden zur Analyse von Branchen und Konkurrenten, Frankfurt 1983, S. 208-215; Fuchs, K., Formen und Erklärungsversuch des Unternehmenswachstums, Wien 1969, S. 80.

[57] In Anlehnung an die methodologische Differenzierung von Meffert läßt sich das Produktlebenszykluskonzept als Beschreibungs-, Erklärungs- bzw. Prognosemodell sowie als Entscheidungsmodell interpretieren. Vgl. Meffert, H., Steffenhagen, H., Marketingprognosemodelle - Quantitative Grundlagen des Marketing, Stuttgart 1977, S. 31 f; Meffert, H., Interpretation und Aussagewert des Produktlebenszyklus-Konzeptes, in: Neuere Ansätze zur Marketingtheorie, Festschrift zum 80. Geburtstag von O. Schnutenhaus, Hrsg.: Hammann, P., Kroeber-Riel, W., Meyer, C. W., Berlin 1974, S. 105-111.

der Phasenabgrenzung und der Interdependenzbeziehungen zwischen Marketing-Mix und Produktlebenszyklus bezieht, ist das Konzept immer wieder aufgegriffen worden und hat so selbst eine lange Lebensdauer erlangt.[58] Insbesondere neuere Forschungsarbeiten zum Produktlebenszyklus haben zu einer Relativierung der im wesentlichen bereits in den 70er Jahren geäußerten Kritikermeinungen geführt, die ihren Höhepunkt in der provokanten Aussage "Forget the product life cycle concept!" von Dhalla und Yuspeh gefunden haben.[59]

Die Lebenszyklusforschung ist diesem Meinungsstreit mit zwei Forschungsrichtungen begegnet. Die eine Forschergruppe hat sich um die Überwindung der modellimmanenten Kritik auf meta-theoretischer Ebene genähert und den Produktlebenszyklusansatz zu einem **Produktevolutionszyklus** weiterentwickelt, bei dem das klassische Phasenmodell nur eine mögliche Variante unter vielen darstellt.[60] Der Produkt-

---

[58] Insbes. seit Mitte der 70er Jahre ist eine wachsende, auch empirische Auseinandersetzung mit dem Produktlebenszykluskonzept festzustellen. Gardner identifiziert seitdem mehr als 300 Abhandlungen und Monographien allein im anglo-amerikanischen Sprachraum. Mögliche Ursachen dürften u.a. neben dem bisher niedrigen Wissensstand in der Verfügbarkeit von PIMS-Daten und in der Nutzung des Produktlebenszyklus in Wettbewerbsanalyse-Paradigmen wie dem der Boston Consulting Group liegen. Vgl. Gardner, D. M., The Product Life Cycle: Its Role in Marketing Strategy - Some Evolving Observations about the Product Life Cycle, in: Marketing Theory, discussion paper, AMA, Faculty Workshop on Marketing Strategy, Hrsg.: Belk, R. W., et al., University of Tennessee 1986, S. 177.

[59] Vgl. die wohl meistzitierte Kritikermeinung Dhalla, N. K., Yuspeh, S., Forget the product life cycle concept!, in: HBR, No 1, 1976, S. 102. Relativierend hierzu vgl. Birkigt, K., Kritische Anmerkungen zu Dhalla und Yuspeh, in: HM, H. 1, 1980, S. 79-82. Zur Kritik am Produktlebenszykluskonzept vgl. auch Becker, J., Marketing-Konzeption, a.a.O., S. 514 und die dort zitierte Literatur.

[60] Vgl. Tellis, G. J., Crawford, M., An Evolutionary Approach to Product Growth Theory, in: JoM, No 4, 1981, S. 125-132.

evolutionszyklus stellt ein dynamisches, offenes Phänomen dar, bei dem die Fiktion einer vorgegebenen Stufensequenz aufgegeben wird; Produkte entwickeln sich danach in Analogie des Prinzips der Evolution in der Biologie und werden in ihrer Entwicklung vor allem durch Markt-, Management- und sozio-politische Kräfte geprägt.[61] Für den Bereich der Werbung liegt hierzu eine empirische Arbeit vor, die den im klassischen Modell unterstellten Kausalzusammenhang umkehrt und den Einfluß der Werbung auf den Zyklusverlauf untersucht.[62]

Hinsichtlich der Erfolgsfaktorenforschung interessanter erscheint demgegenüber eine zweite Gruppe von Autoren, die sich einerseits um Verbesserungen der Modellstruktur des **klassischen Produktlebenszyklus-Modells** bemühen - hierzu zählen insbesondere solche Arbeiten, die zur Operationalisierung der Phasenabgrenzung sowie zur theoretischen und empirischen Fundierung von Normstrategien der Werbung[63] beitragen - und andererseits durch den Erkenntnisfortschritt geleitet zu einer neuen Sichtweise des Anspruchsspektrums des Produktlebenszyklus-Modells gelangen.[64] So

---

[61] Vgl. Lambkin, M., Day, G. S., Evolutionary Processes in Competitive Markets: Beyond the Product Life Cycle, in: JoM, No 3, 1989, S. 4-20.

[62] Vgl. Holak, S. L., Tang, E., Advertising's Effect on the Product Evolutionary Cycle, in: JoM, No 3, 1990, S. 16-29.

[63] So resultiert bspw. die teilweise vorhandene negative Einstellung an den abgeleiteten Normstrategien größtenteils aus deren fehlender empirischer Untermauerung. Hierbei ist nicht in erster Linie an Untersuchungen deskriptiven Charakters gedacht, sondern vielmehr an sorgfältige Kausalanalysen empirisch beobachtbarer Entwicklungen i.S. der Erfolgsfaktorenforschung der Werbung. Vgl. Hilleke-Daniel, K., Wettbewerbsdynamik und Marketing im Pharmamarkt, Wiesbaden 1989, S. 14.

[64] Der Produktlebenszyklus wird in diesen Arbeiten größtenteils als Mischtyp eines analytischen und eines synthetischen Modells angesehen. Dieser Interpretation soll auch in der vorliegenden Arbeit gefolgt werden. Vgl. Meffert, H., Interpretation und Aussagewert des Produktlebenszyklus-Konzeptes, a.a.O., S. 103 f.

wird dem Produktlebenszyklus-Modell in der Mehrzahl der neueren Arbeiten neben einem nicht zu unterschätzenden didaktischen Wert[65] eine typologische Relevanz zugesprochen.[66] Gegenwärtig steht damit insbesondere der Beschreibungs- und Entscheidungscharakter des Modells im Vordergrund und die Zwecksetzung, das Konzept als Instrument der Marketing- und Werbeplanung nutzbar zu machen.[67] In diesem Sinne wird dem Produktlebenszyklus der Charakter einer Erfolgstheorie der Planungsforschung zugesprochen, die geeignete Ansatzpunkte zur Identifikation von phasenspezifischen Erfolgsfaktoren und damit zur Validierung in der Literatur empfohlener Normstrategien bietet.[68] Hofer spricht in diesem Zusammenhang sogar davon, daß "the most fundamental variable in determining an appropriate business strategy is the stage of the life cycle".[69] Diese Aussage basiert auf der Grundüberlegung, daß hinter der Zeit als monokausaler Erklärungsvariable des Produktlebenszyklusverlaufs eine Reihe von Einflußfaktoren auf Nachfrager-, Anbieter- und Absatzmittlerseite stehen, deren Ausprägungen

---

[65] Das Produktlebenszykluskonzept fördert das Denken in Zeitabläufen und Veränderungen. Foster bemerkt mit Bezug hierauf, daß die Hauptursache für nachlassende Wettbewerbsfähigkeit ehemals erfolgreicher Unternehmen darin zu sehen sei, daß die Manager glauben "tomorrow will be more or less like today". Foster, R., Innovation, New York 1986, S. 29.

[66] Vgl. FN 52.

[67] Vgl. zu diesen Zwecksetzungen FN 57.

[68] Vgl. Homburg, Chr., Modellgestützte Unternehmensplanung, a.a.O., S. 49 sowie Kleinhückelskoten, H. D., Schnetkamp, G., Erfolgsfaktoren für Marketingstrategien, in: Handbuch des Marketing, a.a.O., S. 265 f.

[69] Hofer, C. W., Toward a Contingency Theory of Business Strategy, a.a.O., S. 63. Diese Aussage wird zwischenzeitlich auch durch empirische Befunde untermauert. Vgl. Anderson, C. R., Zeithaml, C. P., Stage of the Product Life Cycle, Business Strategy, and Business Performance, in: AoMJ, No 1, 1984, S. 5-24. Vgl. relativierend hierzu auch Staehle, W. H., Management, a.a.O., S. 386 und die dort angegebene Literatur.

phasenkonstituierenden Charakter haben und die einen erfolgsfaktorendeterminierenden Status für die Werbung einnehmen.[70]

Die Nutzung des Produktlebenszyklus-Modells als intervenierende Variable der Erfolgsfaktorenforschung der Werbung steht in der Tradition des Lebenszyklus als Beschreibungs- bzw. taxonomisches Modell.[71] Legt man diesem Modellzweck die für eine Modellbeurteilung zentralen Leistungskriterien aus theoretischer und anwendungsorientierter Sicht zugrunde, so muß das Produktlebenszyklus-Modell neben einer hinreichend detaillierten Wiedergabe des abzubildenden realen Sachverhalts i. S. einer isomorphen Abbildung der wesentlichen, für die werbepolitischen Entscheidungen relevanten Merkmale vor allem dem Kriterium der Operationalität genügen.[72] Hinter diesen beiden Leistungskriterien steht, quasi als Schlüsselanforderung, die in der Literatur als zentrale Voraussetzung herausgearbeitete eindeutige Phasenidentifikation bzw. operationale Phasenabgrenzung.[73] Während in der Vergangenheit primär aufgrund des Kurvenverlaufs eine exakte Abgrenzung angestrebt wurde,[74] beschrei-

---

[70] In der Literatur wird die Absatzmittlerseite häufig vernachlässigt. Vgl. Angehrn, O., Zum Aussagewert des Begriffs "Produktlebenszyklus", in: JAVF, H. 4, 1974, S. 272. Die theoretische Interpretation dieser Einflußfaktoren erfolgt in Kap. B 1.1.

[71] Zum Begriff des taxonomischen Modells vgl. Smallwood, J. R., The Product Life Cycle: A Key to Strategic Marketing Planning, in: MSU Topics, No 1, 1973, S. 31.

[72] Vgl. Wesner, E., Die Planung von Marketing-Strategien, a.a.O., S. 12.

[73] Eine Übersicht der hier nicht weiter zu behandelnden Leistungskriterien gibt Steffenhagen, H., Wirkungen absatzpolitischer Instrumente - Theorie und Messung der Marktreaktion, Stuttgart 1978, insbes. S. 17 f. Für die Beurteilung des Produktlebenszyklus als taxonomisches Modell sind diese Kriterien jedoch von nur sekundärer Bedeutung. Vgl. Meffert, H., Interpretation und Aussagewert des Produktlebenszyklus-Konzeptes, a.a.O., S. 111 f.

[74] Vgl. z. B. Polli, R., Cook, V., Validity of the Product Life Cycle, in: JoB, October 1969, S. 385-400.

tet die Lebenszyklusforschung aktuell eher den Weg einer qualitativen Abgrenzung nach verschiedenen Kriterien und Indikatoren. Wenngleich die zur Abgrenzung der jeweiligen Produktlebenszyklusphasen vorgeschlagenen Verfahren letztendlich nicht willkürfrei erscheinen - das Spektrum der Lösungsansätze reicht von konkret-rechnerischen bis hin zu intuitiven Methoden - sind mit ihnen doch Ansatzpunkte für eine ungefähre Bestimmung der Zyklusphase eines Produktes oder einer Branche gegeben.[75] Damit kann die Frage der Adäquanz des Produktlebenszyklus-Modells zumindest als grobe Taxonomie für die strategische Werbeplanung und Erfolgsfaktorenforschung positiv beantwortet werden. Dieses Fazit kann jedoch lediglich für die strategische Ausrichtung der kontextbezogenen Werbung geltend gemacht werden, während die Eignung als Hilfskonstrukt der operativen, taktisch geprägten Werbeplanung wesentlich kritischer zu beurteilen ist:[76] Die mit der Modellbildung einhergehende Abstraktion führt notwendig zu einer Reduktion des komplexen realen Geschehens, und es besteht insbesondere bei der operativen Werbeplanung hinsichtlich des erforderlichen Detaillierungsgrades die ständige Gefahr mangelnder Strukturgleichheit zwischen der gedanklichen und der realen Sphäre.

Das taxonomische Potential und der herausgehobene Stellenwert des Produktlebenszyklus wird in der empirischen Erfolgsfaktorenforschung der Werbung nur fragmentarisch genutzt, eine etablierte Erfolgsfaktorenforschung auf Basis

---

[75] Vgl. zu dieser Aussage Kreilkamp, E., Strategisches Management und Marketing, a.a.O., S. 139 und die dort zitierte Literatur zu den Abgrenzungskriterien.

[76] In diesem Sinne soll das Produktlebenszyklus-Modell im folgenden in erster Linie als Instrument zur Validierung von Normstrategien i.S. von groben Stoßrichtungen der Werbung angesehen werden, welche in der Literatur bislang lediglich aus vorrangig konzeptionellen Grundüberlegungen hergeleitet werden.

des Produktlebenszyklus existiert nicht.[77] Die wenigen vorhandenen und allenfalls monovariablen Ansätze stammen größtenteils aus dem anglo-amerikanischen Raum und beziehen sich vor allem auf Erfolgswirkungen des Werbebudgets.[78] Hier hat sich ein Forschungszweig entwickelt, der aufbauend auf die Hypothesen des finnischen Ökonomen Mickwitz die Nachfrageelastizität der Werbung in unterschiedlichen Phasen des Lebenszyklus analysiert.[79] Daneben sind eine Reihe von Arbeiten entstanden, die Aspekte der lebenszyklusadäquaten Botschaftsgestaltung herausarbeiten. Die wohl umfassendste Studie zum Einfluß der Botschaftsgestaltung stellt in diesem Zusammenhang ein Projekt des Marketing Sciences Institute dar, das auf Basis von über 1000 TV-Spots mittels regressionsanalytischer Verfahren erfolgreiche Botschaftsformen für neue und etablierte Produkte ermittelt.[80] Schließlich ist noch auf solche Arbeiten hin-

---

[77] Für den deutschsprachigen Raum greift vor allem die WUM-Studie des Instituts für Marketing den Produktlebenszyklusansatz für die Erfolgsfaktorenforschung auf. Vgl. Meffert, H., Schürmann, U., Werbung und Markterfolg - eine empirische Untersuchung auf der Grundlage von Experteneinschätzungen im Markenartikelbereich, Gemeinschaftsstudie von Institut für Marketing, GWA und A. C. Nielsen GmbH, Münster 1991, S. 104-128.

[78] Vgl. u.a. Arora, R., The Product Life Cycle and Time Varying Advertising Elasticities: Another Look, in: AIDS Proceedings, Hrsg.: Reeves, G. R., Sweigart, J. R., American Institute for Decision Sciences, Boston 1981, S. 253-255; Erickson, G. M., Montgomery, D. B., Brand Life Cycle and Dynamic Market Communications Elasticities, Research Paper, No 593, Graduate School of Business, Stanford University 1981.

[79] Vgl. zur Nachfrageelastizität Mickwitz, G., Marketing and Competition, Centraltrycheriet, Helsingfors 1959; Parsons, L. J., The Product Life Cycle and Time-Varying Advertising Elasticities, in: JoMR, November 1975, S. 476-480; Zufryden, F. S., Applications of a Dynamic Advertising Response Model, in: Current Issues and Research in Advertising, Hrsg.: Leigh, J., Martin, C. R., University of Michigan 1978, S. 143-157.

[80] Hierzu zählen bspw. die Art der Produktdarstellung, Nutzung humoriger Elemente, Seriosität etc. Vgl. Stewart, D. W., Furse, D. H., Effective Television Advertising. A Study of 1000 Commercials, Massachusetts u.a. 1986, S. 81-90.

zuweisen, die einen indirekten Beitrag zur Erfolgsfaktorenforschung leisten, indem sie Auswirkungen und Zusammenhänge der Werbung mit anderen Parametern wie der Produktqualität, dem relativen Preisniveau oder dem Distributionsgrad im Produktlebenszyklusverlauf herausfiltern.[81]

Faßt man den Aussagegehalt und den Umfang der bisherigen Studien zusammen und berücksichtigt, daß hierbei ebenfalls methodische Mängel zu konstatieren sind, so ist das Forschungsdefizit evident.[82] Insbesondere besteht ein Bedarf an Studien, die polyvariable Ansätze unter Berücksichtigung mehrerer Erfolgsdimensionen nutzen, um phasenspezifische Erfolgsfaktoren abzuleiten.

4. Zielsetzung und Gang der Untersuchung

Vor dem Hintergrund einer weitgehenden Vernachlässigung des Produktlebenszykluskonzeptes im Rahmen der Erfolgsfaktorenforschung der Werbung verfolgt die vorliegende Arbeit die **generelle Zielsetzung**, unter Bezugnahme auf die theoretischen und praktischen Erkenntnisse der Produktlebenszyklus- und Werbewirkungsforschung einen Beitrag zur empirisch fundierten Analyse von Erfolgsfaktoren der Werbung in unterschiedlichen Produktlebenszyklusphasen zu leisten. Anhand psychographischer und ökonomischer Erfolgsdimensionen, die sowohl auf subjektiven als auch auf objektiven Daten basie-

---

[81] Vgl. exemplarisch zu diesen Arbeiten Tellis, G. J., Fornell, C., The Relationship Between Advertising and Product Quality Over the Product Life Cycle: A Contingency Theory, in: JoMR, February 1988, S. 64-71; Farris, P. W., Reibenstein, D. J., How prices, ad expenditures, and profits are linked, in: HBR, No 6, 1979, insbes. S. 178; Liebermann, Y., Ayal, A., A Test of the Advertising Life-cycle Theory, in: IJoA, No 4, 1985, S. 247-250; Specht, G., Dynamische Distributionsstrategien in High-Tech-Märkten, in: ASW, H. 2, 1991, S. 78-85.

[82] So werden bspw. in der zitierten MSI-Studie keine Angaben zur Phasenabgrenzung und zu den Wettbewerbscharakteristika gemacht. Vgl. FN 80.

ren, soll ein umfassender polyvariabler Untersuchungsansatz zur phasenspezifischen Erfolgsfaktorenanalyse konzipiert werden. Dabei sollen nur solche Erfolgsfaktoren erörtert werden, die durch die Werbung der Unternehmen selbst begründet sind, nicht jedoch Erfolgsfaktoren, die sich aus der Unternehmensumwelt ableiten und damit nicht dem zu kontrollierenden Entscheidungsfeld des Unternehmens angehören.

Die Analyse erfolgt am Beispiel von kurzlebigen Konsum- und Verbrauchsgütern aus dem Bereich der Markenartikelindustrie.[83] Eine Eingrenzung auf diesen Bereich erscheint sinnvoll und notwendig. Zum einen ist der Konsumgüterbereich besonders geeignet, weil hier der Werbung eine Schlüsselrolle zukommt und darüber hinaus die weitaus meisten Arbeiten zum Produktlebenszyklus, auf die im weiteren Bezug zu nehmen ist, auf Konsumgüter abstellen.[84] Zum anderen weisen zahlreiche empirische Untersuchungen darauf hin, daß dem Produktlebenszyklus-Konzept insbesondere in dieser Branche eine gewisse Gültigkeit attestiert werden kann.[85] Des weiteren können durch die Beschränkung auf den Konsumgüterbereich mögliche ergebnisverzerrende Brancheneinflüsse ausgeschaltet werden, die sich bei einer branchenübergreifenden Analyse ergeben und die Aussagekraft des Produktlebenszyklus als Taxonomie von Situationsbedingungen ein-

---

[83] Aufgrund der unmittelbaren Auswirkungen des Lebenszyklus auf Markenebene und seiner primären Betrachtung in der Fachliteratur wird in der vorliegenden Arbeit das Aggregationsniveau der Produktebene in den Vordergrund gestellt. Vgl. zur Adäquanz dieses Vorgehens auch Enis, B. M., La Garce, R., Prell, A. E., Extending the Product Life Cycle, in: Business Horizons, June 1977, S. 46-56, insbes. S. 48.

[84] Hierbei soll das klassische vierphasige Produktlebenszyklus-Modell zugrunde gelegt werden. Vgl. z.B. Levitt, T., Exploit the Product Life Cycle, in: HBR, No 6, 1965, S. 81-94. Zu divergenten Typen vgl. Huppert, E., Produkt-Lebenszyklus: eine Entscheidungshilfe?, in: MJ, H. 5, 1978, S. 416-423.

[85] Vgl. Rink, D. R., Swan, J. E., Product Life Cycle Research, a.a.O., S. 238.

schränken könnten.[86] Schließlich erlaubt das Vorliegen von objektiven Marktdaten für die untersuchten Markenartikel aus dem Konsumgüterbereich ein hohes Maß an Vergleichbarkeit. Der Untersuchungsansatz bezieht sich dabei auf Objektreihendaten und stellt eine Querschnittsanalyse dar, die Marken in unterschiedlichen Produktlebenszyklusphasen gegenüberstellt.[87] Dieses Analysekonzept erscheint zum einen aufgrund des vorliegenden, auf einen Zeitraum von drei Jahren begrenzten, Datenmaterials gegenüber der Zeitreihenanalyse einzelner Marken angemessen.[88] Zum anderen wären selbst bei dem Vorliegen von Daten über den gesamten Lebenszyklus von Marken - hierbei geht es oftmals um einen Zeitrahmen von mehreren Jahrzehnten - kaum vergleichbare generelle Umweltbedingungen gegeben und Ergebnisverzerrungen zu erwarten.[89]

Die generelle Zielsetzung der Untersuchung leitet zu den folgenden **forscherischen Schwerpunkten** über:

■ Erarbeitung eines geeigneten theoretischen Grundkonzeptes zur Erfolgsfaktorenforschung auf Basis des Produktlebenszyklus-Modells.

■ Systematisierung und Operationalisierung von Erfolgsdimensionen der Werbung im Produktlebenszyklus.

---

[86] Vgl. insbes. Kube, Chr., Erfolgsfaktoren, a.a.O., S. 4 f.

[87] Damit ist die vorliegende Arbeit **nicht** als zeitreihenanalytische Studie zu interpretieren. Aussagen über wechselnde Erfolgsfaktoren der Werbung **einer** Marke in ihrem Lebenszyklus können daher nicht getätigt werden.

[88] Dieser Zeitraum kann von den befragten Experten aus der Erfahrung als verantwortlicher Produktmanager mit hinreichender Genauigkeit noch abgeschätzt werden.

[89] Dies steht jedoch der Zwecksetzung der vorliegen Arbeit entgegen, Erfolgsfaktoren der Werbung kontrastiv gegenüberzustellen. Vgl. hierzu auch die Ausführungen zur Umweltdynamik auf S. 1 ff.

- Systematisierung und Operationalisierung der relevanten werbebedingten Bestimmungsfaktoren des Erfolgs im Lebenszyklusverlauf von Produkten.

- Ermittlung typischer werblicher Verhaltensmuster im Produktlebenszyklus.

- Empirische Überprüfung von Wirkungszusammenhängen zwischen werbebedingten Bestimmungsfaktoren und den Erfolgsdimensionen in unterschiedlichen Produktlebenszyklusphasen.

- Ableitung von Implikationen für die kontextorientierte Werbeplanung.

Mit den beschriebenen Ziel- und Schwerpunktsetzungen ist bereits der **Gang der Untersuchung** vorgezeichnet. In Kapitel B. wird zunächst die theoretische Grundkonzeption zur Analyse der Erfolgsfaktoren in divergenten Marktsituationen erarbeitet. Aufbauend auf modellanalytischen Grundüberlegungen zur Werbewirkung wird das Zielsystem der Werbung im Produktlebenszyklusverlauf erörtert und i. S. der Kontrollfunktion von Zielen zur Klassifikation und Operationalisierung der Erfolgsdimensionen als Wirkungskriterien genutzt. Anschließend werden zentrale Bestimmungsfaktoren der Werbewirkung herausgearbeitet, um gestützt auf bislang vorliegende Erkenntnisse ihren Gehalt als potentielle Erfolgsfaktoren im Produktlebenszyklus abzuleiten. Diese Befunde werden in einen Operationalisierungsansatz überführt und einer empirischen Prüfung unterzogen.

In Teil C. führt eine zunächst eher deskriptiv orientierte Analyse zur Identifikation des situativen Kontextrahmens und der konkreten Ausprägung der Bestimmungsfaktoren in den einzelnen Phasen. Hierdurch sollen weitere, über die Hypothesenprüfung hinausgehende Erkenntnisse ermöglicht werden. Anschließend erfolgt die empirische Analyse mittels multivariater-statistischer Verfahren, insbesondere korrelations- und regressionsanalytischer Auswertungsmethoden, um Erfolgsfaktoren der Werbung in den unterschiedlichen Produktlebenszyklusphasen zu analysieren.

Aufgrund der ermittelten Wirkungsbeziehungen werden in Kapitel D. Implikationen für den erfolgreichen Einsatz der Erkenntnisse der Erfolgsfaktorenforschung im Rahmen der kontextbezogenen Werbung abgeleitet und Hinweise für weitere forscherische Betätigungsfelder gegeben.

B. Konzeptionelle Grundlagen zur Analyse von Erfolgsfaktoren der Werbung in unterschiedlichen Produktlebenszyklusphasen

1. Grundkonzept zur Analyse von Erfolgsfaktoren der Werbung in divergenten Marktsituationen

Es ergibt sich vor dem Hintergrund der präsentierten Ansätze der Erfolgsfaktorenforschung zunächst die Notwendigkeit, ein durch theoriegeleitete Vorüberlegungen fundiertes und empirisch überprüfbares Grundkonzept zu entwickeln. Ein derartiges, auf den situativen Bedingungsrahmen der Werbung abgestimmtes Konzept verfolgt die Zwecksetzung, zu einer grundlegenden Klassifikation potentieller Erfolgsfaktoren der Werbung in unterschiedlichen Marktsituationen beizutragen. Die Systematisierung führt nicht nur zum Erkenntnisfortschritt hinsichtlich bestehender Variablenzusammenhänge im Produktlebenszyklus, vor allem wird damit auch die Vergleichbarkeit angewandter Variablensysteme und -strukturen gefördert. Hierzu ist auf Erkenntnisse der allgemeinen sowie der werbespezifischen Erfolgsfaktorenforschung aufzubauen. Dabei nimmt die Produktlebenszyklusforschung insofern eine Schlüsselfunktion ein, als sie als Erfolgstheorie der strategischen Werbeplanung den bislang vorliegenden Ansätzen der Werbewirkungsforschung beizuordnen ist.

Das in Abbildung 3 dargestellte Konzept des situativen Bedingungsrahmens der Werbung nimmt die Marktsituation als Ausgangspunkt der Betrachtung. Sie spiegelt sich in typologisierender Form im Stadium des Produktlebenszyklus wider. Die Produktlebenszyklusphase übt als intervenierende

Empirische Ansätze der Erfolgsfaktorenforschung in divergenten Marktsituationen	Zentrale Theorieansätze zur Fundierung der Erfolgsfaktorenforschung in divergenten Marktsituationen	
• Allgemeine Erfolgsfaktorenforschung	• Kontingenztheorie	Organisationstheorie / Industrial Organization Analysis
• Werbespezifische Erfolgsfaktorenforschung	• Produktlebenszyklusforschung	Theorien des ... Nachfragerverhaltens / Anbieterverhaltens / Absatzmittlerverhaltens
	• Werbewirkungsforschung	Verhaltenstheorie / Ökonomische Theorie

Konzeption eines theoretisch fundierten und empirisch überprüfbaren werbespezifischen Ansatzes

Stadium des Produktlebenszyklus

Werbliche Bestimmungsfaktoren ⟹ Werbliche Erfolgsbeiträge

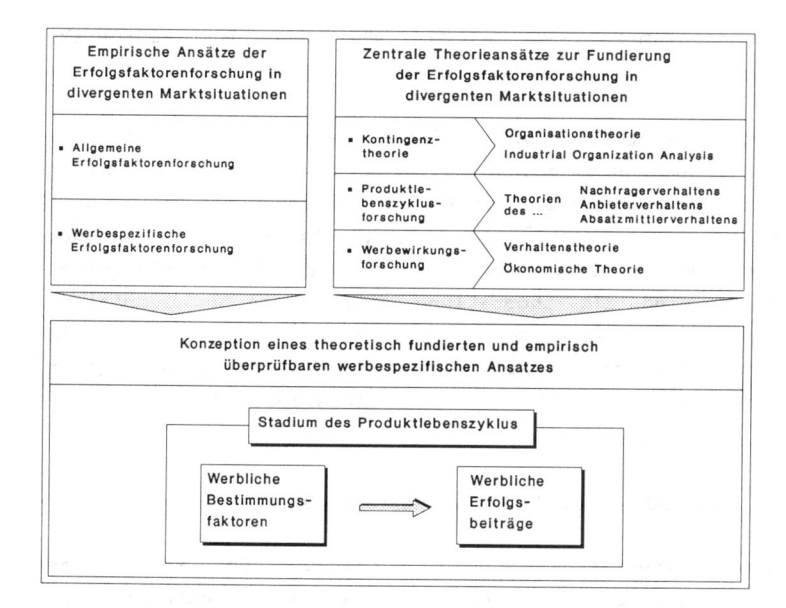

Abb. 2: Grundkonzept zur Analyse vor werblichen Erfolgsfaktoren im Produktlebenszyklus

Variable[90] sowohl Einfluß auf den Einsatz werblicher Bestimmungsfaktoren als auch werblicher Erfolgsbeiträge aus. Während die Ausprägung der werblichen Bestimmungsfaktoren sich aus dem unterstellten Determinismus der Marktsituation ableiten läßt, werden die werblichen Erfolgsbeiträge insofern durch den Lebenszyklusverlauf geprägt, als sie an dem Erreichungsgrad der phasenspezifischen Werbeziele zu messen sind. Gemäß der traditionellen Ausrichtung der Erfolgsfaktorenforschung steht die Untersuchung des

---

[90] Der Begriff der intervenierenden Variablen geht auf die neobehavioristische Forschung zurück. Auf die Erfolgsfaktorenforschung übertragen ist der Produktlebenszyklus als Konstrukt aufzufassen, welches als vermittelnder bzw. eingreifender Parameter Bestimmungsfaktoren und Erfolg determiniert. Vgl. Kroeber-Riel, W., Konsumentenverhalten, a.a.O., S. 26. Auf die Bedeutung des Produktlebenszyklus als intervenierende Variable für die Strategieformulierung weist besonders Day hin. Vgl. Day, G. S., The Product Life Cycle: Analysis and Applications Issues, in: JoM, No 4, 1981, S. 60-67, insbes. S. 65.

Wirkungszusammenhanges zwischen werblichen Bestimmungsfaktoren und Erfolgsbeiträgen im Mittelpunkt.

Ansätze, die theoretisch fundiert zur Analyse der angeführten Wirkungszusammenhänge beitragen, lassen sich sowohl in der Kontingenztheorie und Werbewirkungsforschung als auch der Produktlebenszyklusforschung identifizieren. Da keiner dieser Ansätze für sich allein genommen voll zu befriedigen vermag, sind die theoretisch fruchtbaren und empirisch überprüfbaren Bestandteile der drei genannten Ansätze in ein umfassenderes Konzept der produktlebenszyklusbezogenen Werbeerfolgsfaktorenforschung zu integrieren.[91]

1.1 Allgemeine konzeptionelle Ansatzpunkte

Zentrale Theorieansätze zur Fundierung des skizzierten Beziehungsgefüges sind vor allem auf die **Kontingenztheorie**[92] rückführbar, die im Zusammenhang mit den Ansätzen der organisationstheoretischen Forschung und Überlegungen der Industrial Organization Analysis zu spezifizieren ist.[93] Besondere Bedeutung ist in diesem Zusammenhang der verhaltenswissenschaftlichen Organisationsforschung beizumessen, die unter Bezugnahme auf die Theorie des geplanten Wandels[94] um die Aufdeckung von Voraussetzungen innovativen Verhaltens bemüht ist.[95] Analogien zum Produktlebenszyklus-

---

[91] Zwischen den genannten Theoriebausteinen bestehen vielfältige Interdependenzen. Entsprechend des primären theoretischen Fokus wird zur Systematisierung im folgenden eine Trennung zwischen allgemeinen und lebenszyklusspezifischen Ansätzen vorgenommen.

[92] Vgl. hierzu insbes. FN 49.

[93] Vgl. auch die Ausführungen bei Patt, P.-J., Strategische Erfolgsfaktoren, a.a.O., S. 32-34.

[94] Vgl. Kirsch, W., Esser, W. M., Gabele, E., Das Management des geplanten Wandels von Organisationen, Stuttgart 1979, S. 61 ff.

[95] Vgl. hierzu ferner Gobeli, D. H., Brown, D. J., Analyzing Product Innovations, in: RM, No 4, 1987, S. 25-31;

konzept und den Theorien des Nachfragerverhaltens sind apodiktisch. Die Industrial Organization Analysis berücksichtigt darüber hinaus, daß spezielle Marktstrukturen Einfluß auf die Ziele und Verhaltensweisen von Industriebetrieben ausüben, welche wiederum den Unternehmenserfolg erklären.[96] Hierin sind ebenfalls Ähnlichkeiten zur Erfolgsfaktorenforschung auf Basis des Produktlebenszykluskonzeptes erkennbar, werden doch auch hier Bestimmungsfaktoren des Erfolges in bestimmten Marktsituationen analysiert.

Die **Werbewirkungsforschung** als angewandte Wissenschaft ergänzt die Ansatzpunkte der Kontingenztheorie und bezieht ihre theoretische Grundlegung dabei insbesondere aus der Verhaltenstheorie, deren werbespezifischen Erkenntnisse auf psychobiologische, psychologische, sozialpsychologische oder soziologische Befunde und Hypothesen zurückgehen.[97] Neben diesen Forschungsrichtungen zeichnet sich gegenwärtig eine ökonomische Theorie der Werbewirkung ab, die sich im wesentlichen durch das Bild des aktiven Konsumenten als Grundhaltung von den verhaltenstheoretischen Ansätzen unterscheidet.[98] Über die Funktion der theoretischen Fundierung hinausgehend nimmt die Werbewirkungsforschung schließlich eine Systematisierungsfunktion ein, indem die Strukturen der vorliegenden Untersuchungsansätze zur klassifikatorischen Abgrenzung der relevanten Bestimmungsfaktoren und Erfolgsdimensionen beitragen.

Johne, F. A., Snelson, P. A., Success Factors in Product Innovation: A Selective Review of the Literature, in: JoPIM, No 5, 1988, S. 114-128.

[96] Scherer, F. M., Industrial Market Structure and Economic Performance, 2. Aufl., Chicago 1980, insbes. S. 5.

[97] In Deutschland sind dies insbes. die Forschungsarbeiten von Werner Kroeber-Riel. Vgl. Kroeber-Riel, W., Konsumentenverhalten, a.a.O.; Kroeber-Riel, W., Meyer-Hentschel, G., Werbung - Steuerung des Konsumentenverhaltens, a.a.O.; Rossiter, J. R., Percy, L., Advertising and Promotion Management, New York u.a. 1987.

[98] Vgl. Kaas, K. P., Nutzen und Kosten der Werbung - Umrisse einer ökonomischen Theorie der Werbewirkung, in: ZfbF, H. 6, 1990, S. 492-504.

1.2 Produktlebenszyklusspezifische konzeptionelle Ansatzpunkte

Um das Produktlebenszykluskonzept in seiner Eigenschaft als Typologie divergenter Marktsituationen für die Erfolgsfaktorenforschung herauszuarbeiten, ist des weiteren auf den theoretischen Gehalt der **Produktlebenszyklusforschung** abzustellen.[99] Es gilt zu bedenken, daß die praktische Relevanz der als Erfolgsfaktoren abgeleiteten Gestaltungshinweise der Werbung immer nur so aussagekräftig sein kann, wie der Informationsgehalt des zugrunde liegenden Modells. Wenngleich bereits Albach[100] Anfang der 70er Jahre darauf hingewiesen hat, daß eine geschlossene theoretische Fundierung des Produktlebenszyklus i. S. eines logisch widerspruchsfreien Aussagesystems, das eine Verbindung zum tatsächlichen Geschehen herstellt, nicht vorliegt, so kann dieses Fazit nicht uneingeschränkt auf den aktuellen Erkenntnisstand übertragen werden.[101] Es ergeben sich vielfältige theoretische Ansatzpunkte, die im wesentlichen auf Aspekte des Nachfrager-, Anbieter- und Absatzmittlerverhaltens abzielen.[102]

---

[99] Vgl. zu den Anforderungen an Theorieaussagen Popper, K. R., Logik der Forschung, 3. Aufl., Tübingen 1969, S. 31 ff.

[100] Vgl. Albach, H., Ansätze zu einer empirischen Theorie der Unternehmung, in: Wissenschaftsprogramm und Ausbildungslehre, Hrsg.: Kortzfleisch, G. v., Berlin 1971, S. 133-156, insbes. S. 151.

[101] Vgl. zur Theoriedefinition Heinen, E., Einführung in die Betriebswirtschaftslehre, a.a.O., S. 18.

[102] Auf die einzelnen Implikationen kann im Rahmen dieser Arbeit nicht eingegangen werden. Im folgenden sollen lediglich die für das Verständnis wesentlichen, allgemeinen theoretischen Grundlagen wiedergegeben werden. Vgl. vor allem die Darstellungen, die auf Produktebene oder entsprechend höherem Aggregationsniveau phasentypische Markt- und Marketingausprägungen herausarbeiten bei Meffert, H., Strategische Unternehmensführung und Marketing - Beiträge zur marktorientierten Unternehmenspolitik, Wiesbaden 1988, S. 54 f; Pfeiffer, W., Bischof, P., Produktlebenszyklen, a.a.O., S. 151; Hofer, C. W., Toward a Contigency Theory of Business

Auf **Nachfragerseite** wird vielfach auf die von Rogers entwickelten Hypothesen zur Diffusion von Innovationen zurückgegriffen,[103] denen zufolge die Zeiträume, die potentielle Konsumenten bis zum erstmaligen Kauf einer Produktinnovation benötigen, annähernd normalverteilt sind.[104] Der Diffusionsprozeß wird dabei von Innovatoren ausgelöst, die mit zeitlichem Abstand entsprechend soziodemographischer Merkmale wie Bildungsstand, Einkommen, Einstellungen etc. von den anderen Konsumententypen der Frühadopter, der frühen und späten Mehrheit sowie der Nachzügler abgelöst werden. Die Normalverteilung der Adoptionszeiten vermittelt in Abhängigkeit von der Zeit eine gewisse Ähnlichkeit im Umsatzverlauf zum Produktlebenszyklus, der i. d. S. als ein nachfrageorientierter, autonomer Diffusionsprozeß definiert werden kann.[105] Einschränkend ist darauf hinzuweisen, daß die Begründung allenfalls für die Einführungs- und Wachstumsphase als schlüssig gelten kann, werden doch lediglich Erstkäufe erfaßt. Die Entwicklung der weiteren Phasen muß somit von anderen Einflußfaktoren abhängen.[106]

Strategy, a.a.O., S. 56 f; Schumann, K., Der Lebenszyklus von Produkten und sein Einfluß auf Produktion und Vertrieb, Diss., Berlin 1981, S. 176 ff; Schelling, E. E., Das Marketing neuer Produkte, Wiesbaden 1970, S. 206 ff.

[103] Insofern kann die Lebenszyklusforschung auch auf Erklärungszusammenhänge der Innovationsforschung zurückgreifen. Vgl. hierzu insbes. Höft, U., Lebenszykluskonzepte, a.a.O., S. 56 ff sowie S. 141 ff und die dort zitierte Literatur.

[104] Vgl. Rogers, E. M., Diffusion of Innovations, 3. Aufl., New York 1983, insbes. S. 242-251; Geschka, H., Marketingkonzepte für Innovationen, in: HM, H. 4, 1984, S. 7-16. Einen Überblick des aktuellen Erkenntnisstandes der Diffusionsforschung geben Majan, V., Muller, E., Bass, F. M., New Product Diffusion Models in Marketing: A Review and Directions for Research, in: JoM, No 1, 1990, S. 1-26.

[105] Vgl. Romer, K.-H., Strategische Unternehmensplanung auf gesättigten Märkten, a.a.O., S. 199.

[106] Weiterführende Erkenntnisse sind aus bislang vernachlässigten, verhaltenswissenschaftlich orientierten Ansätzen des Wiederkaufverhaltens zu erwarten. Vgl.

Die Annahme einer idealtypischen Umsatzentwicklung im Lebenszyklusverlauf wird zusätzlich gestützt durch korrespondierende Verhaltenshypothesen bezüglich der **Anbieterseite**.[107] Dies betrifft zum einen die phasentypische Ausrichtung der Marketinginstrumente seitens des werbenden Unternehmens und der Wettbewerber, die den erwarteten Lebenszyklusverlauf unterstützend determinieren kann.[108] Diese Annahme betrifft nicht nur die Unterstellung zeitlich differenzierter Marketingmaßnahmen, sondern impliziert auch phasenspezifische Wirkungsmuster der Marketinginstrumente und stellt somit eine logische Verbindungslinie zur Erfolgsfaktorenforschung dar. So wird, in Abhängigkeit von der gewählten Preisstrategie, tendenziell von einem zunächst relativ hohen Preisniveau ausgegangen, welches im Lebenszyklusverlauf variiert und in der preisaggressiven Schrumpfungsphase entsprechend elastizitätstheoretischer Hypothesen gesenkt wird. Die Kommunikationspolitik verliert im Zeitablauf bei der idealtypischen Betrachtung an Bedeu-

---

u.a. den Ansatz von Gierl, H., Die Analyse des Produkt-Lebenszyklus neuer Investitionsgüter, in: JAVF, H. 1, 1988, S. 4-27.

[107] Vgl. hierzu und im folgenden Fox, H. W., A Framework for Functional Coordination, in: Atlanta Economic Review, No 6, 1973, S. 8-11; Pfeiffer, W., Bischof, P., Produktlebenszyklen, a.a.O., S. 150-152; Meffert, H., Walters, M., Anpassung des absatzpolitischen Instrumentariums in stagnierenden und schrumpfenden Märkten, Arbeitspapier Nr. 16 der Wissenschaftlichen Gesellschaft für Marketing und Unternehmensführung e.V., Hrsg.: Meffert, H., Wagner, H., Münster 1984, S. 12-14; Meffert, H., Strategische Unternehmensführung und Marketing, a.a.O., S. 53-56; Romer, K.-H., Strategische Unternehmensplanung in gesättigten Märkten, a.a.O., S. 199; Kotler, Ph., Bliemel, F. W., Marketingmanagement, a.a.O., S. 539 ff.

[108] Vgl. beispielhaft die Erfolgsfaktorenstudien zu Produktinnovationen bei Maidique, M. A., Key Success Factors in High-Technology Ventures, in: The Art and Science of Entrepreneurship, Hrsg.: Sexton, D. L., Smilor, R. W., Cambridge 1986, S. 170-180; Cooper, R. G., Kleinschmidt, E. K., New Products: What Separates Winners from Losers, in: JoPIM, No 4, 1987, S. 169-184; Link, P. L., Keys to New Product Success and Failure, in: IMM, No 2, 1987, S. 109-118.

tung, während die Produktpolitik i. S. von Produktverbesserungen an Intensität gewinnt.[109]

Die neuere Lebenszyklusforschung bezieht darüber hinaus Erklärungshypothesen auf **Absatzmittlerseite** mit ein. Diese Sichtweise, die supplementäre Erkenntnisse durch die Forschungsarbeiten Steiner's und seiner "Advertising Life-Cycle Theory"[110] erfahren hat, geht von unterschiedlichen Machtpositionen zwischen Hersteller und Handel in den einzelnen Lebenszyklusphasen aus. Während nach weiteren Hypothesen in der Einführungsphase zunächst Einführungswiderstände beim Handel zu überwinden sind, wird u. a. für die späteren Phasen das Konfliktpotential in den Beziehungen zum Handel auch durch einsetzende Handelsmarkenkonkurrenz als relativ ausgeprägt angenommen.[111] Die empirische und theoretische Evidenz dieser Hypothesen kann aber aufgrund der bislang weitgehenden Vernachlässigung der Absatzmittlerseite im Produktlebenszyklus als noch nicht abschließend geklärt gelten.[112]

Des weiteren wird der ertragsgesetzliche Umsatzverlauf in gleicher Richtung von **Marktstrukturentwicklungen** geprägt, die den zugrunde liegenden Hypothesen zufolge in den einzelnen Produktlebenszyklusphasen charakteristische Wettbe-

---

[109] Hierbei stellt sich die Frage, inwiefern bei gravierenden Produktmodifikationen noch von dem ursprünglichen Produktlebenszyklus auszugehen ist. Das dieser Arbeit zugrunde liegende gemischt-synthetische Produktlebenszyklus-Modell läßt daher lediglich moderate Produktveränderungen zu.

[110] Vgl. Steiner, R. L., A dual stage approach to the effect of brand advertising on competition and price, in: Marketing and Public Interest, Hrsg.: Cady, J. F., Cambridge 1978; Liebermann, Y., Ayal, A., A Test of the Advertising Life-cycle Theory, a.a.O., S. 247-250.

[111] Vgl. Becker, J., Marketing-Konzeption, a.a.O., S. 518 u. 521.

[112] Vgl. Angehrn, O., Zum Aussagewert des Begriffs "Produktlebenszyklus", a.a.O., S. 279.

werbs- und Marktformen mit bestimmten Unternehmertypen und Produktausprägungen annehmen.

Die zentralen Befunde zum idealtypischen, phasenspezifischen Nachfrager-, Anbieter- und Absatzmittlerverhalten sind in Abbildung 3 synoptisch zusammengetragen. Bei der Interpretation ist zu beachten, daß die Aussagen sich vorrangig auf die Produktebene als Bezugsobjekt der Lebenszyklusbetrachtung beschränken. Hinsichtlich eines höheren Aggregationsniveaus, z. B. auf Produktgruppen- oder Branchenebene, lassen sich weitere Implikationen ableiten, welche beipielsweise die Veränderung von Marktstrukturen betreffen.[113] In der Literatur wird diese Trennung - hierin ist sicherlich auch eine Ursache für mißverständliche Interpretationen des Produktlebenszykluskonzeptes zu sehen - allerdings oftmals nur sehr vage vorgenommen oder vollkommen unterlassen.[114] Vielen Arbeiten auf diesem Gebiet liegt implizit die Hypothese eines symmetrischen Zyklusverlaufs von Produkt und zugehöriger Produktgruppe bzw. Branche zugrunde. Diese Hypothese unterstellt, daß Produkte, die sich z. B. in der Einführungs- oder Reifephase befinden, vorrangig auch aus Branchen stammen, die durch ein äquivalentes Lebenszyklusstadium gekennzeichnet sind und vice versa. Diese Annahme, die einer gewissen intuitiven Logik folgt, kann nur ansatzweise befriedigen, sind doch auch grundlegend andere Konstellationen denkbar. Daraus läßt sich die Forderung ableiten, die Phasenbetrachtung nicht allein auf die Produktebene zu beschränken,

---

[113] Vgl. zu den strategischen Implikationen des Produktlebenszykluskonzeptes insbes. Wiersema, F. D., Strategic Marketing and the Product Life Cycle, MSI Working Paper No 82-106, Cambridge 1982, S. 1 ff.

[114] Vgl. für diese Arbeiten z.B. Unger F., Werbemanagement, Heidelberg 1989, S. 68 ff.

		EINFÜHRUNG	WACHSTUM	REIFE	SCHRUMPFUNG
Strategische Phasencharakteristika	Wachstumsrate	Steigende Wachstumsrate	Schnell steigendes Wachstum	Stagnierende Wachstumsrate	Negative Wachstumsrate
	Kosten pro Kunde	Sehr hoch	Durchschnittlich	Niedrig	Niedrig
	Gewinne	Negativ	Steigend	Hoch	Fallend
	Wettbewerbsbarrieren	Markteintrittsbarrieren	Steigende Konkurrenzintensität	Höchste Konkurrenzintensität	Marktaustrittsbarrieren
	Risiko	←		ansteigend	
	Marktstruktur	Temporäres Monopol	Oligopol	Polypol	Oligopol
	Herstellertypen	Pionier	Imitatoren	Anpasser	Anpasser
Anbieterverhalten	Produktpolitik	Standardisierung	Markenpositionierung	Markendifferenzierung/ -verbesserung	Selektion oder Modifikation
	Preispolitik	Hoher Preis	Wettbewerbsorientierte Preissetzung	Defensive Preispolitik	Preissenkungen
	Kommunikationspolitik	Sehr bedeutend Bekanntmachung und Überzeugung	Bedeutend Nutzenvorteile kommunizieren	Bedeutend Flankierende Emotionalisierung	Weniger bedeutend Flankierende Emotionalisierung
	Distributionspolitik	Aufbau eines Distributionssystems	Intensive Distribution	Distributionsnetz weiter verdichten	Selektive Ausrichtung und Kooperation
Nachfragerverhalten	Konsumententypen	Innovatoren	Frühadopter Viele Erstkäufer	Breite Mitte Erst- und Wiederholungskäufer	Überwiegend Wiederholungskäufer Nachzügler
Absatzmittlerverhalten	Handelspolitik	Einführungswiderstände	Kooperationsstrategien	Handelsmarkenkonkurrenz	Handelsmarkenkonkurrenz

Abb. 3: Charakteristika und Abgrenzung der Produktlebenszyklusphasen

Quelle: In Anlehnung an Kotler, Ph., Bliemel, F. W., Marketing-Management, a.a.O., S. 539 ff; Meffert, H., Strategische Unternehmensführung, a.a.O., S. 54 f; Fox, H. W., A Framework for Functional Coordination, a.a.O., S. 8-11; Hoffmann, K., Der Produktlebenszyklus, a.a.O., S. 49, Pfeiffer, W., Bischof, P., Produktlebenszyklen - Instrument jeder strategischen Produktplanung, a.a.O., S. 151; Höft, U., Lebenszykluskonzepte, a.a.O., S. 36-39.

sondern Marktcharakteristika auf höherem Aggregationsniveau zusätzlich zu berücksichtigen.[115]

Bezugnehmend auf diese Ausführungen soll der vorliegende Arbeit die folgende Basishypothese zugrundegelegt werden:

HYP BASIS Die Phasen des Produktlebenszyklus unterscheiden sich signifikant bezüglich des Nachfrager-, Anbieter- und Absatzmittlerverhaltens sowie übergreifender Wettbewerbscharakteristika.

1.3 Ableitung eines allgemeinen Bezugsrahmens

Aufbauend auf das erarbeitete Grundkonzept läßt sich der in Abbildung 4 dargestellte allgemeine Bezugsrahmen zur Systematisierung relevanter Einfluß- und Bestimmungsfaktoren des durch die Werbung ausgelösten Erfolges ableiten.

Dem Anliegen situativer Ansätze entsprechend geht der Bezugsrahmen zunächst von der relevanten Situation des werbetreibenden Unternehmens aus, wobei hier zwischen der internen und externen Umwelt unterschieden wird, die durch ihre jeweiligen Ausprägungsformen Konstituanten des Produktlebenszyklusstadiums sind. Die Produktlebenszyklusphase beeinflußt das situationsspezifische Zielsystem der Werbung, welches seinerseits die werblichen Bestimmungsfaktoren determiniert. Hierbei handelt es sich um ein System von strategieabhängigen, budgetabhängigen, gestaltungsabhängigen, medialen und integrationsabhängigen Bestimmungsfaktoren des Werbeerfolgs[116], die sich unmittelbar aus dem

---

[115] Becker empfiehlt eine zweifache Phasenbetrachtung von primär unternehmensintern (z.B. Produktlebenszyklus) und primär unternehmensextern (z.B. Konjunkturzyklus) induzierten Phasenverläufen. Vgl. Becker, J., Marketing-Konzeption, a.a.O., S. 514.

[116] In der Literatur wird teilweise eine Trennung der Begriffe Werbewirkung und Werbeerfolg vorgenommen. Vgl. z.B. Moser, K., Werbepsychologie. Eine Einführung, München 1990, S. 49 f. In Übereinstimmung mit der semanti-

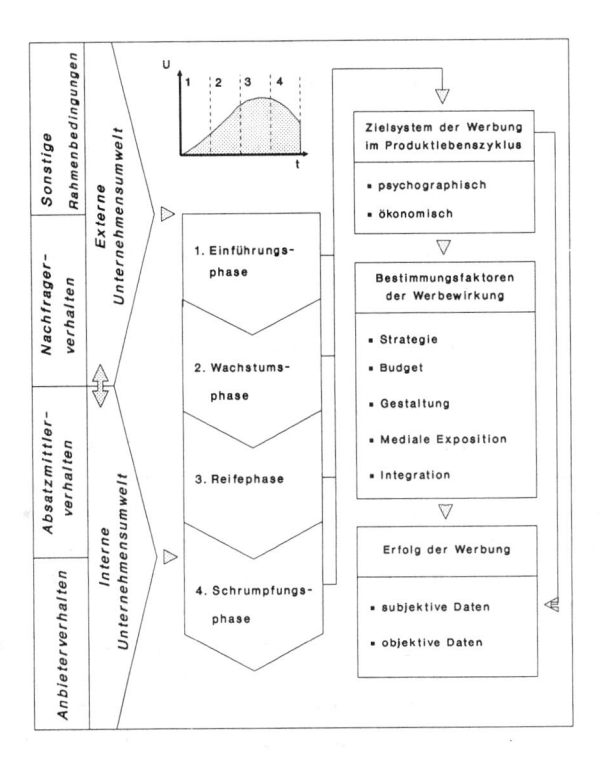

Abb. 4: Allgemeiner Bezugsrahmen zur Systematisierung relevanter Einflußgrößen des Werbeerfolgs im Produktlebenszyklus

Regelkreis der strategischen Werbeplanung herleiten lassen.[117] Die Erfassung der Werbewirkung kann anhand subjektiver und objektiver Daten erfolgen, deren Bezugskontrollgröße die jeweiligen phasenspezifischen Werbeziele darstellen.

---

schen Argumentation Steffenhagens werden in dieser Arbeit aber beide Begriffe synonym verwendet. Vgl. Steffenhagen, H., Kommunikationswirkung, a.a.O., S. 15.

[117] Vgl. Abb. 1 und die hierzu herangezogene Literatur.

Damit sind die Zielbeziehungen im Produktlebenszyklus angesprochen, die zunächst vor dem Hintergrund relevanter Erkenntnisse der Verhaltenstheorie auf Ebene von Werbewirkungsmodellen generell abzuleiten sind.

2. Modell und Zielsystem der Werbung als Ausgangspunkt der Wirkungsanalyse

2.1 Modellannahmen der Werbewirkung

Erklärungsmodelle der Werbewirkung stellen als vereinfachtes Abbild der Wirklichkeit auf die Erfassung der zentralen werbeinduzierten Prozesse ab. Durch Abstrahierung der für den untersuchten Sachverhalt weniger wichtigen Randbedingungen üben die Modelle einerseits eine Komplexitäts-Reduktions-Funktion aus.[118] Andererseits ist ihre Ordnungsfunktion darin zu sehen, daß sie als theoretischer Bezugsrahmen zur Ableitung relevanter Werbeziele beitragen und diese in eine hierarchische und systematische Form bringen.[119] Schließlich wird die Kontrollfunktion der Werbewirkungsmodelle hervorgehoben, die insbesondere für die Erfolgsfaktorenanalyse eine wesentliche Zwecksetzung beinhaltet. So betont Kroeber-Riel explizit die Eignung einfacher Strukturmodelle für die Beurteilung der Werbewirkung mittels Expertenurteilen: Der Experte erhält durch ein derartiges Schema Schlüsselkomponenten an die Hand gegeben, mit deren Hilfe die Werbewirkung abgeschätzt und mit den anvisierten Zielen verglichen werden kann.[120]

---

[118] Vgl. Bagozzi, R. P., Causal Models in Marketing, Massachusetts Institute for Technology, New York u.a. 1980, S. 63 ff.

[119] Vgl. Neibecker, B., Werbewirkungsanalyse mit Expertensystemen, a.a.O., S. 94.

[120] Vgl. Kroeber-Riel, W., Konsumentenverhalten, a.a.O., S. 620.

Zur Systematisierung der in der Literatur diskutierten Werbewirkungsmodelle wird der Komplexitätsgrad als Ordnungskriterium herangezogen, wobei sich die Modellkategorien der klassischen und erweiterten Stufenmodelle sowie Modelle höheren Komplexitätsgrades herausarbeiten lassen.[121]

Ohne auf die Modellkategorien im einzelnen einzugehen[122], soll im folgenden das in Abbildung 5 dargestellte **erweiterte Stufenmodell** zugrunde gelegt werden, welches für die Erfolgsfaktorenforschung besonders adäquat erscheint:[123]

- Das Grundmodell enthält mit den kognitiven, affektiven und konativen Komponenten bereits die zentralen in der Literatur diskutierten Wirkungsaspekte, ohne dabei unübersichtlich zu werden.

- Die unterschiedlichen Wirkungsmuster der Werbung lassen sich im Grundmodell abgrenzen und argumentieren, was als Voraussetzung einer problemorientierten Werbeplanung anzusehen ist.

- Das Modell ist durch Erkenntnisse der Konsumentenverhaltensforschung, der Informationsverarbeitungstheorie und der Involvementtheorie fundiert und erlaubt modellkonforme Spezifikationen und Weiterentwicklungen hinsichtlich komplexerer Aussagen- und Analysesysteme.

---

[121] Vgl. Prochazka, W., Werbewirkungskriterien und -modelle, in: Werbeforschung & Praxis, Folge 2, 1987, S. 36.

[122] Da die vorliegende Arbeit primär der evaluativen Erfolgsfaktorenforschung zuzurechnen ist, eine Analyse der Erfolgsfaktoren demgemäß i.s. eines stochastischen Modells angelegt ist, erübrigt sich an dieser Stelle eine ausführliche Darstellung und Würdigung der diversen Wirkungsmodelle. Zur Übersicht und Abgrenzung sei verwiesen auf Mayer, H., Werbewirkung und Kaufverhalten, a.a.O., S. 57-85; Freter, H., Mediaselektion, Wiesbaden 1974, S. 38; Voss, W.-D., Modellgestützte Markenpolitik: Planung und Kontrolle markenpolitischer Entscheidungen auf der Grundlage computergestützter Informationssysteme, in: Schriftenreihe Unternehmensführung und Marketing, Bd. 16, Hrsg.: Meffert, H., Wiesbaden 1983.

[123] Vgl. im folgenden Neibecker, B., Werbewirkungsanalyse mit Expertensystemen, a.a.O., S. 94 f.

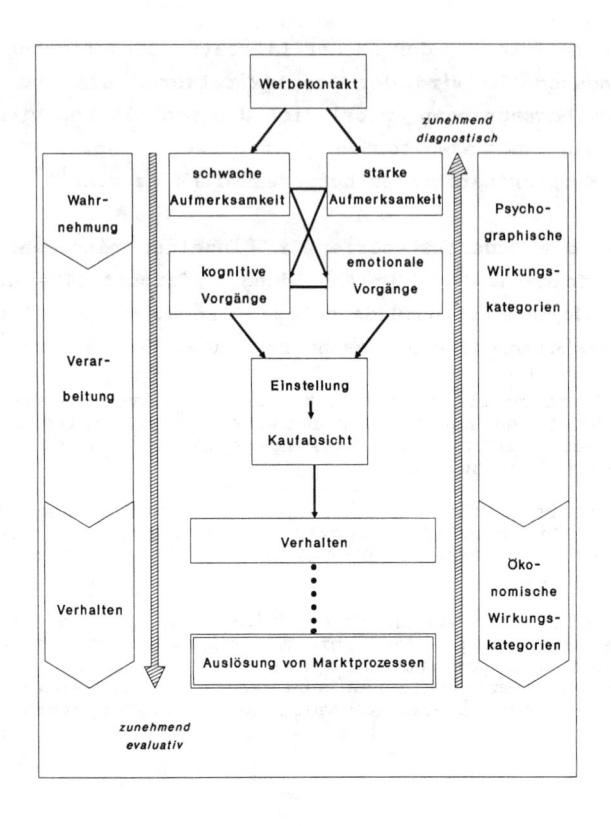

Abb. 5: Erweitertes Stufenmodell der Werbewirkung

<u>Quelle</u>: In Anlehnung an Kroeber-Riel, W., Konsumentenverhalten, a.a.O., S. 623; Neibecker, B., Werbewirkungsanalyse, a.a.O., S. 95.

Das vorgestellte erweiterte Stufenmodell umfaßt in seiner Grundstruktur[124] komplexe Teilwirkungen der Werbung, die als Reaktionsmuster der Umworbenen letztendlich auf die Wirkungsstufen der Wahrnehmung, der Verarbeitung und des Verhaltens zurückgeführt werden können, zwischen denen eine Kausalbeziehung vermutet wird.[125] Dahinter steht die Annahme, daß sich mit dem Durchlaufen bestimmter Wirkungsstufen die kaufverhaltensrelevante psychische Prägung bei der Zielperson durch die Werbung verfestigt. Im einzelnen sind dies zunächst einmal die von der Werbung angesprochenen Antriebskräfte der Konsumenten in Form von emotionalen und kognitiven Prozessen. Die Einstellung und Kaufabsicht können dann als Vorentscheidung zum eigentlichen Kaufakt angesehen werden, welche durch Zusammenwirken emotionaler und kognitiver Prozesse den Kauf einer Marke wesentlich mitbeeinflussen. Auf aggregierter Ebene äußern sich diese Kaufhandlungen in Marktprozessen wie Umsatz- und Marktanteilssteigerungen.

Durch diese Struktur ist nicht nur bereits eine grobe Unterscheidung von psychographischen und ökonomischen Wirkungskategorien vorgegeben, es ergeben sich darüber hinaus durch eine implizite Differenzierung nach evaluativer und diagnostischer Wirkungsmessung auch wertvolle Hinweise, wo Erkenntnisse bezüglich bestimmter Wirkungskomponenten vorliegen.

Eine Sonderstellung nimmt in dem erweiterten Stufenmodell die Wirkungskomponente der Aufmerksamkeit ein, die von der aktiven Wahrnehmung durch den Konsumenten abhängig ist. Sie wird im wesentlichen determiniert durch die Art der Werbung (emotional, informativ oder gemischt) und das Involvement

---

[124] Kroeber-Riel leitet aus diesem Grundmodell, abhängig von Involvement und Botschaftsgestaltung, spezifizierte Modellstrukturen i.S. von typischen Wirkungspfaden ab. Vgl. hierzu sowie zu den Begriffsabgrenzungen der genutzten verhaltenswissenschaftlichen Termini Kroeber-Riel, W., Konsumentenverhalten, a.a.O., S. 621-639.

[125] Vgl. Meffert, H., Marketing, a.a.O., S. 454-457.

des Konsumenten (geringes oder hohes Involvement), die Hinweise auf die Abfolge der Wirkungskomponenten geben und damit spezielle Wirkungspfade beschreiben können.[126] In diesem Zusammenhang erscheint die Annahme plausibel, daß u. a. abhängig vom Produktlebenszyklusstadium der beworbenen Marke divergierende Involvementbedingungen gegeben sind, die zu spezifischen Wirkungsmustern führen können. So kann in der Einführungsphase bei der Zielgruppe der Innovatoren von einem tendenziell stärkeren Involvement ausgegangen werden als in der Reife- oder Schrumpfungsphase,[127] in der späte Mehrheit und Nachzügler als Kernkonsumentengruppe eher dem Low-Involvement-Paradigma unterzuordnen sein dürften. Weiterhin sind aufgrund unterschiedlicher Bekanntheitsgrade und Konsumerfahrungen in den einzelnen Produktlebenszyklusphasen divergente Wirkungsmuster anzunehmen.

Im folgenden sind aus dem vorgestellten Werbewirkungsmodell die zentralen, für den Untersuchungsansatz der Erfolgsfaktorenforschung relevanten Werbeziele herauszuarbeiten.

---

[126] Das Involvement, welches den Grad der Ich-Beteiligung und das Engagement vor der Aufnahme der Werbung bezeichnet, ist als zentrales Konstrukt der Erfolgsfaktorenforschung anzusehen. Insbes. für den Konsumgüterbereich wird tendenziell eine Low-Involvement-Situation unterstellt mit der Implikation bestimmter Wirkungspfade. Vgl. zur Anwendung der Involvementtheorie in der Werbung Deimel, K., Grundlagen des Involvement und Anwendung im Marketing, in: Marketing ZFP, H. 3, 1989, S. 153-161; Jeck-Schlottmann, G., Werbewirkung bei geringem Involvement, Arbeitspapier Nr. 1 der Forschungsgruppe Konsum und Verhalten, Hrsg.: Behrens, G., et al., Saarbrücken 1988; Mühlbacher, H., Ein situatives Modell der Motivation zur Informationsaufnahme und -verarbeitung bei Werbekontakten, in: Marketing ZFP, H. 2, 1988, S. 85-94; Vaughn, R., How Advertising Works: A Planning Model, in: JoAR, No 5, 1980, S. 27-33.

[127] Dies kann insbes. durch die in der Literatur vertretene These argumentativ gestützt werden, daß es sich bei Innovatoren und Meinungsführern mit hohem Produktinvolvement um dieselben Individuen handelt. Vgl. Bänsch, A., Käuferverhalten, München, Wien 1983, S. 116 f; Steffenhagen, H., Marketing. Eine Einführung, Stuttgart 1988, S. 174.

2.2 Analyse der Werbezielsetzungen

Werbeziele beinhalten einen zukünftigen Zustand, der aus Sicht der betreffenden Unternehmung als erstrebenswert angesehen wird und mittels werblicher Aktivitäten erreicht werden soll.[128] Den Werbezielen kommt im Rahmen der strategischen Werbeplanung insofern eine wichtige Funktion zu, als sie die nachfolgenden Entscheidungstatbestände (z. B. Zielgruppendefinition, instrumenteller Fokus, Budgetierung) in grundlegender Weise determinieren. In Verbindung mit der Erfolgsfaktorenforschung ist darüber hinaus die Bedeutung der Werbeziele als Kontrollbezugsgröße hervorzuheben: Eine Marktgegebenheit wie Markenbekanntheit oder Umsatz kann daher sowohl angestrebtes Ziel der Werbung als auch eine realisierte Wirkung sein, die als Zielerfüllung und damit als Operationalisierung der entsprechenden Erfolgsdimensionen zu interpretieren ist.[129]

Das Spektrum der in der Literatur diskutierten Werbeziele und ihrer Operationalisierung[130] ist so breit, daß eine Fokussierung auf die für den vorliegenden Untersuchungsansatz relevanten Zielgrößen zweckmäßig und notwendig erscheint.[131] Die hiermit angeschnittene Frage nach den problemadäquaten Auswahlkriterien wird in der Erfolgsfaktorenforschung allenfalls anhand der Plausibilität und leichten Zugänglichkeit der Wirkungskriterien angegangen. Dieser

---

[128] Vgl. Meffert, H., Werbe- und Mediaplanung, a.a.O., Sp. 2209.

[129] Insofern gelten die folgenden Operationalisierungen der relevanten Werbeziele synonym für die dieser Arbeit zugrunde liegenden Erfolgsdimensionen.

[130] Werbeziele sind nach Inhalt, Ausmaß, Zeit- und Segmentbezug zu präzisieren. Vgl. Meffert, H., Marketing, a.a.O., S. 451.

[131] Vgl. zum Spektrum der relevanten Zielgrößen beispielhaft die in FN 133 angeführten Quellen.

unbefriedigende Status soll überwunden werden, indem die Auswahl der Zielgrößen anhand theoretisch und praxeologisch abgeleiteter Relevanzkriterien erfolgt.[132] Mit der Relevanz der Kriterien unter theoretischen Aspekten ist neben der Eignung als Basis von werbepolitischen Entscheidungen (z. B. Auswahl zwischen konkurrierenden Werbekampagnen) die Verhaltensrelevanz der Werbeziele, i. S. der nachgewiesenen Eigenschaft als Prädikatoren des Kaufverhaltens, angesprochen. Darüber hinaus ist das praktische Relevanzkriterium anzulegen, das neben der Ökonomie der Erfassung des interessierenden Verhaltensbereiches vor allem die Häufigkeit der Verwendung des betreffenden Kriteriums in der praktisch-empirischen Erfolgsfaktorenforschung und werbetheoretischen Abhandlungen umfaßt.[133]

---

[132] Vgl. hierzu und im folgenden u.a. Mayer, H., Werbewirkung und Kaufverhalten, a.a.O., S. 49-56.

[133] Übersichten über Häufigkeiten der Nennungen verschiedener Ziele und Wirkungskriterien in der Literatur finden sich u.a. bei Lipstein, B., Some observations about the literature, in: Evaluating advertising. A bibliography of the communications process, Hrsg.: Lipstein, B., McGuire, W. J., New York 1978, S. XI-XIII, insbes. S. XI; Hörschgen, H., Gaiser, B., Strobel, K., Die Werbeerfolgskontrolle in der Industrie - Eine empirische Untersuchung, Würzburg 1981, S. 29. Zu dem Stellenwert von Werbezielen und die Zieldiskussion vgl. insbes. Bidlingmaier, J., Festlegung der Werbeziele, in: Handbuch der Werbung, Hrsg.: Behrens, K. C., Wiesbaden 1970, S. 403-416; Koeppler, K., et al., Werbewirkungen definiert und gemessen, Hrsg.: Heinrich Bauer Stiftung, Velbert 1974; Köhler, R., Marktkommunikation, in: WiSt, H. 4, 1976, S. 164-173; Stadler, M., Die Zielplanung für die Marketing-Kommunikation, in: Handbuch der Werbung, Bd. 3, Hrsg.: Tietz, B., Landsberg a. L. 1982, S. 2151-2181; Meffert, H., Integrierte Marktkommunikation, a.a.O., S. 55-66; Kroeber-Riel, W., Strategie und Technik der Werbung, a.a.O., insbes. S. 37 u. 40.

2.21 Generelle Werbezielsetzungen im Produktlebenszyklus

Abgeleitet aus den übergeordneten Unternehmens- und Marketingzielen und determiniert durch die spezifische Marktsituation sind Werbeziele keine unabhängig zu setzenden Imperative, sondern wesentlich durch das Stadium des Produktlebenszyklus geprägt.[134] Dabei bilden Werbeziele zum einen als wirtschaftliche Sachziele den Gegenstandsbereich des Wirtschaftens in der Unternehmung ab. Zum anderen kommen in ihnen auch die wirtschaftlichen Formalziele zum Ausdruck, die den Umfang der angestrebten Zielerreichung bei der Verfolgung werblicher Sachziele beinhalten.[135]

Erste Anhaltspunkte für die Formulierung relevanter Werbeziele ergeben sich, wenn man auf die zentralen Funktionen der Werbung im Verlauf des Produktlebenszyklus abstellt. Abbildung 6 gibt diese Funktionen und die hieraus konzipierten Werbezielsetzungen wieder.

So erörtert Meffert die Prädispositionsfunktion der Werbung im Produktlebenszyklusverlauf, indem er **psychographische Werbezwecke** exponiert:[136] Während in der Einführungsphase der Werbung primär eine Informations- und Instruktionsfunktion zukommt, wird der Werbung in der späteren Wachstums- und Reifephase vorrangig eine Profilierungs- und Beeinflussungsfunktion zugesprochen. In der Schrumpfungsphase wird schließlich die Erinnerungs- und Bestätigungsfunktion in den Vordergrund gerückt.

---

[134] Rossiter und Percy sehen im Produktlebenszyklus die Hauptdeterminante der Werbeplanung: "The main factor that determines the use of advertising and promotion over the longer term is stage in the product life cycle." Rossiter, J. R., Percy, L., Advertising and Promotion Management, a.a.O., S. 12.

[135] Vgl. zu den wirtschaftlichen Sach- und Formalzielen u.a. Schierenbeck, H., Grundzüge der Betriebswirtschaftslehre, 8. Aufl., München 1986, S. 56.

[136] Vgl. Meffert, H., Das System des Kommunikations-Mix, Münster 1979, S. 156.

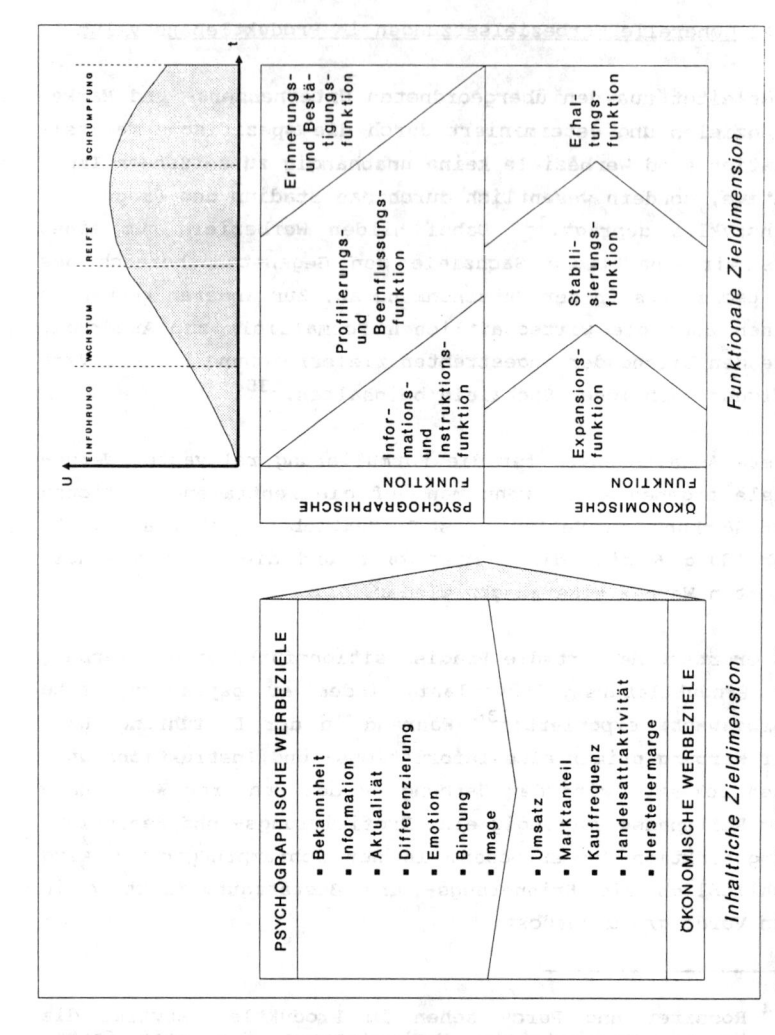

Abb. 6: Zieldimensionen der Werbung im Produktlebenszyklus

Die psychographischen Funktionen finden ihr Äquivalent in den besonders von Behrens herausgestellten **ökonomischen Funktionen** der Werbung[137], die entsprechend der idealtypischen Abfolge der Phasen im Produktlebenszyklus zunächst eine Expansionsfunktion i. S. der Markterschließung und -schaffung einnehmen, um in den späteren Phasen idealtypisch eher eine Stabilisierungs- und Erhaltungsfunktion zu übernehmen.

Diese Differenzierung, die neben einer generellen Stoßrichtung der Werbung auch grobe Anhaltspunkte über das angestrebte Zielausmaß i. S. wirtschaftlicher Formalziele implizit berücksichtigt, erscheint aus produktlebenszyklustheoretischer Betrachtungsweise besonders gehaltvoll, weil hierin zum einen bereits die Dynamik im Zielplanungsprozeß im Zeitablauf zum Ausdruck kommt: Werbeziele verändern sich im Verlauf des Produktlebenszyklus und damit auch die relevanten Erfolgsdimensionen. Zum anderen bilden sie den Rahmen für die nunmehr inhaltlich zu spezifizierenden psychographischen und ökonomischen Werbeziele.

2.22 Psychographische Ziele im Produktlebenszyklusverlauf

Unter psychographische Werbezielsetzungen werden solche Ziele gefaßt, die auf mentale Prozesse des Individuums gerichtet sind und dabei sowohl kognitiv-rationale als auch affektiv-gefühlshafte Ergebnisse zeitigen und beim Konsumenten letztendlich bestimmte Verhaltensweisen prädisponieren sollen. Die nicht direkt beobachtbaren Variablen dienen als theoretische Konstrukte zur Erklärung des Kaufverhaltens und werden insofern auch als Operationalisierung ökonomischer Werbeziele diskutiert. Die Notwendigkeit, Werbeziele und damit auch Erfolgsdimensionen mittels psychographischer Indikatoren zu messen, ist besonders in den frühen Phasen des Produktlebenszyklus evident: Die Über-

---

[137] Vgl. Behrens, K. C., Absatzwerbung, a.a.O., S. 50 ff.

nahme oder Adoption einer Produktneueinführung durch eine möglichst große Zahl potentieller Nachfrager, die zunächst prädisponierend auf den Kauf hingestimmt werden müssen, bildet die Voraussetzung zur Realisierung ökonomischer Formalziele, welche häufig erst in späteren Phasen voll zum Tragen kommen.[138]

Als zentrale Zielgröße wird in der Literatur die **Markenbekanntheit** als Kenntnis einer Marke i. S. der Geläufigkeit oder Bewußtseinspräsenz des jeweiligen Markennamens herausgearbeitet.[139] Die herausgehobene Stellung dieses Kriteriums erklärt sich nicht zuletzt aus der Theorie des Evoked-Set, wonach insbesondere bei Konsumgütern des täglichen Bedarfs in der Kaufsituation in erster Linie auf die dem Konsumenten bekannten Produkte zurückgegriffen wird. Die besondere Relevanz dieses Ziels in der Einführungs- und Wachstumsphase wird von zahlreichen Autoren betont, während in den späteren Phasen, ein realisierter hoher Bekanntheitsgrad unterstellt, lediglich eine Niveaustabilisierung notwendig erscheint.[140]

In engem Zusammenhang mit dieser Argumentationskette ist auch die Bedeutung der **Aktualität** einer Marke zu sehen. Aktualität ist die Wahrnehmung des beworbenen Angebotes als beachtenswerte, aktuelle Kaufalternative und wird vor allem

---

[138] Vgl. Ostmeier, H., Ökologieorientierte Produktinnovationen. Eine empirische Analyse unter besonderer Berücksichtigung ihrer Erfolgseinschätzung, in: Schriften zu Marketing und Management, Bd. 16, Hrsg.: Meffert, H., Frankfurt u.a. 1990, S. 40 f und die dort zitierte Literatur.

[139] Vgl. hierzu und im folgenden Steffenhagen, H., Markenbekanntheit als Werbeziel. Theorie und Operationalisierung, in: ZfB, H. 10, 1976, S. 715-734.

[140] Vgl. exemplarisch Wesner, E., Die Planung von Marketing-Strategien, a.a.O., S. 245; Meffert, H., Das System des Kommunikations-Mix, a.a.O., S. 155 f; Winterling, K., Strategische Kommunikationsentscheidungen, in: Strategisches Marketing, Hrsg.: Wieselhuber, N., Töpfer, A., Landsberg a. L. 1984, S. 238-251, insbes. S. 248.

unter Low-Involvement-Bedingungen als adäquates Werbeziel herausgestellt.[141] Dabei wird Aktualität insofern weitergehend als die Markenbekanntheit definiert, als sie die aktive Markenbekanntheit umfaßt, die durch auffallende Inszenierung des Markennamens ausgelöst wird. Das Bedeutungsgewicht des Aktualitätsziels im Produktlebenszyklus ist in der Literatur nicht einheitlich geklärt. So wird einerseits argumentiert, dem Aktualitätsziel käme insbesondere in der Schrumpfungsphase bei Relaunch-Maßnahmen eine gewisse Relevanz zu.[142] Andere Autoren sehen in der Erreichung von Aktualität eine Voraussetzung für die Erzielung weitergehender Werbefunktionen, wie die Schaffung und den Ausbau von Markenimages, der somit in allen Produktlebenszyklusphasen hohes Bedeutungsgewicht zukommt.

Dem kognitiven Bereich zuzuordnen ist das Werbeziel der Vermittlung von **Informationen** i. S. der Kenntnis relevanter Daten über das Angebot. Das Produktwissen wird immer dann als besonders bedeutsam erachtet, wenn das Angebot Neuheitscharakter aufweist. Die Zielung der Werbung stellt in diesem Fall darauf ab, Informationen über diejenigen Eigenschaften eines Angebotes zu vermitteln, die die besondere Eignung zur Befriedigung von vorhandenen Bedürfnissen kenntlich machen. In der Einführungs- und Wachstumsphase werden Informationen vor allem auf die Zielgruppe der Innovatoren gerichtet sein, die dadurch mit relevanten Daten ausgestattet werden und sie in die Lage versetzen, potentielle weitere Adopter argumentativ zu beeinflussen.[143]

---

[141] Vgl. hierzu und im folgenden Kroeber-Riel, W., Strategie und Technik der Werbung, a.a.O., S. 40.

[142] Vgl. Schweiger, G., Schrattenecker, G., Werbung, a.a.O., S. 36.

[143] Kotler, Ph., Bliemel, W., Marketing-Management, a.a.O., S. 874; Evans, J. R., Berman, B., Marketing, New York 1982, S. 232; Hoffmann, K., Der Produktlebenszyklus, a.a.O., S. 33.

Gerade auf gesättigten Märkten und bei ausgereiften Produkten wird **Emotionen** eine verhaltenssteuernde Wirkung zugesprochen.[144] Emotionen sind subjektiv wahrgenommene, innere Erregungsvorgänge, die durch das Auslösen von psychischen Erlebnissen eine stark affektive Prägung erhalten. Hierbei wird zwischen der Zielung auf atmosphärische Wirkungen und die Vermittlung von emotionalen Erlebnissen differenziert, die beide letztendlich zur Steigerung der Akzeptanz des Produktes beitragen sollen. Insbesondere in späteren Produktlebenszyklusphasen wird das Emotionsziel herausgestellt, um das beworbene Produkt mit einem psychologischen Zusatznutzen auszustatten, der weitere Kaufverhaltensrelevanz zeitigen soll. In diesem Zusammenhang wird die Technik der emotionalen Konditionierung diskutiert, bei der in der Werbung wiederholt die Marke zusammen mit emotionalen Reizen dargeboten wird, um so eine emotionale Erlebniswelt auf die Marke zu transferieren.[145]

Images bzw. Einstellungen stehen für eine relative Verhaltenskonstanz bzw. Reaktionskonsistenz gegenüber Objekten der Orientierung (z. B. Produkte), lenken das Verhalten in eine bestimmte Richtung und werden wesentlich durch emotionale Haltungen geprägt.[146] In der Theorie des Kaufverhaltens und der Werbepsychologie nehmen Einstellungen und

---

[144] Vgl. hierzu und im folgenden Kroeber-Riel, W., Konsumentenverhalten, a.a.O., S. 99 ff.

[145] Vgl. zur Theorie der emotionalen Konditionierung Ghazizadeh, U. R., Werbewirkungen durch emotionale Konditionierung. Theorie, Anwendung und Meßmethode, Frankfurt u.a. 1987, S. 1 ff.

[146] In der Literatur werden die Termini Image und Einstellung weitgehend ineinander überführt. Beide Konstrukte umfassen dabei mehrere Bedeutungsdimensionen und werden von Konsumenten zur Vereinfachung von Kaufentscheidungsprozessen herangezogen. Im folgenden werden Imagezielsetzungen analysiert. Vgl. Meffert, H., Marketing, a.a.O., S. 84 u. S. 151 ff; Kroeber-Riel, W., Konsumentenverhalten, a.a.O., S. 162 ff; Schenk, M., et al., Wirkungen der Werbekommunikation, a.a.O., S. 101-106; Meffert, H., Marketingforschung und Käuferverhalten, Wiesbaden 1992, S. 55-60.

Images als Hauptdeterminanten zur Erklärung und Prognose des Kaufverhaltens eine Schlüsselstellung[147] ein, welche auch in dem dieser Arbeit zugrunde liegenden Werbewirkungsmodell zum Ausdruck kommt. Ebenso wie die Verhaltensrelevanz des Images weitgehend als geklärt gelten kann, besteht Konsens über den Langfristcharakter des Markenimages, das sich im Verlauf der Zeit herausbildet.[148] So ist anzunehmen, daß dem Imageziel insbesondere in den späteren Phasen der Reife und Schrumpfung Wichtigkeit zukommt.[149]

In Verbindung mit Einstellungen und Images wird das Konstrukt der **Markenbindung** diskutiert, welches als vorgelagerte Stufe der Markentreue angesehen wird und damit bereits eine Verbindung zu den ökonomischen Werbezielen evident werden läßt.[150] Das mittelbar angesprochene Werbeziel der Gewinnung von Stammkunden wird in der Einführungs- und Wachstumsphase als zentrales Expansions- und Profilierungsziel hervorgehoben, um bereits in diesem Marktstadium die Basis für eine ausgedehnte Reifephase zu legen.[151]

---

[147] Auf die zentrale Bedeutung des Markenimages für das Kaufverhalten weist bereits Gutenberg hin. Vgl. Gutenberg, E., Die langfristige Absatzplanung als Instrument der Unternehmensführung, in: Marketingtheorie - Verhaltensorientierte Erklärungen von Marktreaktionen, Hrsg.: Kroeber-Riel, W., Köln 1972, S. 233-253, insbes. S. 244.

[148] Vgl. beispielhaft die Untersuchungen von Achenbaum, A. A., Advertising doesn't manipulate consumers, in: JoAR, No 2, 1972, S. 3-13; Geise, W., Einstellung und Marktverhalten: Analyse der theoretisch-empirischen Bedeutung des Einstellungskonzepts im Marketing und Entwicklung eines alternativen Forschungsprogramms aus alltagstheoretischer Perspektive, Thun, Frankfurt 1984, S. 27 ff; Ginter, J. L., An experimental investigation of attitude change and choice of a new brand, in: JoMR, February 1974, S. 30-40. Relativierende Befunde berichten Day, G. S., Deutscher, T., Attitudinal predictions of choices of major appliance brands, in: JoMR, May 1982, S. 192-198.

[149] Vgl. Unger, F., Werbemanagement, a.a.O., S. 72.

[150] Vgl. Bänsch, A., Konsumentenverhalten, a.a.O., S. 128.

[151] Vgl. Winterling, K., Strategische Kommunikationsent-

Inhaltsgleich werden unter dem Begriff der Markenbindung auch Aspekte des Involvement gefaßt, die das persönliche Engagement an einem Produkt zum Ausdruck bringen. In diesem Zusammenhang kommt dem Involvement nicht nur die Eigenschaft einer intervenierenden Variablen i. S. des diskutierten Wirkungspfadmodells zu, es stellt selbst auch eine relevante Zielgröße der Werbung mit signifikantem Kaufverhaltensbezug dar.

Im Zeitalter zumindest subjektiv austauschbarer Produkte kommt dem Ziel der **Konkurrenzdifferenzierung** durch Werbung als Resultante der bislang inhaltlich abgeleiteten psychographischen Werbeziele eine herausgehobene Bedeutung zu. Dahinter steht die Aufgabe, durch Verwendung geeigneter Positionierungstechniken eine Unique Advertising Proposition und einen eigenständigen Werbeauftritt zu erlangen.[152] Aufgrund der sich vor allem in der Reifephase tendenziell verschärfenden Konkurrenzsituation wird das gennante Werbeziel in diesem Stadium als besonders wichtig erachtet.[153] Gerade auf den gesättigten Märkten halten die Konsumenten die führenden Marken für in etwa gleich gut: Die Markenpolitik ist bei kaum mehr substantiell realisierbaren Produktverbesserungsmöglichkeiten auf die psychologische Produkt- und Konkurrenzdifferenzierung durch Werbung angewiesen.[154] Weiterhin erscheint jedoch auch plausibel, daß dem Konkurrenzdifferenzierungsziel in der Einführungsphase Relevanz zukommt, um sich gegen die Vielzahl etablierter

---

scheidungen, a.a.O., S. 248; Meffert, H., Das System des Kommunikations-Mix, a.a.O., S. 157.

[152] Vgl. Meffert, H., Integrierte Marktkommunikation, a.a.O., S. 77.

[153] Vgl. Hoffmann, K., Der Produktlebenszyklus, a.a.O., S. 33; Dhalla, N. K., Yuspeh, S., Forget the product life cycle concept!, a.a.O., S. 104; Evans, J. R., Berman, B., Marketing, a.a.O., S. 232; Tull, D. S., Marketing Management, New York 1990, S. 408.

[154] Konsumenten sind sich der geringen Qualitätsunterschiede bewußt. Vgl. Kanter, D. L., It Could Be: Ad Trends Flowing from Europe to U. S., in: Advertising Age Magazine, No 1, 1981, S. 49-52.

Wettbewerber und konkurrierender Werbekampagnen durchzusetzen.

2.23 Ökonomische Ziele im Produktlebenszyklusverlauf

Ökonomische Werbeziele sind wirtschaftliche Zielgrößen, die sich insbesondere auf den Gewinn mit seinen Bestandteilen Umsatz und Kosten zurückführen lassen.[155]

Als zentrales ökonomisches Werbeziel werden **Umsatzänderungen** als Indikatoren für allgemeine Wachstumsaussichten von Produkten diskutiert. Im Zusammenhang mit der steigenden Wettbewerbsintensität kann allerdings eine Betrachtung absoluter Umsatzeffekte kaum befriedigen, so daß die zusätzliche Berücksichtigung von **Marktanteilszielsetzungen** als relativierte Erfolgsgröße notwendig wird.[156] Letzteres ist vor allem aufgrund der Erkenntnisse der PIMS-Datenbank relevant, wird doch ein starker Kausalzusammenhang zwischen Marktanteil und Gewinn gesehen.[157] Gemäß den durch die generellen Werbezielsetzungen vorgezeichneten ökonomischen Zielausprägungen ist für den Umsatz und den Marktanteil zunächst eine Expansionsstrategie und im weiteren Zyklusverlauf eine Stabilisierungs- und Erhaltungsstrategie zu realisieren. Bedingt das Umsatzexpansionsziel in der Einführungsphase die Marktschaffung, so erfordert die Wachstumsphase die Fortführungswerbung mit dem Ziel raschen und forcierten Umsatz- und Marktanteilswachstums des eingeführten Produktes auf dem Gesamtmarkt.[158] Dabei bezieht

---

[155] Vgl. Meffert, H., Marketing, a.a.O., S. 452.

[156] Vgl. Greipl, E., Bestimmung und Würdigung von Marktanteilen, in: Erfolgskontrolle im Marketing, Bd. 1, Schriften zum Marketing, Hrsg.: Böcker, F., Dichtl, E., Berlin 1975, S. 101-114.

[157] Vgl. Meffert, H., Strategische Unternehmensführung und Marketing, a.a.O., S. 14 ff.

[158] Vgl. Wesner, E., Die Planung von Marketing-Strategien, a.a.O., S. 244 f.

sich die Expansionszielsetzung zum einen auf die Erhöhung der wertmäßigen Nachfrage nach dem neuen Produkt bei den bisherigen Käufern (z. B. Innovatoren und frühe Adopter) im Zuge einer Mengen- und/oder Preisstrategie sowie zum anderen durch Gewinnung neuer Nachfrager (z. B. frühe Mehrheit), auch durch Gewinnung von Kunden der Konkurrenz. Angesichts der sich in der Reife- und Schrumpfungsphase abzeichnenden Umsatzstagnation und tendenziell verschärftem Preiswettbewerb erscheint das werbestrategische Teilziel der Umsatzexpansion in diesem Marktstadium nur bedingt adäquat. Aus dem Ziel der Marktanteilserhaltung leitet sich das phasentypische Werbeziel der Umsatzerhaltung ab.[159]

Eine Kompensation des sich in der Reifephase abzeichnenden Umsatzrückgangs erfolgt in erster Linie durch die Ausweitung des Mengengerüstes. Damit ist das Werbeziel der Steigerung der **Kauffrequenz** angesprochen, welches durch eine Erhöhung der Verwendungshäufigkeit, eine Steigerung der Verwendungsmenge pro Anlaß und durch neue flexiblere Verwendungsmöglichkeiten erreicht werden soll.[160] Allerdings ist vor dem Hintergrund der generellen Werbezielsetzungen darauf hinzuweisen, daß in der Reifephase die Kauffrequenz im Vergleich zur Einführungs- und Wachstumsphase wesentlich schwächer ansteigen dürfte, da unter verschärften Wettbewerbskonstellationen das jeweils bereits erreichte, hohe Niveau noch zu übertreffen wäre. Insbesondere in der Schrumpfungsphase wird die Steigerung der Kauffrequenz nur schwierig zu realisieren und entsprechend von geringerer Relevanz sein.

---

[159] Rossiter und Percy argumentieren weitergehend, daß insbes. in späten Marktphasen eher Umsatz- als Marktanteilsziele mit der Werbung verfolgt werden sollten. Marktanteilsgewinne können in diesem Stadium vor allem durch das Ausscheiden von Konkurrenten aus dem Markt bedingt sein, was zu Fehlurteilen hinsichtlich des tatsächlich durch eigene Aktivitäten realisierten Markterfolges führen kann. Vgl. Rossiter, J. R., Percy, L., Advertising and Promotion Management, a.a.O., S. 45.

[160] Vgl. Kotler, Ph., Bliemel, F. W., Marketing-Management, a.a.O., S. 557.

Eine wesentliche Determinante des Gewinnziels stellt auf Produktebene die **Herstellermarge** dar, die in enger Beziehung zur Werberendite zu sehen ist.[161] Hohe Kosteneffekte ergeben sich insbesondere in der Einführungsphase, in der durch die Werbung hohe Marktinvestitionen zu tätigen sind. Auf der Ertragsseite steht dieser Position der Herstellerverkaufspreis gegenüber, der in der Regel den Abgabepreis an den Handel darstellt. Während in der Einführungsphase aufgrund von Einführungswiderständen im Handel der Preisspielraum relativ gering ausfallen dürfte, gewinnt im erfolgreichen Verlauf des Produktlebenszyklus der Hersteller an Marktmacht, die er gegebenenfalls in seine Preisvorstellungen gegenüber dem Handel einfließen lassen kann, so daß in späteren Lebenszyklusphasen Margenzielsetzungen eine hohe Bedeutung zukommen dürfte.[162] Es wird im idealtypischen Modell auch davon ausgegangen, daß Gewinne in der Reifephase am höchsten sind.[163]

Schließlich wird in der jüngeren Literatur zunehmend betont, daß Werbezielsetzungen und deren Erfüllung sowohl direkt als auch indirekt Auswirkungen auf den Handel haben. Aus diesem Grunde soll die Steigerung der **Handelsattraktivität** hier explizit aufgenommen werden. Dabei geht es gegenüber den Absatzmittlern um die Erzielung von Präferenz in den Absatzkanälen und am Verkaufsort.[164] Aufgrund des

---

[161] Vgl. Schmalen, H., Kommunikationspolitik, Stuttgart u.a. 1985, S. 173.

[162] Vgl. Liebermann, Y., Ayal, A., A Test of the Advertising Life-cycle Theory, a.a.O., S. 247.

[163] Vgl. Kotler, Ph., Bliemel, F. W., Marketing-Management, a.a.O., S. 565.

[164] Vgl. Stadler, M. M., Die Zielplanung für die Marketing-Kommunikation, a.a.O., S. 2159. Da das Ziel der Handelsattraktivität unmittelbar auf die Wirkung bei dem Marktpartner Handel ausgerichtet ist und Distribution und Preisspielräume beeinflussen soll - somit verhaltensgerichtet ist - wird dieses Ziel unter die ökonomischen Werbeziele eingeordnet.

generell hohen Bedeutungsgewichtes des Handels und den zu erwartenden hohen Marktwiderständen fällt vor allem in der Einführungsphase diese Zielsetzung ins Gewicht.[165]

Als besonderes Problem der ökonomisch orientierten Erfolgsfaktorenforschung wird darauf hingewiesen, daß diese Reaktionsmuster gegen das Prinzip der Bereichsadäquanz verstoßen, nur schwer nach dem Erfolgsbeitrag der Werbung abgrenzbar sind und streng genommen nur unter den c. p.-Bedingungen der Konstanz aller übrigen Marketing- und Situationsparameter Aussagekraft beanspruchen können.[166] Wenn in der einschlägigen Fachliteratur und vor allem in der Werbepraxis dennoch mit ökonomischen Werbezielgrößen gearbeitet wird, so geschieht dies vor allem, um den Beitrag der Werbung zum letztendlich relevanten ökonomischen Unternehmenszweck herauszuarbeiten: Die Mittel-Zweck-Konstruktion psychographischer Werbeziele wird dann lediglich als überflüssiges Hilfskonstrukt angesehen, welches zugunsten der direkten Erfassung ökonomischer Zielgrößen und Erfolgsdimensionen zu überwinden ist. Gerade durch innovative Markttestverfahren sind in den vergangenen Jahren geeignete Instrumente gegeben, die die angesprochenen c. p.-Bedingungen zumindest annähernd hinreichend gewährleisten können. Das Argument fehlender Bereichsadäquanz ökonomischer Zielkriterien wird dadurch teilweise entkräftet. Wie bereits angeführt, kann dies allerdings keinesfalls als Argument für eine Überflüssigkeit psychographischer Werbeziele gewertet werden.[167]

---

[165] Vgl. Becker, J., Marketing-Konzeption, a.a.O., S. 518.

[166] Vgl. insbes. Mayer, H., Werbewirkung und Kaufverhalten, a.a.O., S. 90 ff.

[167] Vgl. Kroeber-Riel, W., Strategie und Technik der Werbung, a.a.O., S. 198.

Hinsichtlich der skizzierten Werbezielsetzungen im Produktlebenszyklus wird folgende Hypothese abgeleitet:

HYP ZIELE $_1$ Psychographische und ökonomische Werbeziele unterscheiden sich in den Produktlebenszyklusphasen.

Weiterhin sind folgende Hypothesenzusammenhänge zu überprüfen:

HYP ZIELE $_2$ Während in der Einführungs- und Wachstumsphase Informations- und Instruktionsziele Bedeutungsgewicht haben, kommt in der Reife- und Schrumpfungsphase den Profilierungs- und Bestätigungszielsetzungen größere Relevanz zu.

HYP ZIELE $_3$ In der Einführungs- und Wachstumsphase sind Expansionsziele von größerer Bedeutung als in späteren Lebenszyklusphasen, in denen Stabilisierungs- und Erhaltungszielsetzungen im Vordergrund stehen.

Nachdem die relevanten Ziele der Werbung in unterschiedlichen Marktstadien erörtert sind, gilt es nunmehr, diejenigen Bestimmungsfaktoren herauszuarbeiten, die zur Realisierung dieser Werbeziele im Produktlebenszyklus besonders geeignet erscheinen. Hierbei soll zunächst auf die allgemeinen Erkenntnisse der Erfolgsfaktorenforschung der Werbung zurückgegriffen werden, um anschließend die Befunde lebenszyklusspezifisch zu relativieren bzw. zu spezifizieren und hieraus Hypothesen zur Überprüfung von Wirkungszusammenhängen abzuleiten.

3. Abgrenzung der relevanten Bestimmungsfaktoren der Werbewirkung im Produktlebenszyklus

Im Rahmen der Werbekonzeption stellen die im vorangegangenen Abschnitt behandelten Werbeziele Richtgrößen für die weitere Konkretisierung und Umsetzung der Werbung im Produktlebenszyklus dar.[168]

Auf der Basis der Werbeziele stecken Werbestrategien zunächst den umfassenden Handlungsrahmen zur Erreichung von Werbezielsetzungen ab.[169] Als bedingte und langfristige Verhaltenspläne tragen sie über die Instrumente-, Zielgruppen- und Positionierungsdimension insbesondere den für das Unternehmen zentralen internen und externen Situationsparametern Rechnung. Daneben treten im Rahmen der Maßnahmenplanung im Budgetierungsprozeß Aspekte der zeitlichen Zielung und der Modifikation des Werbebudgets, die durch ausgewählte Gestaltungsvariablen der Werbebotschaft ergänzt werden. Neben Fragen der Mediaselektion rücken schließlich auch Aspekte der Gesamtabstimmung i. S. der integrierten Marktkommunikation in das Zentrum erfolgsbestimmender Faktoren, denen ein Bedeutungsgewicht für den Werbeerfolg durch das Auslösen synergetischer Effekte zugesprochen wird und die als strategische Klammer aller Kommunikationsaktivitäten eine wesentliche Koordinationsfunktion einnehmen. Mit dieser Auflistung zentraler Bestimmungsgrößen des Werbeerfolgs ist bereits die Struktur der weiteren Analyse vorgegeben. Hierbei wird aufgrund des

---

[168] Die Struktur der folgenden Ausführungen bezieht sich auf den in Kap. A. 1.1 abgeleiteten Regelkreis der Werbeplanung und greift hierbei die zentralen, in der Literatur diskutierten Bestimmungsfaktoren der Werbewirkung heraus.

[169] Vgl. allg. zu Bewertungsproblemen und Wirkungsweisen von Strategien Meffert, H., Wehrle, H., Strategische Unternehmensplanung - Eine Bestandsaufnahme ausgewählter Grundprobleme, Arbeitspapier Nr. 4 der Wissenschaftlichen Gesellschaft für Marketing und Unternehmensführung e.V., Hrsg.: Meffert, H., Wagner, H., Münster 1981, S. 29 ff.

skizzierten Mitttel-Zweck-Charakters und der hierarchischen Verschachtelung der Bestimmungsfaktoren zwischen der ziel- und strategieabhängigen und der maßnahmenabhängigen Betrachtungsebene differenziert.

Die Auswahl relevanter Bestimmungsfaktoren erfolgt zum einen anhand des Kriteriums ihrer empirischen Evidenz, d. h. sie sollten bereits in anderen Untersuchungen den Nachweis der Einflußstärke auf den Werbeerfolg erbracht haben.[170] Zum anderen gilt es, zusätzlich lebenszyklusspezifische Bestimmungsfaktoren herauszuarbeiten, um so insbesondere Veränderungen im Zeitablauf analysieren zu können.[171]

Ausgehend von der Basishypothese, daß

HYP VERH   sich die werblichen Aktivitäten in den einzelnen Produktlebenszyklusphasen voneinander signifikant unterscheiden,

sollen im folgenden die relevanten Bestimmungsfaktoren der Werbewirkung herausgearbeitet und phasenspezifische Hypothesen zu Erfolgsfaktoren der Werbung abgeleitet werden.

---

[170] Vgl. u.a. den Überblick bei Steffenhagen, H., Ansätze der Werbewirkungsforschung, a.a.O., S. 77 ff; Mayer, H., Werbewirkung und Kaufverhalten, a.a.O., S. 86 ff. Zusätzlich mußten die einbezogenen Bestimmungsfaktoren dem Kriterium der Zugänglichkeit und der praktischen Relevanz genügen. Der letztgenannte Aspekt wurde u.a. anhand von Pretest-Interviews im Vorfeld der empirischen Untersuchung im Rahmen von Experteneinschätzungen abgefragt. Vgl. hierzu auch Kap. C. 1 dieser Arbeit.

[171] Damit sind u.a. Veränderungen in der Botschaftsgestaltung, im Media-Mix, in der Budgetzusammensetzung etc. angesprochen. Ähnlich wie bei dem bereits zitierten PIMS-Ansatz werden im Rahmen der vorliegenden Arbeit somit ebenfalls Veränderungsmaßstäbe erhoben. Vgl. auch Buzzell, R. D., Bradley, T. G., Das PIMS-Programm, a.a.O., S. 36.

3.1 Ziel- und strategieabhängige Bestimmungsfaktoren

Die ziel- und strategieabhängigen Bestimmungsfaktoren der Werbewirkung orientieren sich an den phasenspezifischen und den allgemeinen Funktionen der Werbung, sind eher langfristig orientiert und beinhalten Richtlinien des werblichen Verhaltens. Dabei determinieren zum einen Werbeziele die Ausprägung der Bestimmungsfaktoren, zum anderen sind diese in die gesamte Kommunikations- und Marketingstrategie einzubinden.

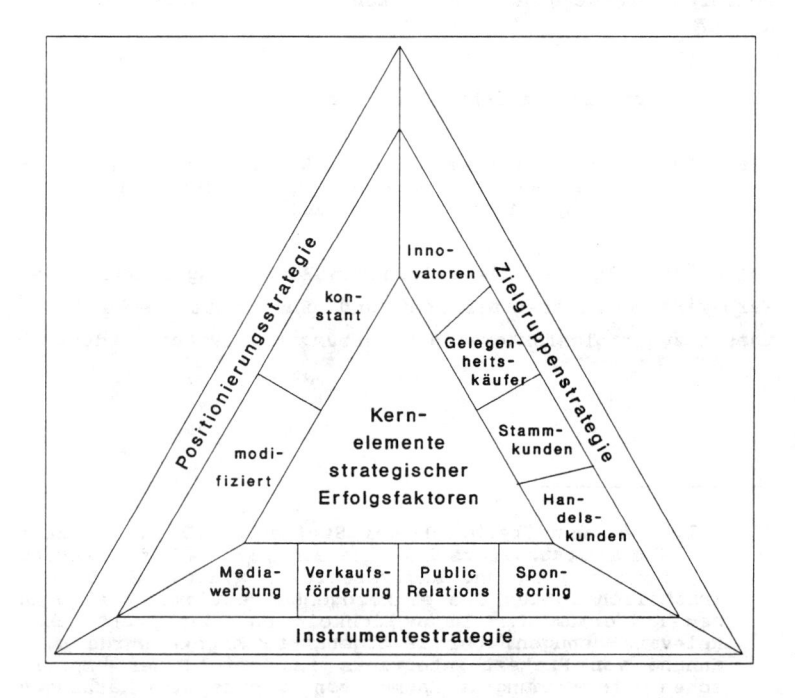

Abb. 7: Ziel- und strategieabhängige Bestimmungsfaktoren der Werbewirkung

        <u>Quelle</u>: In Anlehnung an Bruhn, M., Integrierte Unternehmenskommunikation, a.a.O., S. 121.

Die Inhalte der ziel- und strategieabhängigen Bestimmungsfaktoren lassen sich im wesentlichen nach Zielgruppen-, Instrumente- und Positionierungsstrategien aufschlüsseln. Abbildung 7 stellt sie in ihren relevanten Einzeldimensionen dar.[172]

3.11 Zielgruppenstrategische Ausrichtung

Zentrales Merkmal von Marketing- und Kommunikationszielsetzungen ist ihr unabdingbarer Segmentbezug. Hierbei muß festgestellt werden, für welche Zielgruppen und Lebenszyklusphasen die einzelnen Ziele Geltung besitzen sollen. Die wechselseitigen Abhängigkeiten von Werbezielen und -zielgruppen machen die Notwendigkeit einer systematischen Zielgruppenabgrenzung im Rahmen der Werbeplanung deutlich. Bei der damit angesprochenen Zielgruppenstrategie kann generell zwischen einer push- oder einer pull-gerichteten Zielungsstrategie unterschieden werden.[173] Während die Push-Strategie primär auf den **Handel** ausgerichtet ist und den Schwerpunkt der werblichen Aktivitäten auf handelsorientierte Absatzförderungsmaßnahmen legt, um auf den Zwischenhandel einen Angebotsdruck auszuüben[174], soll durch die Pull-Strategie ein Nachfragesog ausgelöst werden: Die Werbung richtet sich in diesem Fall direkt an den Endverbraucher, um Nachfrageimpulse zu schaffen. Im Rahmen

---

[172] Vgl. zu dieser Strukturierung und Zuordnung auch Bruhn, M., Integrierte Unternehmenskommunikation, a.a.O., S. 119 ff.

[173] Vgl. Kotler, Ph., Bliemel, F. W., Marketing-Management, a.a.O., S. 862. Zur generellen Bedeutung des Wechsels der Zielgruppenstrategie im Verlauf des Produktlebenszyklus vgl. Schellinck, D. A., Effect of Time on a Marketing Strategy, in: IMM, No 12, 1983, S. 83-88.

[174] Insbesondere im Rahmen der Aktivitäten in der Einführungs- und Wachstumsphase wird der Push-Strategie ein hohes Bedeutungsgewicht beigemessen, um Distributionskanäle zu öffnen und Regalplatzbedarf zu sichern. Vgl. Cohen, W. A., The practice of marketing management, New York 1988, S. 354 f.

der Pull-Strategie, die im Mittelpunkt der Werbung des Konsumgütermarketing steht, lassen sich im Zusammenhang mit der differenzierten Werbung[175] unterschiedliche Käuferschichten identifizieren, die sich aus der bereits zitierten diffusionstheoretischen Betrachtung von Innovationsprozessen herausarbeiten lassen und insbesondere unter dem lebenszyklustheoretischen Blickwinkel bedeutsam sind. So ist der Tatsache Rechnung zu tragen, daß in verschiedenen Lebenszyklusphasen von Marken i. d. R. unterschiedliche Konsumententypen im Vordergrund stehen.[176] Im Konsumgütermarketing bedeutet dies, daß zunächst **Innovatoren** das Geschäft prägen, die dann im Zeitablauf von **Gelegenheitskäufern** und Personen mit einer gewissen Markenbindung abgelöst werden. Diese Zielgruppenausrichtung korrespondiert eng mit sog. Innovationsstrategien, die darauf abzielen, die Markenbekanntheit von Neuprodukten zu steigern und relevante Produktinformationen zu transferieren.[177] In späteren Lebenszyklusphasen stehen schließlich vor allem **Stammkunden** im Zentrum der werbestrategischen Ausrichtung, die vorrangig Differenzierungs- und Profilierungsstrategien

---

[175] Auf die Notwendigkeit differenzierter, auf bestimmte Zielgruppen abgestimmter Werbekonzepte bezüglich unterschiedlicher Aufgabenstellungen für die Werbepolitik in divergenten Produktlebenszyklusphasen weist Althans hin. Vgl. Althans, J., Die Übertragbarkeit von Werbekonzeptionen auf internationale Märkte - Analyse und Exploration auf der Grundlage einer Befragung bei europaweit tätigen Werbeagenturen, Diss., Frankfurt u. Bern 1982, S. 31.

[176] Vgl. Onkvisit, S., Shaw, J. S., Competition and Product Management: Can the Product Life Cycle Help?, in: Business Horizons, July-August 1986, S. 51-62, insbes. S. 53; Taylor, R. D., Summey, J. H., The Promotional Mix and the Product Life Cycle: A Review of their Interactions, in: Theoretical developments in marketing, Hrsg.: AMA, Phoenix 1980, S. 125-128; Meffert, H., Die Anpassung des Media-Mix an den Lebenszyklus von Lotterieprodukten, Vortrag anläßlich des XI. Intertoto Congresses am 19. September 1989 in Budapest.

[177] Vgl. Meffert, H., Integrierte Marktkommunikation, a.a.O., S. 73.

umfaßt.[178] Insbesondere in der Schrumpfungsphase werden ergänzend sog. Intensivierungsstrategien erörtert, bei denen Gelegenheitskäufer anzusprechen und zu aktivieren sind.[179] Ausgehend von diesen Überlegungen lassen sich folgende Hypothesen in bezug auf die Zielgruppenstrategie im Lebenszyklusverlauf ableiten:

HYP STRAT$_{11}$ Auf Innovatoren zielende Werbestrategien sind in der Einführungs- und Wachstumsphase erfolgreich.

HYP STRAT$_{12}$ Auf Gelegenheitskäufer zielende Werbestrategien sind in der Wachstumsphase und in der Schrumpfungsphase angemessene Verhaltensmuster in der Werbung.

HYP STRAT$_{13}$ Stammkundenstrategien sind in der Reife- und Schrumpfungsphase besonders erfolgreich.

HYP STRAT$_{14}$ Push-Strategien sind vor allem in der Wachstumsphase im Produktlebenszyklus positiv mit dem Werbeerfolg korreliert.

3.12 Instrumentestrategische Ausrichtung

Die Zielgruppenstrategie wird begleitet von der Instrumentestrategie, in deren Zentrum die Stellung und das Bedeutungsgewicht der Werbung und der anderen Kommunikationsinstrumente zu analysieren ist. Hierbei soll zwischen Medienwerbung, Verkaufsförderung, Public Relations und Sponsoring differenziert werden.[180]

---

[178] Vgl. Meffert, H., Das System des Kommunikations-Mix, a.a.O., S. 45.

[179] Gleichzeitig gilt es in dieser Phase, durch die Werbung die markentreue Käuferschaft zu aktivieren. Nur psychologische, z. B. die Suche nach Abwechslung, und technische Obsoleszenzphänomene erklären die dauerhafte Abnahme des Umsatzes und damit die Schrumpfungsphase des Produktlebenszyklus. Vgl. Sebastian, K.-H., Werbewirkungsanalysen für neue Produkte, Wiesbaden 1985, S. 161.

[180] Vgl. zur Abgrenzung und weiteren, für den analysierten Bereich der der Konsumgüterwerbung allerdings weniger bedeutsamen Kommunikationsinstrumente: Tietz, B., Das

Von allen Kommunikationsinstrumenten kommt der **klassischen Medienwerbung** das höchste Bedeutungsgewicht im Konsumgüterbereich zu.[181] In der Literatur wird der klassischen Medienwerbung insbesondere in dem Einführungsstadium von Produkten Priorität eingeräumt, während das Bedeutungsgewicht der Werbung in der Schrumpfungsphase relativ am geringsten ist.[182] Die positive Wirkung der Medienwerbung in der Einführungsphase wird u. a. mit dem sog. Neuheitseffekt der Werbung begründet, die dem Anbieter eines neuen Produktes eine zeitlich begrenzte Vorrangstellung am Markt verschafft.[183] Somit ist die folgende Hypothese zu prüfen:

HYP STRAT$_{21}$ Medienwerbung wirkt als Erfolgsfaktor stärker in der Einführungsphase als in späteren Produktlebenszyklusphasen.

Die **Verkaufsförderung** beinhaltet jene kommunikativen Maßnahmen, die im besonderen der Unterstützung der Marketingtätigkeit der Absatzmittler sowie der Beeinflussung der Verwender bei der Beschaffung und Benutzung der Produkte

---

Konzept des integrierten Kommunikations-Mix, in: Die Werbung - Handbuch der Kommunikations- und Werbewirtschaft, Bd. 3, Hrsg.: Tietz, B., Landsberg a. L. 1982, S. 2265-2297, insbes. S. 2272; Meffert, H., Integrierte Marktkommunikation, a.a.O., S. 2 f.

[181] Vgl. zum Stellenwert der Werbung im absatzpolitischen Instrumentarium Wirtschaftswoche (Hrsg.), Werbeklima 1991, o.O. 1990.

[182] Vgl. Kotler, Ph., Bliemel, F. W., Marketing-Management, a.a.O., S. 864.

[183] Scheuing bezeichnet diesen Zeitraum auch als "period of distinctiveness". Vgl. Scheuing, E. E., The Product Life Cycle as an Aid in Strategy Decisions, in: MIR, No 2, 1969, S. 111-130. Allerdings weisen empirische Befunde auch auf die Gefahr stärkerer Reaktanz in Form von zunehmenden Gegenargumenten bei Werbung für neue Produkte hin. Olson et al. empfehlen daher emotional beeinflussende Gestaltungsstrategien in der Werbung, um Widerstände abzubauen. Vgl. Olson, D., Schlinger, M.J., Young, C., How Consumers React to New-Product Ads, in: JoAR, No 3, 1982, S. 24-30.

dienen.[184] Entsprechend der im Rahmen der Zielgruppenstrategie abgeleiteten vertikalen Zielungsdimension kann u. a. zwischen handelsorientierter und konsumentenorientierter Verkaufsförderung differenziert werden, der kurzfristiges und eher taktisches Bedeutungsgewicht beigemessen wird.[185] Während mit der handelsorientierten Verkaufsförderung vor allem eine Stärkung der Position beim Handel, Abwehr von Konkurrenzaktivitäten und die Motivation der Handelspartner durch Werbekostenzuschüsse, Partneraktionen, Displays etc. im Mittelpunkt stehen, dient die konsumentenorientierte Verkaufsförderung in erster Linie der Bekanntmachung von Produkten, der Aufmerksamkeitserzielung und der Initiierung von Impulskäufen in der Wachstumsphase von Marken.[186] Als Werbemittel werden hierbei Handzettel, Muster, Gewinnspiele etc. eingesetzt.

Aus lebenszyklusorientierter Betrachtung sollen folgende Hypothesen der weiteren empirischen Analyse zugrunde gelegt werden:

---

[184] Vgl. Christopholini, P., Die Verkaufsförderung im Überblick, in: Die Werbung - Handbuch der Kommunikations- und Werbewirtschaft, Bd. 1, Hrsg.: Tietz, B., Landsberg a. L. 1981, S. 424-447.

[185] In der Literatur wird der Verkaufsförderung darüber hinaus eine verkaufspersonalgerichtete Funktion zugeschrieben, die im Rahmen der vorliegenden Arbeit jedoch unter den Aspekt der handelsgerichteten Verkaufförderung subsumiert werden soll. Insbesondere in der Stagnations- und Schrumpfungsphase von Produkten und Märkten wird der Verkaufsförderung als taktisches Instrument mit kurzfristiger Impulsgeberfunktion des Verkaufs die Qualifikation als Erfolgsfaktor zuerkannt. Vgl. Meffert, H., Walters, M., Anpassung des Marketing-Instrumentariums in stagnierenden und schrumpfenden Märkten, in: Betriebswirtschaftslehre und ökonomische Krise, Hrsg.: Staehle, W. H., Stoll, E., Wiesbaden 1984, S. 141-160, insbes. S. 154 f.

[186] Vgl. Bennett, P. D., Marketing, New York 1988, S. 521.

HYP STRAT$_{22}$ Aufgrund des taktischen Charakters der Verkaufsförderung ist dieses Instrument insbesondere in der Schrumpfungsphase als Erfolgsfaktor anzusehen.

HYP STRAT$_{23}$ In der Einführungs- und Wachstumsphase kommt der Verkaufsförderung die Funktion eines flankierenden Erfolgsfaktors zu, um psychographische und ökonomische Zielwirkungen der Werbung zu unterstützen.

Die **Public Relations** umfassen jene planmäßig zu gestaltenden Beziehungen der Unternehmung und der nach Gruppen gegliederten Öffentlichkeit, die sich vorrangig auf die langfristige Beeinflussung von Einstellungen und Images beziehen.[187] Darüber hinaus werden Public Relations Absatzförderungseffekte[188] und eine Kontinuitätsfunktion in der Markenpolitik zugeschrieben. Neben dieser eher strategischen Orientierung ist gegenwärtig aber auch ein Trend zu beobachten, der eine Orientierung der Public Relations in Richtung eines taktischen Instrumentes der aktualitätsbezogenen Krisen-PR beinhaltet: Vor allem von Unternehmen und Produkten in Schrumpfungssituationen unter starkem Wettbewerbs- und Öffentlichkeitsdruck werden Public Relations intensiv eingesetzt.[189] Die einschlägige Fachliteratur empfiehlt darüber hinaus den Einsatz von Public Relations und Product Publicity zur Produktneueinführung und stellt die Instrumente damit in Zusammenhang mit der in diesem

---

[187] Vgl. Oeckl, A., Die Public Relations im Überblick, in: Die Werbung - Handbuch der Kommunikations- und Werbewirtschaft, Bd. 1, Hrsg.: Tietz, B., Landsberg a. L. 1981, S. 272-288; Jefkins, F., Public Relations, 3. Aufl., Suffolk 1988, S. 1 f; Hahn, D., Unternehmernsführung und Öffentlichkeitsarbeit, in: ZfB, H. 2, 1992, S. 137-157.

[188] In diesem Zusammenhang wird als Teilfunktion der Public Relations vor allem die Product Publicity diskutiert. Vgl. hierzu insbes. Unger, F., Werbemanagement, a.a.O, S. 15 f.

[189] Die zunehmende öffentliche Exponiertheit einzelner Branchen und Unternehmen, bspw. der Chemie, stellen größere Anforderungen an die Public Relations. Vgl. Meffert, H., Strategische Unternehmensführung und Marketing, a.a.O., S. 374-386.

Stadium synchron einzusetzenden intensiven Medienwerbung.[190] Hieraus lassen sich folgende Hypothesen als tragfähig ableiten:

HYP STRAT$_{24}$ Public Relations sind in der Einführungs- und Wachstumsphase geeignete Erfolgsfaktoren.

HYP STRAT$_{25}$ Public Relations sind in der Schrumpfungsphase positiv mit dem Werbeerfolg verknüpft.

Mit dem kommerziellen Sponsoring ist schließlich ein relativ junges Kommunikationsinstrument angesprochen, das die systematische Förderung von Personen, Organisationen oder Veranstaltungen im sportlichen, kulturellen oder sozio-ökologischen Bereich durch Geld-, Sach- oder Dienstleistungen zur Erreichung von Kommunikationszielen umfaßt.[191] Als zentrale Zielsetzungen dieses flankierenden Instrumentes werden neben der Festigung und Verbesserung des Firmen- und damit auch des Produktimages vor allem die Erhöhung des Bekanntheitsgrades und die Erweckung von Aufmerksamkeit angeführt. Die Entscheidung für das Sponsoring hat generell strategischen Charakter und das Instrument des Sponsoring wird insbesondere vor dem Hintergrund gewürdigt, daß Zielpersonen der Werbung in nicht-kommerziellen Situationen mit dem beworbenen Produkt in Kontakt kommen. Allerdings wird auch bereits auf das Phänomen zunehmender Reaktanz der Zielgruppen in einigen Sponsoring-Bereichen hingewiesen.[192] Hinsichtlich der Wirkung des Sponsoring als Erfolgsfaktor des Werbeerfolgs im Produktlebenszyklus erscheint die Annahme statthaft, daß positive Wirkungseffekte besonders

---

[190] Vgl. Kotler, Ph., Bliemel, F. W., Marketing-Management, a.a.O., S. 864.

[191] Vgl. hierzu und im folgenden Bruhn, M., Sponsoring. Unternehmen als Sponsoren und Mäzene, Wiesbaden 1987, S. 16 ff.

[192] Vgl. hierzu die Grundannahmen der Reaktanztheorie und ihre Auswirkungen auf das Wahrnehmungsverhalten bei Brehm, J. W., A theory of psychological reactance, New York 1966; Mayer, H., Däumer, U., Rühle, H., Werbepsychologie, Stuttgart 1982, S. 188 ff.

dann zu realisieren sind, wenn das Produkt bereits über einen gewissen Bekanntheitsgrad verfügt. Die Hypothese lautet somit:

HYP STRAT$_{26}$ Sponsoring ist in späteren Lebenszyklusphasen als Erfolgsfaktor der psychographischen Werbewirkung anzusehen.

3.13 Positionierungsstrategische Ausrichtung

Der dritte Teilbereich, die Positionierungsstrategie, stellt das Sollbild eines beworbenen Produktes dar, das durch die Werbung zu vermitteln ist.[193] Generell wird davon ausgegangen, daß sich jedes Unternehmen bzw. Produkt so gegenüber seinen Zielgruppen positionieren möchte, daß es sich in der subjektiven Wahrnehmung von der Konkurrenz abhebt und damit Eigenständigkeit schafft und Präferenzen aufbaut. Jede Positionierung findet dabei in einem Eigenschaftsraum statt. Hierbei kann es sich um sachlich-funktionale Eigenschaften oder um erlebnisorientierte Eigenschaften handeln. Während bei der Erlangung des Sachprofils die Vermittlung von Informationen durch die Werbung im Vordergrund steht, ist bei der Erlebnisprofilierung die Positionierung über Emotionen angezeigt.

Neben dem inhaltlichen Aspekt der Positionierung[194], der in unmittelbarem Kontext zur Botschaftsgestaltungsstrategie zu interpretieren ist, kann hinsichtlich formaler Gesichtspunkte im Zeitablauf eine Unterscheidung zwischen **modifizierter und konstanter Positionierungsstrategie** getroffen werden. In diesem Kontext belegen verhaltenswissenschaftliche Forschungsansätze zur Markenpositionierung die Wirkung kontinuierlicher, konstanter Positionierung auf die Präfe-

---

[193] Vgl. hierzu und im folgenden Kroeber-Riel, W., Strategie und Technik der Werbung, a.a.O., S. 42 ff.

[194] Die inhaltlichen Aspekte der Positionierungsstrategie werden im Rahmen der Ausführungen zur Botschaftsgestaltung in Kap. B. 3.22 erörtert.

renzbildung.[195] Während im Zeitablauf konstante Positionierungsstrategien einerseits ein hohes Kontinuitätspotential mit wirkungsverstärkenden Impulsen beinhalten, wird vielfach aber auch von einem gewissen Wearout-Effekt ausgegangen, der zu Abnutzungserscheinungen führt.[196] Wearout-Effekte, die insbesondere in späteren Lebenszyklusphasen zu beobachten sind, lassen dann einen Positionierungs-Wechsel als notwendig erscheinen, der in seiner Umsetzung in Relaunchmaßnahmen zu überführen ist.[197] Im Rahmen der Neupositionierung in der Schrumpfungsphase sind die Konsumenten mit neuen informativen oder emotionalen Zusatznutzen des Produktes zu konfrontieren.[198] Somit hängt die Eignung einer bestimmten Positionierungsstrategie eng von den jeweiligen Beeinflussungsbedingungen ab, die durch die jeweilige Marktsituation und das Produktlebenszyklusstadium geprägt sind. Die abgeleitete Hypothese zur Erfolgswirkung von modifizierten Positionierungsstrategien lautet somit:

---

[195] Vgl. die Diskussion der Markenpositionierung bei Waltermann, B., Internationale Markenpolitik und Produktpositionierung - Markenpolitische Entscheidungen im europäischen Automobilmarkt, in: Schriften der Wissenschaftlichen Gesellschaft für Marketing und Unternehmensführung, Bd. 6, Hrsg.: Meffert, H., Wien 1989, S. 12 ff.

[196] Vgl. zum Bedeutungsgehalt von Wearout-Effekten in der Werbung Wimmer, R. M., Wiederholungswirkungen der Werbung, Diss., Saarbrücken 1979; Craig, C. S., Sternthal, B., Leavitt, C., Advertising wearout: An experimental analysis, in: JoMR, February 1976, S. 365-372.

[197] So ermitteln aktuelle Untersuchungen aus den USA hinsichtlich des notwendigen Wechsels in der Positionierungs-Strategie "... it is very important to keep the brand's message fresh ... the status quo is not enough." Lodish, L. M., Key Findings from the "How Advertising Works" Study, in: Transcript Proceedings, Hrsg.: ARF, New York 1991, S. 28. Auf Bedeutung der Modifikation der Positionierung in der Reifephase weist insbesondere Kotler hin. Vgl. Kotler, Ph., Bliemel, F. W., Marketing-Management, a.a.O., S. 558 f.

[198] Vgl. Plummer, J. T., Outliving the Myths, in: JoAR, No 1, 1990, S. 26-28.

HYP STRAT$_{31}$ Modifizierte Positionierungsstrategien sind in der Reife- und Schrumpfungsphase ein Erfolgsfaktor der Werbung.

HYP STRAT$_{32}$ In der Einführungs- und Wachstumsphase sind Wechsel in der Positionierungsstrategie negativ mit dem Erfolg korreliert.

3.2 Maßnahmenabhängige Bestimmungsfaktoren

Unter die maßnahmenabhängigen Bestimmungsfaktoren werden im folgenden das Werbebudget, die Botschaftsgestaltung, die mediale Exposition und die Integration der kommunikativen Aktivitäten gefaßt.

3.21 Budgetabhängige Bestimmungsfaktoren

Die Erforschung der budgetabhängigen Bestimmungsfaktoren der Werbewirkung ist insbesondere hinsichtlich ökonomischer Wirkungskriterien eine seit langem etablierte Disziplin der Erfolgsfaktorenforschung. Die vorliegenden Arbeiten befassen sich entweder mit dem Grundproblem des Zusammenhangs zwischen der Höhe des monetären Werbeaufwands und dem zurechenbaren Erfolg. Dabei findet die bestehende Konkurrenzsituation des jeweiligen Marktes darüber hinaus in einigen Untersuchungen noch zusätzlich besondere Berücksichtigung. Daneben gibt es eine Reihe von Untersuchungen, die sich mit Sonderfragen der zeitlichen und aufwandsmäßigen Verteilung von Werbebudgets auseinandersetzen.

Abbildung 8 stellt relevante Dimensionen der Werbebudgetierung im Überblick dar. Hierbei ist zunächst das **absolute Werbebudget** als Bestimmungsfaktor des Erfolges zu analysieren. Führt man sich vor Augen, daß sich, ungeachtet der qualitativen Unterschiede der eingesetzten Werbeträger und Werbemittel, identische Aufwandsniveaus des Werbebudgets aus sehr unterschiedlichen werbepolitischen Vorgehensweisen

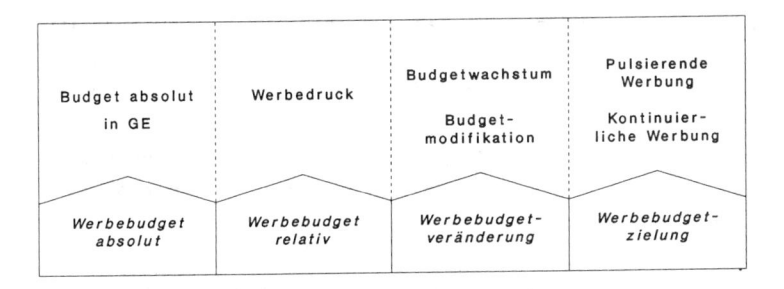

Budget absolut in GE	Werbedruck	Budgetwachstum / Budgetmodifikation	Pulsierende Werbung / Kontinuierliche Werbung
Werbebudget absolut	*Werbebudget relativ*	*Werbebudget-veränderung*	*Werbebudget-zielung*

Abb. 8: Relevante Dimensionen der Werbebudgetierung als Bestimmungsfaktoren der Werbewirkung

ableiten lassen, erscheint die große Bandbreite der Befunde zum Werbebudget in divergenten Marktsituationen verständlich: Während die Mehrheit der Studien entweder keine oder nur mäßig ausgeprägte Effekte in den Beziehungen zwischen der Höhe des Werbebudgets und dem Werbeerfolg ermittelt, findet sich eine bescheidene Zahl von Analysen, die deutliche Auswirkungen der variierenden Werbeausgaben aufzeigen kann.[199]

Von den wenigen Untersuchungen, die der Werbung hinsichtlich des Einflusses des Werbebudgets deutlich signifikante Erfolgswirkungen attestieren, sind insbesondere die Arbeiten von Marquardt und Murdock sowie von Gronholdt und Hansen hervorzuheben.[200] Allerdings können diese Befunde nicht über die Tatsache hinwegtäuschen, daß zum einen relevantere Variablen an der Entstehung des Werbeerfolgs beteiligt sind, zum anderen Budgetwirkungen nicht isoliert betrachtet

---

[199] Vgl. insbes. FN 35 und die dort angegebene Literatur sowie Mayer, H., Werbewirkung und Kaufverhalten, a.a.O., S. 111.

[200] Vgl. Marquardt, R. A., Murdock, G. W., The sales-advertising relationship: An investigation of correlations and consistency in supermarkets and department stores, in: JoAR, No 5, 1984, S. 55-60; Gronholdt, L., Hansen, F., The effects of german television advertising on brands in Denmark - a unique experimental situation, Teil 2, in: Planung & Analyse, H. 3, 1988, S. 175-178.

werden dürfen sondern um Gestaltungsparameter ergänzt werden müssen. Auf den Aspekt der qualitativen Seite der Werbemittel i. S. der kreativen Botschaftsgestaltung hat Buzzell bereits im Jahre 1964 hingewiesen.[201] Neuere Untersuchungen konnten bestätigen, daß die Qualität der Werbung einen relevanteren Erfolgsfaktor darstellt als die absolute Höhe der Werbeausgaben.[202]

Für die Bestimmung der Relation zwischen den Werbeausgaben und der Werbewirkung spielt vor allem die Stellung des Werbeobjektes im Lebenszyklus eine maßgebliche Rolle, so daß unter dem Vorbehalt der oben getätigten Einschränkungen folgende Hypothese zu prüfen ist:

HYP BUDG$_1$ In der Einführungsphase nimmt die Höhe des Werbebudgets signifikanten Einfluß auf den Erfolg.

Dies erscheint vor allem vor dem Hintergrund plausibel, daß hohe Werbeaufwendungen zu tätigen sind, da in der Einführungsphase

■ seitens der Verbraucher ein hohes Informationsdefizit zu überwinden ist,

■ die Produktpräsenz am Verkaufsort sichergestellt werden muß,

■ der Neuheitseffekt des Produktes, der eine zeitlich begrenzte Vorrangstellung des neuen Produktes am Markt impliziert, strategisch zu nutzen ist.[203]

---

[201] Vgl. Buzzell, R. D., Predicting short-term changes in market-share as a function of advertising strategy, in: JoMR, May 1964, S. 27-31.

[202] Vgl. Arnold, S. J., Oum, T. H., Pazderka, B., Snetsinger, D. W., Advertising quality in sales response models, in: JoMR, February 1987, S. 106-113, insbes. S. 111.

[203] Vgl. hierzu insbes. Sebastian, K.-H., Werbewirkungsanalysen für neue Produkte, a.a.O., S. 5 f.

In zahlreichen Untersuchungen wird nicht der absolute Betrag der Werbeaufwendungen, sondern unter Berücksichtigung der Markt- und Wettbewerbssituation der relative Anteil als unabhängige Variable eingesetzt. Für diese Arbeiten, die Aspekte des "share of voice", "share of mind", "share of advertising" etc. aufgreifen, hat sich im deutschen Sprachraum auch die Bezeichnung der werbedruckbezogenen Erfolgsfaktorenforschung etabliert.[204] Die Untersuchung des **Werbedrucks** als Bestimmungsfaktor der Werbewirkung wird sowohl von seiten der Verlagsforschung als auch im Rahmen des PIMS-Ansatzes maßgeblich vorangetrieben.[205] Die Befunde deuten darauf hin, daß sich die Zusammenhänge zwischen Werbedruck und Werbeerfolg aufgrund der expliziten Berücksichtigung der Wettbewerbssituation des kommunikativen Marktes enger gestalten als diejenigen zur absoluten Budgethöhe.[206] So kommt die PIMS-Studie zu dem Ergebnis, daß der relative Werbedruck sowohl die wahrgenommene Produktqualität, den Preisspielraum und den Umsatz als auch den Marktanteil und die Rentabilität von Unternehmen positiv beeinflußt.[207] Der Preiseffekt des Werbedrucks ist dabei insbesondere in der Reife- und Schrumpfungsphase

---

[204] Vgl. z. B. Koeppler, K., Führt erhöhter Werbedruck zu mehr Wirkung oder zu Übersättigung?, in: Viertel-Jahreshefte für Media und Werbewirkung, H. 2, 1988, S. 32 f.

[205] Vgl. hierzu und im folgenden die PIMS-Studie: The Ogilvy Center For Research & Development (Hrsg.), The Impact of Advertising, a.a.O. sowie beispielhaft für die Verlagsforschung HÖRZU/FUNKUHR (Hrsg.), Share of Mind, Strategiebewertung, Axel Springer Verlag AG, Hamburg 1982.

[206] Diese Befunde stützen den in dieser Arbeit gewählten kontingenztheoretischen Ansatz der Erfolgsfaktorenforschung.

[207] Produkte, die in der wahrgenommenen Qualität besser eingestuft werden und die stärker als ihre Wettbewerber beworben werden, können nach diesen Befunden durchschnittlich 9% höhere Preise realisieren.

ausgeprägt.[208] Allerdings sind auch hier die generellen Einschränkungen der Nichtberücksichtigung qualitativer Variablen zu beachten. Außerdem ergeben sich Hinweise darauf, daß die Effekte sowohl von der Art der Produkte als auch der jeweils untersuchten Marke abhängig sein können.[209] Während in der Einführungsphase aufgrund gewohnten Kaufverhaltens der Konsumenten und Schwierigkeiten der Plazierung der Neuprodukte im Handel hohe Werbeaufwendungen notwendig sind, um Einstiegsbarrieren zu überwinden, kann in der Schrumpfungsphase eine Aufstockung von Werbeinvestitionen mit dem Ziel vorteilhaft sein, die Wettbewerbsstellung zu stärken.[210] Unter der hieraus abzuleitenden Grundannahme, daß der Werbedruck insbesondere in der Einführungsphase sowie der wettbewerbsintensiven Schrumpfungsphase besonders hoch sein dürfte, ergibt sich folgende lebenszyklusspezifische Hypothese:[211]

---

[208] Farris und Reibstein vergleichen Preiseffekte der Werbung von Produkten in der Einführungs- und Wachstumsphase sowie der Reife- und Schrumpfungsphase. Der Effekt auf das relative Preisniveau ist dabei am stärksten in der Schrumpfungsphase. Vgl. Farris, P. W., Reibstein, D. H., How prices, ad expenditures, and profits are linked, in: HBR, No 6, 1979, S. 173-184, insbes. S. 178.

[209] So ermittelt Metwally, daß Markenbewußtsein und -vertrautheit der Konsumenten wesentliche Parameter der Effizienz des Werbedrucks sind. Vgl. Metwally, M. M., Sales Response to Advertising of Eight Australian Products, in: JoAR, No 5, 1980, S. 59-64.

[210] Vgl. Kotler, Ph., Bliemel, F. W., Marketing-Management, a.a.O., S. 548 u. 562 sowie Harrigan, K. R., Strategies for Declining Industries, in: JoBS, Fall 1980, S. 27.

[211] Für neue Produkte wird dies auch durch aktuelle Studien der ARF bestätigt. Vgl. Lubetkin, B., Additional Major Findings from the "How Advertising Works" Study, in: Transcript Proceedings, Hrsg.: ARF, New York 1991, S. 49.

HYP BUDG$_2$ In der Einführungs- und der Schrumpfungsphase ist der Werbedruck als stärker ausgeprägter Erfolgsparameter der Werbung anzusehen als in der Wachstums- und Reifephase.

Neben die relative und absolute Budgethöhe tritt als weiterer Bestimmungsfaktor unter dem Gesichtspunkt der Ze dimension die **Werbebudgetveränderung**. Als Operationalisierungsformen bieten sich das Werbebudgetwachstum und die Budgetmodifikation i. S. eines Wechsels des Verteilungsmodus des Budgets an. Insbesondere hinsichtlich des Effektes des Werbebudgetwachstums auf den Erfolg bedarf die in der Praxis verbreitete Vorstellung eines S-förmigen Kurvenverlaufes der Response-Funktion einer Korrektur: Vielmehr legen Befunde die Annahme eines konkaven oder auch eines linearen Verlaufes der Werbe-Reaktions-Funktion des Werbebudgets nahe.[212] Somit ist in erster Linie bei Steigerungen des Werbeaufwandes mit anfangs deutlichen Erfolgswirkungen zu rechnen, während im Zeitablauf aufgrund zunehmender Ineffektivität mit einem sinkenden Zuwachs dieser Effekte zu rechnen ist.[213] Hieraus leitet sich unmittelbar folgende Hypothese ab:

HYP BUDG$_3$ Das Werbebudgetwachstum ist vor allem in der Einführungsphase ein relevanter Erfolgsfaktor, während es in späteren Lebenszyklusphasen keinen positiven Erfolgsbeitrag leisten kann.

Mit dem Aspekt der **zeitlichen Werbebudgetzielung** sind schließlich jene budgetabhängigen Bestimmungsfaktoren angesprochen, die in Form von kontinuierlicher und pulsierender Werbung Eingang in die Erfolgsfaktorenforschung erlangt haben. Während unter pulsierender Werbung ein regelmäßiger

---

[212] Vgl. hierzu die Befunde von Simon, J. L., Arndt, J., The shape of the advertising response function, in: JoAR, No 4, 1980, S. 11-28.

[213] Zahlreiche Autoren empfehlen daher vor allem in der Schrumpfungsphase eine sog. "Melk-Strategie", die ein Abschöpfen von Erträgen und eine deutliche Zurücknahme des Werbebudgets impliziert. Vgl. z. B. Porter, M. E., Wettbewerbsstrategie, a.a.O., S. 211 f.

Wechsel in der Intensität der Werbung verstanden wird, beinhaltet die kontinuierliche Werbung einen konstanten Ausgabenverlauf.[214] Simon weist hinsichtlich der Pulsationsstrategie zwei Wirkungsfaktoren der Werbung nach: den Niveaustimulus und den Differentialstimulus.[215] Der Differentialstimulus umfaßt einen relativ starken Wirkungsanstieg bei Einsetzen der Werbung oder der Erhöhung des gegebenen Niveaus. Wird später die Werbeintensität auf das ursprüngliche Niveau zurückgeführt, kommt der sog. Niveaustimulus zum Tragen, die Werbewirkung sinkt nur langsam auf das ursprüngliche Niveau zurück.

Eine potentielle Erklärung für diesen Effekt ergibt sich, wenn man auf das Umsatzwachstum und die Lebenszyklusphase abstellt: Es wird argumentiert, daß durch das zeitweilig höhere Werbeniveau auch neue Käufer, z. B. in der Einführungsphase, gewonnen werden können, die zumindest z. T. zu Stammkunden werden und so zur Niveaustabilität im Zeitablauf beitragen.[216] Demgegenüber ist aber darauf hinzuweisen, daß dieser Pulsationsvorteil allenfalls bei mittleren Etats Aussagekraft beanspruchen kann.[217] Bei relativ kleinen und relativ großen Werbebudgets ist vermutlich eine kontinuierliche Werbung mit konstanter Intensität vorteilhafter.[218] So erzielen beispielsweise große Etats i. d. R.

---

[214] Vgl. Wenzel, W., Werbewirkungsforschung für die Mediaplanung, in: Marketing ZFP, H. 2, 1984, S. 89-97; Unger, F., Werbemanagement, a.a.O., S. 174-178.

[215] Vgl. hierzu und im folgenden Simon, H., Pulsierende Werbung, in: ASW, Nr. 5, 1983, S. 60-62.

[216] Inhaltlich handelt es sich bei dem Niveaustimulus damit um einen Goodwill-Effekt der Werbung. Vgl. Simon, H., Goodwill und Marketingstrategie, Wiesbaden 1985, S. 1 ff.

[217] Vgl. GfK-Testmarktforschung (Hrsg.), Ökonomische Werbewirkung, a.a.O., S. 66.

[218] Vgl. Unger, F., Pulsierende Werbung und Media-Mix, in: Markenartikel, H. 12, 1990, S. 587. Andere und z. T. gegenteilige Befunde ermitteln Hahn, M., Hyun, J.-S., Advertising Cost Interactions and the Optimality of Pulsing, in: Management Science, No 2, 1991, S. 157-169.

bereits bei normalem Niveau relativ hohe Frequenzdichten in der Zielgruppe, so daß dann eine Erhöhung des Budgets kaum zusätzliche Wirkungseffekte zeitigt und Sättigungstendenzen erkennbar werden. Hinsichtlich des phasenspezifischen Einsatzes der Pulsationsstrategie erscheinen vor diesem Gesamthintergrund folgende Annahmen plausibel:

HYP BUDG$_4$ Eine Pulsationsstrategie ist aufgrund des zu erwartenden Differentialstimulus vor allem in der Einführungs- und Wachstumsphase ein Erfolgsfaktor der Werbung.

HYP BUDG$_5$ Eine Kontinuitätsstrategie bei der zeitlichen Zielung des Werbebudgets ist demgegenüber in späteren Lebenszyklusphasen erfolgreich.

Von größerem Bedeutungsgewicht für den Werbeerfolg dürfte demgegenüber - wie bereits angeführt - die gestalterische Umsetzung der Werbung sein, die im folgenden als Bestimmungsfaktor der Werbewirkung im Produktlebenszyklus zu analysieren ist.

3.22 Gestaltungsabhängige Bestimmungsfaktoren

Die gestaltungsabhängigen Bestimmungsfaktoren der Werbewirkung nehmen im werblichen Planungsprozeß eine dominante Stellung ein: Sie sind einerseits in die Strategieplanung eingebunden. Vor allem die gewählte Positionierungsstrategie steckt den Rahmen der Botschaftsgestaltung ab. Andererseits setzen sich die gestaltungsabhängigen Bestimmungsfaktoren mit der kreativen Umsetzung der Positionierungsstrategie auseinander.

Die Effizienz der gestalterischen Umsetzung der Werbebotschaft ist maßgeblich von einer Vielzahl mehr oder weniger kontrollierbarer Einflußfaktoren bestimmt, wobei aufgrund zahlreicher Interdependenzen nur z. T. Richtung und Stärke des Einflusses der Botschaftsgestaltung auf die Werbewirkung prognostiziert werden kann.[219] Insbesondere die Beurteilung der Werbemittelqualität stellt ein schwieriges Unterfangen dar - geht es doch letztendlich um die Beurteilung kreativer Leistungen.[220]

```
┌─────────────────────────────────────────────┐
│         Inhaltliche Gestaltungsebene        │
└─────────────────────────────────────────────┘
    ↕                                       ↕
           ⭕ Emotionale    ⭕ Informative
              Gestaltungs-     Gestaltungs-
              elemente         elemente

                  ⭕ Gestaltungs-
                     konstanz/
                     -modifikation
    ↕                                       ↕
┌─────────────────────────────────────────────┐
│           Formale Gestaltungsebene          │
└─────────────────────────────────────────────┘
```

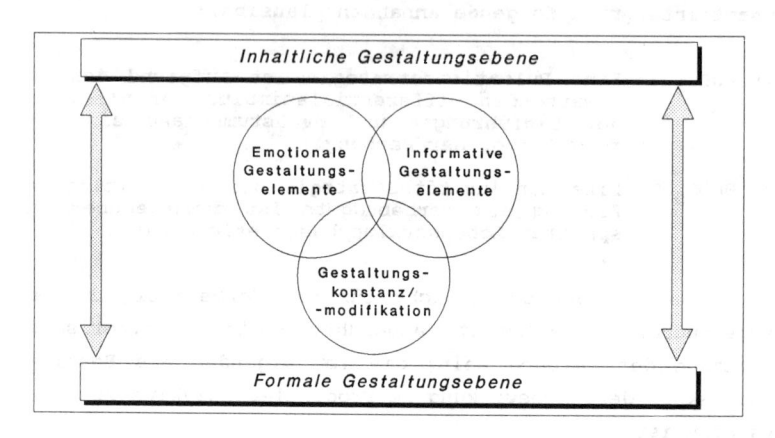

Abb. 9: Zentrale inhaltliche und formale Gestaltungselemente der Werbebotschaft

Grundsätzlich können gestaltungsabhängige Bestimmungsfaktoren nach inhaltlichen und formalen Gesichtspunkten strukturiert werden. Abbildung 9 stellt zentrale Bestandteile gegenüber. Hinsichtlich der <u>inhaltlichen Komponenten</u> ist zwischen informativer und emotionaler Botschaftsgestaltung zu unterscheiden.[221] **Informative Werbung** ist im wesentli-

---

[219] Vgl. zur Interdependenz der Einflußgrößen Meffert, H., Integrierte Marktkommunikation, a.a.O., S. 20 ff.

[220] Vgl. zu den computergestützten Ansätzen, kreative Leistungen zu erfassen zu beurteilen Neibecker, B., Neue Medien und computergestützte Werbewirkungsanalyse, in: Planung & Analyse, H. 12, 1985, S. 476-480; Kroeber-Riel, W., Lorson, T., Neibecker, B., Expertensysteme in der Werbung, in: DBW, H. 1, 1992, S. 91-108.

[221] In Anlehnung an Kroeber-Riel erfolgt die Differenzierung nach informativer und emotionaler Werbung. Vgl. Kroeber-Riel, W., Konsumentenverhalten, a.a.O., S. 131 ff. Aufgrund der Vielzahl möglicher Gestaltungsvarianten, die einer angestrebten Vergleichbarkeit entgegen

chen darauf beschränkt, zahlreiche Informationen über Preis, Qualität, Angebotsbedingungen etc. zu vermitteln und knüpft an die sachlichen und funktionalen Eigenschaften des beworbenen Produktes an. Bei Gütern, die bei den Konsumenten auf geringes Interesse stoßen, können dies auch Nebeneigenschaften des Produktes sein, die als Differenzierungsmerkmal gegenüber der Konkurrenz angeführt werden. Eine eher informative Werbung liegt auch für den Fall vor, daß i. S. von Aktualitätszielsetzungen der Markenname in den Vordergrund der Werbung gestellt und penetriert wird. Hierbei steht die Betrachtungsweise im Vordergrund, daß Informationen auf die Vorkenntnisse in der Empfängerzielgruppe einwirken bzw. diese verändern und durch die hervorgerufene Wissensänderung eine zielorientierte Handlung auslösen.[222] Insbesondere auf wenig entwickelten Märkten und bei neuen Produkten wird die informative Werbung als adäquate Gestaltungsstrategie angesehen[223], wobei eine Anpassung an die Informationsüberlastung und medienspezifische Verhaltenswirkungen vor allem eine Reduktion der vermittelten Informationen erforderlich

---

stehen würden, erscheint die grobe Strukturierung im Hinblick auf die Zwecksetzung der vorliegenden Arbeit angemessen. Vgl. beispielhaft zu den vielfältigen Gestaltungsvarianten Steffenhagen, H., Ansätze der Werbewirkungsforschung, a.a.O., S. 82 f; Mayer, H., Werbewirkung und Kaufverhalten, a.a.O., S. 28 ff; Kaiser, A., Werbung. Theorie und Praxis werblicher Beeinflussung, München 1980, S. 120 ff. Vgl. auch das dieser Arbeit zugrunde liegende Werbewirkungsmodell in Kap. B. 2.1, das explizit nach informativer und emotionaler Werbung unterscheidet.

[222] Vgl. Rüttler, M., Information als strategischer Erfolgsfaktor. Konzeption und Leitlinien für eine informationsorientierte Unternehmensführung, Berlin 1991, S. 29.

[223] Vgl. Evans, J. R., Marketing, a.a.O., S. 232. Dies wird u. a. damit begründet, daß die in der Produkteinführungsphase häufig anzutreffenden Innovatoren eher dazu neigen, ihre Aufmerksamkeit auf Informationen zu richten, die neue Produkte ankündigen. Vgl. Mayer, H., Galinat, W. H., Werbung und Innovationsverhalten, in: JAVF, H. 1, 1982, S. 3-49, insbes. S. 17 und die dort zitierte Literatur.

macht.[224] Relevanz hat in diesem Zusammenhang insbesondere die Information der potentiellen Konsumenten über den Markennamen: Markenbekanntheit spielt beim Erstkauf eine dominante Rolle und verliert im Zeitablauf, nach den Erfahrungen mit dem jeweiligen Produkt, an Gewicht. Markenbekanntheit dient als vorherrschende Entscheidungstaktik gerade unter produktunerfahrenen Konsumenten, wie sie in der Einführungsphase von Marken als typisch anzusehen sind.[225]

Emotionale Werbung vermittelt demgegenüber relativ unabhängig von funktionalen und sachlichen Produkteigenschaften emotionale Erlebnisse und Erfahrungswelten, die mit dem beworbenen Produkt verknüpft werden. Insbesondere im Bereich gesättigter Märkte gewinnt die Vermittlung emotionaler Konsumerlebnisse - dazu zählt die Vermittlung von Frische, Freiheit, Humor, Naturverbundenheit, Exklusivität, Erotik u. ä. - an Relevanz, um im Wahrnehmungsprozeß der Konsumenten Produktdifferenzierungspotential zu realisieren.[226] Wenngleich die Grenzen zwischen informativer und emotionaler Werbung fließend sind, zumindest kann von einer engen Verbindung zwischen Emotionen und Kognitionen ausgegangen werden,[227] so ist die Bedeutung der emotionalen

---

[224] Vgl. Kroeber-Riel, W., Strategie und Technik der Werbung, a.a.O., S. 66.

[225] Vgl. Hoyer, W. D., Brown, S. P., Effects of Brand Awareness on Choice for a Common, Repeat-Purchase Product, in: JoCR, September 1990, S. 141; Ehrenberg, A. S. C., Advertising: Reinforcing not Persuading?, in: Evaluating the Effects of Consumer Advertising on Market Position over Time, MSI-Report, No 88-107, Cambridge 1988, S. 18 f.

[226] Einen Überblick unterschiedlicher Erlebnisdimensionen gibt Konert, F.-J., Vermittlung emotionaler Erlebniswerte - Eine Marktstrategie für gesättigte Märkte, Heidelberg 1986. Zum emotionalen Differenzierungspotential von Produktgruppen vgl. Reutner, F., Determinanten des Unternehmenserfolges, in: ZfB, H. 8, 1987, S. 747-762, insbes. S. 756.

[227] Vgl. Edell, J. A., Burke, M. G., The Power of Feelings in Understanding Advertising Effects, in: JoCR, December 1987, S. 421-433, insbes. S. 431.

Gestaltungselemente doch tendenziell als größer für den Konsumenten und den Werbewirkungsprozeß einzustufen als die funktional-sachliche Produktinformation. Die theoretische Erklärung dieses Sachverhalts ergibt sich vor allem aus der Aktivierungstheorie, wonach emotionale Inhalte stärker aktivieren und den Wahrnehmungs- und Verarbeitungsprozeß von Werbebotschaften unterstützen. Eine weitere Erklärung ist in der Bildkommunikation zu sehen: Die Vermittlung emotionaler Erlebnisse gelingt wesentlich durch Bilder, die aufgrund folgender Effekte eine tendenziell bessere Werbewirkung als Textinformationen erzielen:[228]

- Aktivierungseffekt emotionaler Bilder
  Bilder verfügen im allgemeinen über ein höheres Aktivierungspotential als Texte, d. h. Bilder können bei Personen zu einem größeren Maß an innerer Erregung führen als Texte. Das Ausmaß der Aktivierung korreliert positiv mit der Erinnerung und Produkteinstellungen.

- Reihenfolgeeffekt emotionaler Bilder
  In Werbebotschaften werden Bilder i. d. R. zuerst betrachtet und aufgenommen. Diese Gewohnheit wird damit erklärt, daß der Blick tendenziell auf Stellen mit hoher Informationsdichte gelenkt wird. Diese Reihenfolge steht in engem Zusammenhang mit der Werbewirkung, werden doch Botschaftselemente, die von dem Betrachter zuerst

---

[228] Vgl. hierzu und im folgenden Neibecker, B., Werbewirkungsanalyse mit Expertensystemen, a.a.O., S. 172 f; Kroeber-Riel, W., Bild schlägt Text in der Werbung, in: ASW, Nr. 4, 1978, S. 50-54; Mitchell, A. W., The Effects of Verbal and Visual Components of Advertisements on Brand Attitudes and Attitudes Toward the Advertisement, in: JoCR, June 1986, S. 12-24. Neuere Befunde zeigen jedoch auch, daß eine bildhafte Textkommunikation entsprechende Aktivierungswirkungen erzielen kann. Vgl. Unnava, H. R., Burnkrant, R. E., An Imagery-Processing view of the Role of Pictures in Print Advertisements, in: JoMR, May 1991, S. 226-231. Ähnliche emotionsauslösende Wirkungen werden der Musik als Gestaltungselement zugeschrieben. Vgl. hierzu beispielhaft Scott, L.M., Understanding Jingles and Needledrops - a rethorical approach to music in advertising, in: JoCR, September 1990, S. 223.

fixiert werden, besser verarbeitet als später fixierte Elemente.

- Gedächtniseffekt emotionaler Bilder
  Aufgrund der doppelten Codierung von Bildern - es werden bildliche Vorstellungen und sprachliche Assoziationen ausgelöst - werden Bilder besser erinnert als Worte.

- Argumentationseffekt emotionaler Bilder
  Bilder lösen aufgrund des zu ihrer Verarbeitung notwendigen geringeren gedanklichen Aufwandes weniger Denkvorgänge aus und unterlaufen dadurch teilweise die analytisch-kritische Kontrolle beim Konsumenten.

- Akzeptanzwirkung emotionaler Bilder
  Erlebnisbezogene Bilder werden allgemein als angenehm empfunden und fördern die Einstellung zum Werbemittel.

Den skizzierten Wirkungspotentialen emotionaler Werbung stehen hohe Anforderungen an die kreative Gestaltung gegenüber, welche diejenigen der informativen Botschaftsgestaltung deutlich übersteigen. Daneben deuten einige Befunde darauf hin, daß neben der Informationsüberlastung der Konsumenten zwischenzeitlich auch eine emotionale Überlastung zu konstatieren ist, die durch austauschbare Erlebnisbilder entsteht und die die Reizschwelle in der Werbung noch erhöht.[229]

Die angeführten globalen Wirkungsfaktoren können erste Hinweise darauf geben, warum und unter welchen Rahmenbedingungen informative und emotionale Werbung entsprechende Wirkungen zeitigt. Hierbei wird in der Literatur in der

---

[229] Vgl. Meffert, H., Schürmann, U., Werbung und Markterfolg, a.a.O., S. 8. Die Erhöhung emotionaler Reizschwellen hat in den U.S.A. bereits zu dem Trend der sog. "Schock-Werbung" geführt. Vgl. o. V., US-Werbemanager setzen auf Schock-Reklame, in: Süddeutsche Zeitung, 6. Februar 1990, S. 11; Zumbusch, J., Hauptsache auffallen, in: WiWo, Nr. 46, 1991, S. 98-100.

Einführungsphase eine eher informative Werbung empfohlen, die das Produkt und den Markennamen in das Zentrum der gestalterischen Umsetzung der Werbestrategie stellt, während in späteren Lebenszyklusphasen die emotionale Werbung als Botschaftsform adäquat erscheint.[230]

Neben diesen inhaltlichen Aspekten stehen auch **formale Komponenten** als Bestimmungsfaktoren der Werbewirkung zur Disposition. Neben Fragen der Größe, Länge, Farbigkeit etc. von Werbemitteln ist im Rahmen der zeitablaufbezogenen Analyse auf Basis des Produktlebenszykluskonzeptes vor allem die Gestaltungskonstanz und -modifikation der Werbung als Bestimmungsfaktor zu analysieren.[231] So besteht im Zeitablauf die Möglichkeit der unveränderten Beibehaltung der Botschaftsgestaltung oder aber einer vollständigen Modifikation des werblichen Auftritts. Auch bei den formalen Komponenten ist die praktische Umsetzung i. S. eines Kontinuums zu sehen, wobei die theoretische Argumentation anhand der beiden skizzierten Extremtypen erläutert werden soll:

■ Das Prinzip der **Gestaltungskonstanz** basiert insbesondere auf Erkenntnissen der Lerntheorie: Durch Wiederholung und Lerneffekte sind Werbewirkungseffekte zu erzielen, welche aber im Zeitablauf kontraproduktiv durch die bereits angeführten sog. Wearout-Wirkungen überlagert werden können.[232]

---

[230] Vgl. beispielhaft hierzu Kroeber-Riel, W., Zentrale Probleme auf gesättigten Märkten, a.a.O., S. 210-214; Meffert, H., Schürmann, U., Werbung und Markterfolg. Werbewirkung und die Rolle der Fernsehwerbung im Kommunikations-Mix, in: TeleIMAGES, H. 4, 1991, S. 38-41.

[231] Vgl. zur Effektivität wechselnder Gestaltungsmuster in der Werbung Schumann, D. W., Petty, R. E., Clemons, D. S., Predicting the Effectiveness of Different Strategies of Advertising Variation: A Test of the Repetition-Variation Hypotheses, in: JoCR, September 1990, S. 192-202.

[232] Vgl. Mayer, H., Däumer, U., Rühle, H., Werbepsychologie, a.a.O., S. 128 ff.

■ Das Prinzip der **Gestaltungsmodifikation** basiert demgegenüber vorrangig auf der Prozeßtheorie der Stimulusselektion. Die Verwendung neuer, modifizierter Elemente bei der inhaltlichen Werbemittelgestaltung ist nach Berlyne eines der vier wichtigsten Reizmuster zur Beeinflussung von Aufmerksamkeitsprozessen, die ihrerseits Werbewirkungen auslösen können.[233]

Insbesondere in der Reife- und Schrumpfungsphase wird eine Gestaltungsmodifikation der Werbebotschaft empfohlen, um ggfs. auf Produktverbesserungen aufmerksam zu machen und Neuheitseffekte zu realisieren.[234] Demgegenüber erscheint ein schnelles Absetzen von Kampagnen in frühen Lebenszyklusphasen wenig erfolgversprechend: "Die Wahrung der Kontinuität im Markenauftritt ist von großer Bedeutung".[235]

Hinsichtlich der Erfolgsfaktorenwirkung der skizzierten Gestaltungsparameter sind folgende Hypothesen zu überprüfen:

HYP BOT$_1$ Informative Werbung hat einen positiven Einfluß auf kognitive Wirkungsprozesse, während emotionale Werbung positiv mit affektiven Wirkungsprozessen korreliert.

HYP BOT$_2$ Informative Werbung ist ein zentraler Erfolgsfaktor in der Einführungsphase.

---

[233] Vgl. Berlyne, D. E., Konflikt, Erregung, Neugier - Zur Psychologie der kognitiven Motivation, Stuttgart 1976, S. 38 f. Dieser Effekt wird für Produkte in der Einführungsphase auch durch neuere Befunde der GfK belegt: "Werbung für neue Produkte zeigt tendenziell eine höhere Wirkung als Werbung für etablierte Marken."; GfK-Testmarktforschung (Hrsg.), Ökonomische Werbewirkung, a.a.O., S. 66.

[234] Vgl. Enis, B. M., La Garce, R., Prell, A. E., Extending the Product Life Cycle, a.a.O., S. 46-56, insbes. S. 50; O'Shaughnessy, J., Competitive Marketing, a.a.O., S. 184.

[235] GfK-Testmarktforschung (Hrsg.), Ökonomische Werbewirkung, a.a.O., S. 66.

HYP BOT$_3$	Emotionale Werbung ist in der Reife- und Schrumpfungsphase ein wesentlicher Erfolgsfaktor.
HYP BOT$_4$	Gestaltungskonstanz wirkt sich als Erfolgsfaktor der Werbung in der Einführungs- und Wachstumsphase aus.
HYP BOT$_5$	Gestaltungsmodifikation ist als Erfolgsfaktor in der Reife- und Schrumpfungsphase anzusehen.

3.23 Bestimmungsfaktoren der medialen Exposition

Im Rahmen jeder Kontaktsituation zwischen Zielgruppe und Werbebotschaft spielt auch der Werbeträger eine dominante Rolle im Aufnahme- und Verarbeitungsprozeß. Das werbemittelimmanente Aktivierungspotential kann je nach Schaltung in unterschiedlichen Werbeträgern erschwert oder gefördert werden: Die Art der Wirkung des durch das Werbemittel geschaffenen Anreizes wird entscheidend durch mediale Unterschiede determiniert.[236] Im intermedialen Vergleich geht es in erster Linie um die Frage, welche der zur Verfügung stehenden Mediagattungen zur Übermittlung bestimmter Werbebotschaften am besten geeignet sind. Konkret steht hierbei die Entscheidung zwischen der Insertion in einer Zeitschrift oder Zeitung oder der Schaltung eines Fernseh- oder Rundfunk-Spots im Mittelpunkt. Neben der durch Medienpräferenzen determinierten Erreichbarkeit der Zielgruppe, dem Prestige und der Glaubwürdigkeit sowie dem Image der Werbeträgergattung sind konzeptionelle Gestaltung und Funktion der jeweiligen Medien zentrale Parameter zur Ableitung der lebenszyklusspezifischen Eignung von Mediagattungen.[237]

---

[236] Vgl. Mc Connell, J. D., Do Media Vary in Effectiveness?, in: JoAR, No 10, 1980, S.19-22; Wright, P. L., Analyzing Media Effects on Advertising Responses, in: Public Opinion Quarterly, No 1, 1974, S. 192-205.

[237] Vgl. hierzu und im folgenden die Übersichten und Ausführungen zur Intermediaselektion bei Meffert, H., Marketing, a.a.O., S. 475; Tischler, S., Medien - Qual der Wahl, in: MJ, H. 1, 1975, S. 60-65; Kotler, Ph., Bliemel, F. W., Marketing-Management, a.a.O., S. 892 f.

Abbildung 10 stellt ausgewählte Massenmedien ihren wichtigsten Merkmalsausprägungen gegenüber. Dabei wird von der Grundannahme der Verhaltenstheorie ausgegangen, daß eine enge Verbindung zwischen dem zu übermittelnden Informationsinhalt und dessen Gestaltung anzustreben ist, um bei der werblichen Zielgruppe größere kognitive Anstrengungen zu bewirken: Vorwiegend verbal kommunizierende Medien werden z. B. zum überwiegenden Teil von Personen genutzt, die sich aktiv mit dem angebotenen Inhalt bzw. dessen Gestaltung - hierunter fällt auch die Werbung - auseinandersetzen und deshalb bereit sind, kognitive Anstrengungen auf sich

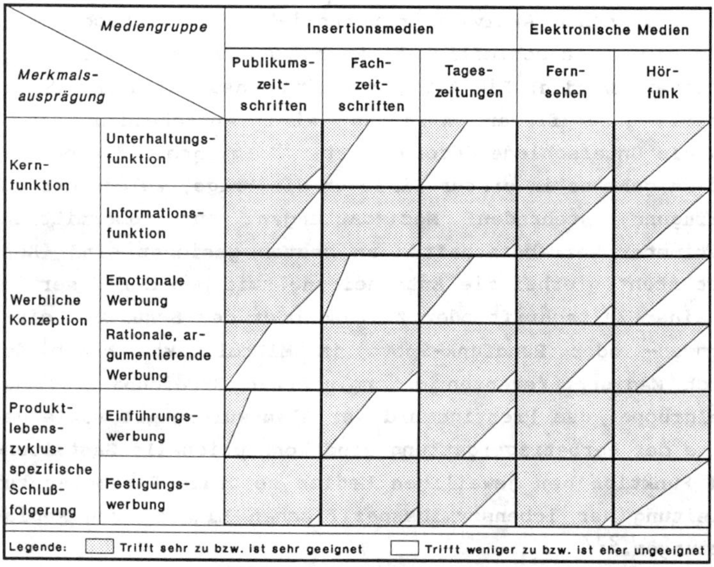

Mediengruppe		Insertionsmedien			Elektronische Medien	
Merkmalsausprägung		Publikumszeitschriften	Fachzeitschriften	Tageszeitungen	Fernsehen	Hörfunk
Kernfunktion	Unterhaltungsfunktion					
	Informationsfunktion					
Werbliche Konzeption	Emotionale Werbung					
	Rationale, argumentierende Werbung					
Produktlebenszyklusspezifische Schlußfolgerung	Einführungswerbung					
	Festigungswerbung					

Legende: ☐ Trifft sehr zu bzw. ist sehr geeignet   ☐ Trifft weniger zu bzw. ist eher ungeeignet

Abb. 10: Ausgewählte Massenmedien im Intermediavergleich

Quelle: In Anlehnung an Meffert, H., Marketing, a.a.O., S. 475.

zu nehmen.[238] Die Werbung in den Medien muß sich diesen Gegebenheiten anpassen. Kroeber-Riel spricht in diesem Kontext auch von der Notwendigkeit der medienspezifischen Inszenierung.[239]

Die Analyse der Werbeaufwendungen der letzten Jahre zeigt, daß ihr größter Anteil auf den Einsatz von Insertionsmedien rückführbar ist.[240] Als klassische Form der massenmedialen Zielgruppenansprache weisen Tageszeitungen, Publikums- und Fachzeitschriften unterschiedliche Wirkungspotentiale der werblichen Ansprache auf.

■ **Tageszeitungen**

Tageszeitungen lassen sich nach ihrer Vertriebsart (Abonnement- vs. Kaufzeitungen) sowie ihrem regionalen Bezug (regionale vs. überregionale Zeitungen) klassifizieren. Bei Tageszeitungen steht die Funktion der Information und der Aktualität im Zentrum. Entsprechend diesen Funktionen und der begrenzten gestalterischen Möglichkeiten wird primär die informierende und argumentierende Werbung eingesetzt, um im Rahmen von Einführungskampagnen Produkte bekannt zu machen oder in Form der Festigungswerbung in späteren Lebenszyklusphasen kurzfristige Aktionen des Handels auf regionaler und überregionaler Ebene herauszustellen und Sonderangebote zu bewerben.[241] In diesem Sinne kommt Tageszeitungen auch eine Impulsgeberfunktion zum Kauf zu.

---

[238] Vgl. Mühlbacher, H., Selektive Werbung, Linz 1982, S. 207.

[239] Vgl. Kroeber-Riel, W., Strategie und Technik der Werbung, a.a.O., S. 65.

[240] Vgl. ZAW (Hrsg.), Werbung in Deutschland 1991, a.a.O., S. 15.

[241] Vgl. Meffert, H., Das System des Kommunikations-Mix, a.a.O., S. 55 f; Bundesverband Deutscher Zeitungsverleger e. V. (Hrsg.), Zeitungen '90, Bonn 1990, S. 90 ff; o. V., Zeitung: das geschätzte Informations-Medium, in: w & v, Nr. 44, 1990, S.111 f.

■ **Publikumszeitschriften**

Die Gruppe der Publikumszeitschriften umfaßt eine Vielzahl von periodisch erscheinenden Titeln, bei denen eine Unterhaltungsfunktion (z. B. Illustrierte) oftmals mit der Informationsfunktion (z. B. Programmzeitschrift) verknüpft ist. Neben der Chance von Mehrfachkontakten und möglichen positiven Wirkungszusammenhängen von Anzeigen und Anzeigenumfeld werden Publikumszeitschriften insbesondere als geeignet angesehen, emotionale Botschaften und Stimmungsinhalte zu transportieren und dabei vor allem in späteren Lebenszyklusphasen zur Bestätigung von Konsumgewohnheiten i. S. der Festigungswerbung beizutragen.[242]

■ **Fachzeitschriften**

Fachzeitschriften werden vielfach als flankierendes Medium eingesetzt, um qualifizierte und abgegrenzte Leserschaften anzusprechen.[243] Aufgrund der spezifischen Themenbereiche und den damit verbundenen inhaltlichen Schwerpunktlegungen kommt Fachzeitschriften primär eine Informationsfunktion zu, die tendenziell eher rationale Werbebotschaften impliziert. So ist denkbar, Meinungsführer und Zielpersonen im Handel über Fachzeitschriften anzusprechen und mit Produktinformationen zu versorgen.

Neben den skizzierten Insertionsmedien treten in jüngster Zeit aufgrund dynamischer Entwicklungen der Medienstruktur

---

[242] In diesem Zusammenhang wird insbesondere auf die langfristige Image- und Motivationsfunktion der Zeitschriftenwerbung hingewiesen. Vgl. Merbold, C., Der Werbeträger "Zeitschrift" in der Medienlandschaft der Zukunft, in: Markenartikel, H. 3, 1985, S. 108-117, insbes. S. 114.

[243] Vgl. hierzu und im folgenden Meffert, H., Integrierte Marktkommunikation, a.a.O., S. 87.

elektronische Medien in den Betrachtungsfokus: Fernsehen und Hörfunk sind hier als zentrale Mediengattungen zu benennen.

■ **Fernsehen**

Das Fernsehen, und hier insbesondere die privaten Sender, partizipiert gegenwärtig am stärksten von der Dynamik des Werbevolumens. Die multisensorische Ansprache - die Aufmerksamkeit der Zielgruppe kann visuell und auditiv erregt werden - und die primäre Funktion als Unterhaltungsmedium führen zu einem verstärkten Einsatz des Fernsehens, um emotionale Appelle zu transportieren und zu vermitteln. Ein Wirkungsvergleich attestiert der Fernsehwerbung eine selektive Wirkung, bei der ein passiver Lernprozeß stattfindet.[244] In der Literatur wird darüber hinaus auf die Möglichkeit der raschen Marktpenetration und schnellen Bekanntmachung des Produktangebotes durch das Fernsehen hingewiesen. Aktuelle Wirkungsbefunde weisen jedoch für das Fernsehen auf eine gravierende Wirkungserosion hin: Gerade das Fernsehen unterliegt und prägt wesentlich das gegenwärtige zu beobachtende Low-Involvement-Medienverhalten.[245] Phänomene wie das Zapping sind als Folge hiervon evident.[246]

---

[244] Demgegenüber erfordert die Nutzung von Printmedien eher eine gerichtete Aufmerksamkeit. Vgl. Koeppler, K., Wirkungsvergleiche Print:TV-Werbung, in: Vierteljahreshefte für Mediaplanung, H. 4, 1979, S. 8-10.

[245] Vgl. o. V., Immer mehr Zuschauer lehnen die Werbeflut auf dem Bildschirm ab, in: FAZ, 28. Februar 1992, S. 15. Relativierend ist jedoch auf ältere Befunde von Krugman hinzuweisen, der zu dem Schluß kommt, daß Fernsehen das ideale Medium ist, um wenig involvierte Personen zu erreichen. Vgl. Krugman, H. E., The Impact of Television Advertising: Learning without Involvement, in: Public Opinion Quarterly, No 3, 1965, S. 349-356.

[246] Vgl. Kaplan, B. M., Zapping - The Real Issue is Communication, in: JoAR, No 2, 1985, S. 9-14.

■ **Hörfunk**

Im Rahmen des gesamten Media-Mix kommt der Hörfunk-Werbung vor allem die Aufgabe der raschen Bekanntmachung von Produkt und Botschaft zu. Gleichzeitig wird dem Medium auch eine Reaktualisierungsfunktion von Werbebotschaften zuerkannt, so daß bereits bekannte Marken wieder in das Bewußtsein der Öffentlichkeit gerückt werden können. Als wesentliche Nutzerfunktion soll der Hörfunk für 73 % der Hörer zunächst Nachrichten und Informationen übermitteln, 63 % erwarten Entspannung und Ablenkung.[247] Über die Informations- und Begleiterfunktion wird dem Hörfunk eine Rolle bei der Auslösung von Stimmungen zuerkannt, wobei der Musik eine wichtige Bedeutung zukommt. In diesem Sinne wird dem Hörfunk eine Trägerfunktion sowohl für rationale als auch für emotionale Appelle zugesprochen.

Faßt man die bisherigen Aussagen zur medialen Exposition zusammen, so lassen sich folgende Hypothesen zur Erfolgswirkung einzelner Mediagattungen im Produktlebenszyklusverlauf ableiten:

HYP MED$_1$ Fernsehen, Hörfunk und Tageszeitungen eignen sich als Medien im Rahmen der Einführungswerbung.

HYP MED$_2$ Publikumszeitschriften und Fachzeitschriften sind demgegenüber eher geeignet, um Werbeerfolg in späteren Lebenszyklusphasen zu realisieren.

Des weiteren soll folgende phasenübergreifende Hypothese getestet werden:[248]

---

[247] Vgl. Reiter, W. M., Karpenfeld, R., Mediapraxis - Handbuch für die Mediaplanung, Frankfurt 1983, S. 162.

[248] Diese Hypothese impliziert ein rationales Mediaplanungsverhalten, welches optimierende Anpassungen im Media-Mix beinhaltet und zu positiven Wirkungseffekten führt.

HYP MED$_3$ Eine Modifikation im Media-Mix ist ein genereller Erfolgsfaktor der Werbung im Produktlebenszyklus.

3.24 Integrationsabhängige Bestimmungsfaktoren

Bestimmungsfaktoren der Werbewirkung, die durch integrierte Kommunikations- und Werbeaktivitäten geprägt sind, betreffen den Prozeß der Planung und Organisation der Werbung, welcher darauf zielt, aus den differenzierten Quellen der internen und externen Kommunikation eine Einheit herzustellen, um ein konsistentes Erscheinungsbild über das beworbene Produkt in der relevanten Zielgruppe zu vermitteln.[249] Durch eine derartige Abstimmung lassen sich Synergieeffekte realisieren, so daß die Erfolgswirkung der Werbung insgesamt größer ist als die Summe der Einzelwirkungen der Teilaktivitäten.[250]

Die Koordination und Konzentration der werblichen Aktivitäten ist nicht nur von Relevanz, um inkonsistente Eindrücke über das Unternehmen oder die Marke zu vermeiden. Durch die bereits angeführte Informations- und Reizüberflutung lassen die Wirkungen einzelner Bestimmungsfaktoren geradezu dramatisch nach, Gedächtnisspuren der Werbung werden schwächer und integrierte Maßnahmenbündel wichtiger.[251] Den Ausgangspunkt der Analyse integrationsabhängiger Bestimmungsfakto-

---

[249] Vgl. Bruhn, M., Integrierte Unternehmenskommunikation, a.a.O., S. 9.

[250] Zu diesen synergetischen Effekten vgl. Linssen, H., Interdependenzen im absatzpolitischen Instrumentarium der Unternehmung. Ein Beitrag zur optimalen Kombination der Absatzmittel, Berlin 1975, S. 209 ff.

[251] Für die Fernsehwerbung wird bspw. ermittelt, daß im Zwölf-Jahres-Vergleich die Erinnerungswerte durchschnittlicher TV-Spots auf 20 % des ursprünglichen Niveaus gesunken sind. Darüber hinaus ermittelt die Studie Seherqualität '91 einen Anteil von Markenverwechslung bei der TV-Spot-Erinnerung von teilweise über 40 %. Vgl. o. V., Mehr Sender, mehr Werbung - weniger Werbewirkung, in: w & v, Nr. 12, 1992, S. 56-61.

ren der Werbewirkung bildet die in den 60er Jahren wesentlich von Lawrence und Lorsch initiierte Diskussion über den Einfluß der Umwelt auf die Organisationsstruktur.[252]

	Wachsende Risiken der Werbeplanung	Koordinationsprobleme der Werbeplanung		Organisationstheoretische Interpretation des Integrationsbedarfs der Werbeplanung
Unsicherheit und Turbulenz der Umwelt	Differenzierung der Werbung		Integration der Werbung	

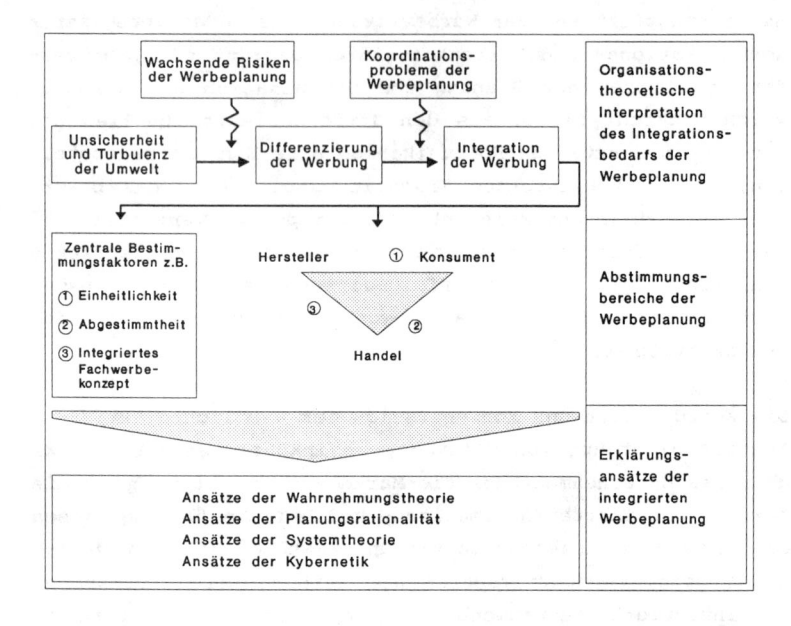

Zentrale Bestimmungsfaktoren z.B. ① Einheitlichkeit ② Abgestimmtheit ③ Integriertes Fachwerbekonzept	Hersteller ① Konsument ③ ② Handel	Abstimmungsbereiche der Werbeplanung

Ansätze der Wahrnehmungstheorie Ansätze der Planungsrationalität Ansätze der Systemtheorie Ansätze der Kybernetik	Erklärungsansätze der integrierten Werbeplanung

Abb. 11: Integrationsabhängige Bestimmungsfaktoren der Werbewirkung

Quelle: In Anlehnung an Bruhn, H., Integrierte Unternehmenskommunikation, a.a.O., S. 11-20.

Im Zentrum stehen Umweltkonstellationen, vor allem Unsicherheiten über die zukünftige Entwicklung der Umwelt, die erhöhte Planungsrisiken und Entscheidungsunsicherheiten zur Folge haben. Übertragen auf den Bereich der Werbung und

---

[252] Vgl. Lawrence, P. R., Lorsch, J. W., Organization and Environment. Managing Differentiation and Integration, Boston 1967.

Kommunikation neigen Unternehmen - Abbildung 11 stellt dies im Überblick dar - bei Planungsunsicherheiten z. B. in Form von Wettbewerbsdruck, Marktturbulenzen, Medienvielfalt und -dynamik etc. zu differenzierten Werbemustern, um so die Ungewißheit zu reduzieren (Differenzierungsaspekt).[253] Die differenzierte werbliche Ansprache von Segmenten und Zielgruppen steht dabei in der Tradition des Marketing als Planung, Koordination und Kontrolle aller auf aktuelle und potentielle Märkte ausgerichteten Unternehmensaktivitäten mit dem Segmentierungsziel, einen hohen Grad von Identität zwischen der angebotenen Marktleistung und einer bestimmten Zahl von Käufen zu erzielen.[254] Diese Differenzierung läßt, ausgelöst durch damit einhergehende Koordinationsprobleme, die Notwendigkeit der Integration der einzelnen Maßnahmenbündel der Werbung und ihrer Teilbereiche noch wichtiger erscheinen (Integrationsaspekt).

Die Abstimmung aller Maßnahmen der Werbeplanung umfaßt zahlreiche Dimensionen, die ebenfalls das sonstige Kommunikations- und Marketing-Mix tangieren. Stellt man auf die zentralen werbebedingten Erfolgsparameter ab, so geht es dabei in erster Linie um

- formale Vereinheitlichung der Werbung,
- inhaltliche Abstimmung,
- geographische Abstimmung und
- zeitliche Kontinuität.[255]

---

[253] Vgl. hierzu und im folgenden Bruhn, M., Integrierte Unternehmenskommunikation, a.a.O., S. 11 ff.

[254] Insbes. Meffert hebt den Segmentierungsaspekt des Marketing hervor. Vgl. Meffert, H., Marketing, a.a.O., S. 243.

[255] Vgl. Kroeber-Riel, W., Kommunikationspolitik. Forschungsgegenstand und Forschungsperspektive, in: Marketing ZFP, H. 3, 1991, S. 166. Im Rahmen der vorliegenden Arbeit sind inhaltliche und formale Integrationsaspekte zu analysieren. Während die geographische Abstimmung vor allem im internationalen Rahmen bedeutsam sein dürfte, wurde der Aspekt der zeitlichen Kontinuität bereits in den Gliederungspunkten B. 3.13, 3.21

Abstrahiert man diese Einzelfunktionen auf die relevanten Abstimmungsbereiche, so ist zwischen Hersteller-, Konsumenten- und Handelsebene zu differenzieren. Hierbei ist einerseits im Rahmen der Konsumentenwerbung ein **einheitliches Erscheinungsbild** über die Medien und Instrumente hinweg zu realisieren. Als Ergebnis einer explorativen Studie wurde diese Funktion als prioritär für die integrierte Kommunikations- und Werbeplanung in der Werbepraxis herausgestellt.[256]

Im Rahmen der Handelswerbung steht die Konzeption einer integriert einzusetzenden **Fachwerbekampagne** im Zentrum der Analyse, um Handelspartner so zu informieren und zu beeinflussen, daß sie mit kongruenten Informationen über das beworbene Produkt ausgestattet sind wie die Konsumenten und unterstützend auf deren Kaufprozeß einwirken können. Schließlich erscheint es unter Konsistenzgesichtspunkten angebracht, die Konsumentenwerbung mit dem Handel abzustimmen, um im Rahmen der **Kooperations- und Verbundwerbung** weitere Synergieeffekte realisieren zu können.[257] Insbesondere in der Schrumpfungsphase wird der Kooperationswerbung Erfolgspotential bescheinigt, um Wachstumsimpulse zu realisieren.[258]

---

und 3.22 bezüglich der Positionierungskonstanz, der Werbekontinuität und der Gestaltungskonstanz abgedeckt.

[256] Vgl. Zimmermann, A., Ansatzpunkte einer integrierten Kommunikation für Unternehmen - eine theoretische und empirische Analyse der Barrieren und Umsetzungsmöglichkeiten für die interne und externe Kommunikation, Diplomarbeit an der European Business School, Schloß Reichartshausen a. Rh. 1991, S. 55.

[257] Vgl. zur kooperativen Werbung auch Schmalen, H., Kommunikationspolitik, a.a.O., S. 202 f; Young, R. F., Greyser, S. A., Cooperative Advertising: Practices and Problems, MSI-Working Paper, No 82-105, Cambridge, Massachusetts 1982, S. 1 ff.

[258] Vgl. Tull, D. S., Marketing Management, a.a.O., S. 408.

Ein wesentlicher Mangel an der bisherigen wissenschaftlichen Forschung der Werbung besteht darin, daß sie den Entscheidungstatbestand der Integration kaum theoretisch fundieren kann. Allerdings lassen sich aus unterschiedlichen Theorieansätzen der Betriebswirtschaftslehre und der Psychologie Ansatzpunkte ableiten, die zur Erklärung der Problemschichten bei der integrierten Gestaltung von Werbeprozessen geeignet sind.[259]

Faßt man die vorgetragenen Befunde zu den integrationsabhängigen Bestimmungsfaktoren der Werbewirkung zusammen, ergeben sich zunächst folgende Hypothesen:

HYP INT_1 Die Integration der werblichen Bestimmungsfaktoren stellt einen generellen Erfolgsfaktor über alle Lebenszyklusphasen hinweg dar.

HYP INT_2 In der Schrumpfungsphase kommt darüber hinaus besonders der Kooperationswerbung mit dem Handel eine erfolgsdeterminierende Rolle zu.

Legt man des weiteren zugrunde, daß der Integrationsbedarf bei wachsenden Risiken und Koordinationsproblemen ansteigt, lassen sich ergänzende lebenszyklusspezifische Aussagen ableiten. Während in der Einführungsphase von einem besonders hohen Unsicherheitspotential bezüglich der künftigen Umsatzentwicklung ausgegangen werden kann, ist in der Reife- und Schrumpfungsphase aufgrund tendenziell verschärfter Wettbewerbskonstellationen mit erhöhten Anforderungen an den einheitlichen, von der Konkurrenz differenzierten Markenauftritt zu rechnen. Dies läßt folgende Hypothesen als plausibel erscheinen:

---

[259] Vgl. zu den in Abb. 11 genannten zentralen Theorieansätzen Mayer, H., Däumer, U., Rühle, H., Werbepsychologie, a.a.O., S. 50 ff; Bruhn, M., Integrierte Unternehmenskommunikation, a.a.O., S. 20; Ulrich, H., Probst, G.J.B., Anleitung zum ganzheitlichen Denken und Handeln. Ein Brevier für Führungskräfte, Stuttgart und Bern 1988; Bleicher, K., Das Konzept Integriertes Management. Das St. Galler Management-Konzept, Frankfurt und New York 1991; Meffert, H., Integrierte Marktkommunikation, a.a.O., S. 10 und die dort zitierte Literatur.

HYP INT$_3$ Die Integration der werblichen Bestimmungsfaktoren wirkt sich besonders positiv auf den Erfolg in der Einführungsphase aus.

HYP INT$_4$ Das einheitliche Erscheinungsbild der werblichen Aktivitäten ist besonders in der Reife- und Schrumpfungsphase positiv mit dem Erfolg verknüpft.

4. Bezugsrahmen der empirischen Untersuchung

Ausgehend von den thematisierten Bestimmungsfaktoren und Erfolgsdimensionen der Werbung im Produktlebenszyklus sowie den abgeleiteten Untersuchungshypothesen wird der folgenden empirischen Analyse der in Abbildung 12 dargestellte Bezugsrahmen zugrunde gelegt. Zielsetzung ist es, zunächst den Produktlebenszyklus als Taxonomie strategisch relevanter Konstellationen zu operationalisieren und das im Rahmen der konzeptionellen Vorüberlegungen aufgestellte Hypothesengerüst bezüglich typischer werblicher Verhaltensmuster in den einzelnen Lebenszyklusphasen sowie über die Wirkungsbeziehungen zwischen den relevanten Bestimmungsfaktoren und den Erfolgsdimensionen der Werbung in den Erklärungsansatz zu integrieren.

Auf Grundlage des vorgestellten Ansatzes zur Ermittlung von Erfolgsfaktoren der Werbung im Produktlebenszyklus sind zunächst die einzelnen **Produktlebenszyklusphasen** auf Basis von Experteneinschätzungen zu identifizieren und die Zuordnung anhand quantitativer und qualitativer Ausprägungen zu operationalisieren und zu validieren. Hierauf aufbauend ist das **Zielsystem der Werbung** getrennt nach Lebenszyklusphasen zu analysieren, um so Anhaltspunkte für das Zielgewicht

Anbieterverhalten	Absatzmittlerverhalten	Nachfragerverhalten	Sonstige Rahmenbedingungen

Hyp Basis

	Bestimmungsfaktoren der Werbewirkung		Erfolg der Werbung
Strategie/ instrumen- teller Fokus	■ Werbung ■ Verkaufsfdg. ■ PR ■ Sponsoring	■ Push-Strategie ■ Pull-Strategie ■ Positionierungs- Strategie	— Hyp Strat
Budge- tierung	■ Werbebudget absolut ■ Werbebudget relativ ■ Werbebudgetveränderung ■ Werbebudgetzielung		Hyp Budg
Gestalte- rische Umsetzung	■ Informative Werbung ■ Emotionale Werbung ■ Gestaltungskonstanz/-modifik.		Hyp Bot
Mediale Exposition	■ Fernsehen ■ Hörfunk ■ Publikums- zeitschriften	■ Fachzeitschriften ■ Tageszeitungen ■ Modifikation ■ Media-Mix	Hyp Med
Integration	■ Einheitlichkeit ■ Abgestimmtheit ■ Integrierte Fachwerbekonzeption		Hyp Int

■ *subjektiv*
Kognitive Wirkung
Affektive Wirkung
Konative Wirkung

■ *objektiv*
Umsatz- wachstum
Marktanteils- wachstum

Hyp Ziele → Hyp Verh

Zielsystem der Werbung im Pro- duktlebenszyklus

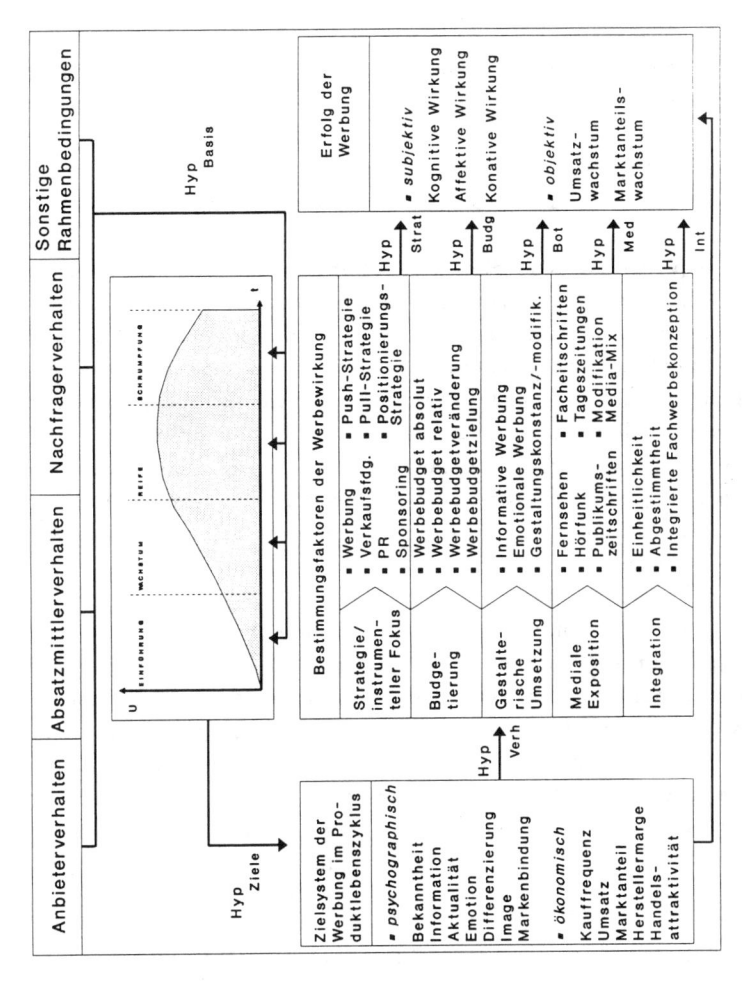

■ *psychographisch*
Bekanntheit
Information
Aktualität
Emotion
Differenzierung
Image
Markenbindung

■ *ökonomisch*
Kauffrequenz
Umsatz
Marktanteil
Herstellermarge
Handels- attraktivität

Abb. 12: Bezugsrahmen der empirischen Untersuchung

phasenspezifischer Werbezielgrößen zu erlangen.[260] Die Betrachtung von Ausprägungsmustern der konzeptionell abgeleiteten Bestimmungsfaktoren soll den eher deskriptiv angelegten Teil der Analyse ergänzen. Hierdurch soll ermöglicht werden, typische Strategiemuster der Werbung in unterschiedlichen Produktlebenszyklusphasen herauszuarbeiten.

Der explikative Charakter der Untersuchung drückt sich in dem Bestreben aus, die Bestimmungsfaktoren der Werbewirkung als Erfolgsfaktoren zu gewichten. Zur Operationalisierung des **Erfolges der Werbung als abhängige Variable** ist zwischen subjektiven und objektiven Daten zu differenzieren. Im Rahmen der subjektiven Daten werden Faktoren der kognitiven, affektiven und konativen bzw. marktlichen Werbewirkung analysiert, welche auf Expertenurteilen zu Teilwirkungen der Werbung beruhen und die dann zu den genannten Faktorengruppen zu verdichten sind.

Die Erfolgsmessung auf der Grundlage subjektiver Einschätzungen durch Experten orientiert sich an im Rahmen der empirischen Erfolgsfaktorenforschung bewährten Ansätzen.[261] Als Begründung für die Berücksichtigung subjektiver Expertenurteile durch dazu befähigte Auskunftspersonen sind formale und inhaltliche Probleme der Werbewirkungsforschung anzuführen. <u>Formale Schwierigkeiten</u> ergeben sich aufgrund der Tatsache, daß für die zugrunde liegende Stichprobe

---

[260] Die phasenspezifische Zielgewichtung ist schon deshalb bedeutsam, um den realisierten Erfolg richtig einschätzen bzw. adäquat würdigen zu können. Wie in Kapitel B. 2.21 angeführt, gelten je nach Produktlebenszyklusphase bspw. Wachstums- oder Erhaltungszielsetzungen als Erfolgsmaßstab der Werbung.

[261] Da im Rahmen der Erfolgsfaktorenforschung letztendlich nicht auf die Befragung von Managern und Experten verzichtet werden kann, empfiehlt Hildebrandt eine sorgfältige Auswahl der Befragten nach Eignung und Befähigung zur Einschätzung der relevanten Sachverhalte und die Verwendung von intern konsistenten Multiple-Item-Skalen. Vgl. Hildebrandt, L., Die quantitative Analyse Strategischer Erfolgsfaktoren in der Marketingforschung, a.a.O., S. 130.

keine umfassenden quantifizierten Daten bezüglich des Gesamtsystems der angesprochenen Werbezielwirkungen vorliegen. Gerade der Aspekt der Gesamtanalyse von Zielwirkungen ist jedoch im primären Erkenntnisinteresse des vorliegenden Untersuchungsansatzes. Selbst für im Einzelfall vorliegende Daten, beispielsweise quantifizierte psychographische Wirkungen der Werbung, kann aufgrund heterogener Erhebungsansätze in den jeweiligen Unternehmen von einer Vergleichbarkeit der Daten keinesfalls die Rede sein. Die Heranziehung subjektiver Daten erscheint des weiteren vor dem Hintergrund inhaltlicher Schwierigkeiten angezeigt. Dies kann aus der Notwendigkeit abgeleitet werden, den Erfolg der Werbung im Rahmen des vorliegenden Operationalisierungsansatzes auf Grundlage von Zielerreichungsbeiträgen zu erfassen. Da objektive Daten i. d. R. jedoch nur absolute Erfolgsgrößenniveaus darstellen, müßten diese Befunde in einem gesonderten Analyseschritt anhand der jeweiligen Werbezielsetzungen im Einzelfall und unter Zugrundelegung von Expertenmeinungen relativiert werden. Subjektive Verzerrungen sind somit auch bei den sog. objektiven Verfahren nicht vollständig auszuschließen.[262]

Somit kann unter kritischer Abwägung die Erfassung des Erfolgs der Werbung auf der Grundlage von Experteneinschätzungen unter formalen und inhaltlichen Gesichtspunkten als eine adäquate Alternative zu den theoretisch exakten Erhebungsmethoden objektiver Erfolgsgrößen angesehen werden.[263] Darüber hinaus sollen zur Validierung der Experteneinschätzungen des weiteren ausgewählte objektive Daten mit in die

---

[262] Vgl. zu dieser Argumentation auch Ostmeier, H., Ökologieorientierte Produktinnovationen, a.a.O., S. 52.

[263] Testbefragungen in 9 Unternehmen ergaben, daß die Konzentration auf Produktmanager als Auskunftspersonen einen hohen Validitäts- und Reliabilitätsgehalt sicherstellt. Produktmanager verfügen nicht nur über ein hohes Maß aktueller Informationen, sondern auch über die notwendige persönliche Urteilsfähigkeit, um die erforderlichen Einschätzungen vornehmen zu können.

Analyse einbezogen werden. Die objektiven Daten beinhalten als Erfolgsmeßgrößen das Umsatzwachstum sowie das Marktanteilswachstum, die zur Eliminierung kurzfristiger Schwankungen und zur Sicherstellung des langfristigen Charakters des Erfolgsfaktorenkonzeptes im Jahresdurchschnitt betrachtet werden.[264]

Hinsichtlich der ausgewählten **Bestimmungsfaktoren als unabhängige Variablen** sind im Bezugsrahmen die bereits konzeptionell erörterten ziel- und strategieabhängigen, budgetierungsabhängigen, gestaltungsabhängigen, medialen und integrationsabhängigen Einflußfaktoren zu unterscheiden. Als Auswahlkriterium für die Einbeziehung einzelner Bestimmungsfaktoren in den empirischen Teil der Analyse wird zum einen auf die in anderen Untersuchungen ermittelten Zusammenhänge und Relevanzzuordnungen abgestellt.[265] Zum anderen müssen die Bestimmungsfaktoren empirisch erfaßbar sein.

---

[264] Bei der Analyse der genannten objektiven Daten ist jedoch in besonderem Maße der Tatsache Rechnung zu tragen, daß sie von dem gesamten Marketing-Mix beeinflußt werden. Demgegenüber beziehen sich die erhobenen subjektiven Daten - auch die ökonomischen Zielwirkungen - explizit auf den Erfolgsbeitrag der werblichen Aktivitäten. Der Jahresdurchschnitt als Bezugsgröße erscheint aufgrund der Tatsache angemessen, daß innerhalb eines Jahres die signifikantesten und größten Werbeeffekte zu erwarten bzw. nachweisbar sind. Demgegenüber sinkt das Niveau in den Folgeperioden erheblich. Zum Langzeit-Effekt der Werbung auf Verkäufe auf Basis von Jahresbetrachtungen vgl. u.a. Lodish, L., Key Findings, a.a.O., S. 30.

[265] Vgl. hierzu auch FN 170. Des weiteren fließen die in zahlreichen explorativen Vorgesprächen gewonnenen Erfahrungen des Verfassers über Beziehungszusammenhänge zwischen Werbung und Erfolg in unterschiedlichen Produktstadien mit ein.

C. Empirische Analyse zur Erfassung der Erfolgsfaktoren der Werbung im Produktlebenszyklus

Die Überprüfung der Hypothesen zu den Ausprägungsformen und Bestimmungsfaktoren der Werbung in unterschiedlichen Produktlebenszyklusphasen erfolgt auf der Grundlage einer 1990/91 durchgeführten Unternehmensbefragung zum Themenkomplex "Werbung und Markterfolg". Im folgenden Kapitel wird zunächst die Stichprobenauswahl und -struktur sowie die Operationalisierung der in die Untersuchung einbezogenen Variablengruppen vorgenommen.

Die empirische Analyse gliedert sich in einen verhaltensbeschreibenden, deskriptiven Teil sowie einen verhaltenserklärenden, explikativen Teil. Die deskriptive Analyse dient der Beschreibung der verschiedenen Ausprägungsmuster der Werbung in unterschiedlichen Produktlebenszyklusphasen. Im Anschluß daran erfolgt die Analyse von Erfolgsfaktoren der Werbung auf der Grundlage von subjektiven und objektiven Daten.

1. Design der Untersuchung

Zur empirischen Überprüfung des Bezugsrahmens wurde im Herbst 1990 in der Bundesrepublik Deutschland bei Unternehmen aus dem Konsum- und Verbrauchsgüterbereich in Zusammenarbeit mit der A. C. Nielsen GmbH und dem Gesamtverband Werbeagenturen e. V. eine Stichprobe von 350 Markenartikeln erhoben. Hierzu wurde eine schriftliche Befragung bei den jeweiligen Produktmanagern durchgeführt.[266] 185 Fragebögen aus insgesamt 65 verschiedenen Unternehmen wurden zurückgesandt - dies entspricht einer Rücklaufquote von 52,8 % - und konnten in die empirische Analyse einbezogen werden.[267]

---

[266] Vgl. hierzu auch die Ergebnisstudie Meffert, H., Schürmann, U., Werbung und Markterfolg, a.a.O., S. 15 ff.

[267] Damit wurden pro Unternehmen im Durchschnitt ca. 3 Marken in die Analyse aufgenommen.

Die Auswahl der Markenartikel erfolgte anhand der Top 20-Listen der Ausgaben für Mediawerbung in verschiedenen Produktgruppen. Die einbezogenen Marken sind durch ein hohes absolutes Werbeaufkommen zu kennzeichnen, oftmals stellen diese Marken auch Marktführer in der jeweiligen Produktgruppe dar.[268]

Die **Zusammensetzung der Stichprobe** ergibt sich aus Abbildung 13, die eine Darstellung auf aggregierter Warengruppenebene umfaßt und eine relativ ausgewogene branchenbezogene Verteilung aufweist.[269] Im einzelnen setzen sich die angeführten Warengruppen dabei aus folgenden Produktgruppen zusammen:[270]

- Milchprodukte (n=14)
- Schokolade (n=9) } Food
- Suppen, Saucen, Würzen (n=16)

- Soft Drinks (n = 14)
- Kaffee, Tee, Kakao (n = 4) } Alkoholfreie Getränke

- Bier (n=35)   } Bier

---

[268] Des weiteren wurden auch Marken mit geringeren Umsatz- und Werbevolumina einbezogen: 13 % der Stichprobe sind Regionalmarken, die auf einem regional abgrenzbaren Absatzmarkt vertrieben werden. Auf diese Weise lassen sich die ermittelten Befunde nicht nur lediglich auf umsatzstarke, nationale Marken beziehen. Eine gezielt durchgeführte Nachakquisition im Sommer 1991 galt schließlich der Auffüllung der Stichprobe um Marken in der Einführungs- und Schrumpfungsphase.

[269] Auf die Herausarbeitung warengruppenspezifischer Erfolgsfaktoren im Produktlebenszyklus mußte im Rahmen der Arbeit aufgrund der geringen Fallzahl in den angeführten Warengruppen verzichtet werden. Eine weitere Untergliederung nach Lebenszyklusphasen hätte statistisch nicht mehr valide Ergebnisse zur Folge.

[270] Die Zuordnung der Marken zu den genannten Produkt- und Warengruppen erfolgte anhand der Nielsen-Produktklassifikation.

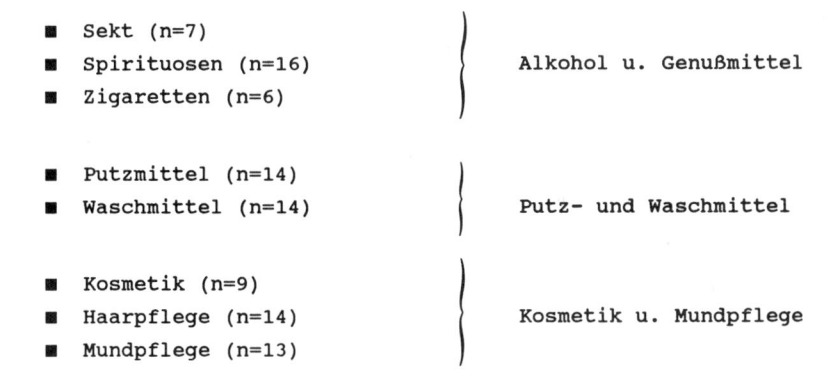

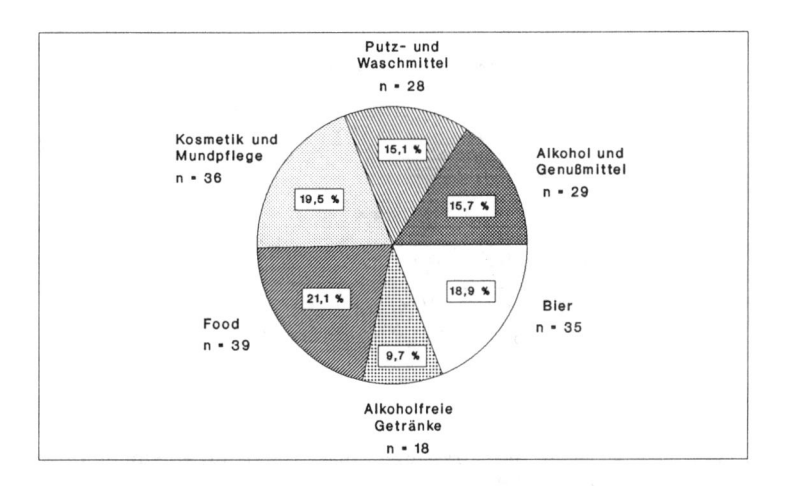

- Sekt (n=7)
- Spirituosen (n=16)   } Alkohol u. Genußmittel
- Zigaretten (n=6)

- Putzmittel (n=14)
- Waschmittel (n=14)   } Putz- und Waschmittel

- Kosmetik (n=9)
- Haarpflege (n=14)   } Kosmetik u. Mundpflege
- Mundpflege (n=13)

Putz- und Waschmittel n = 28
Kosmetik und Mundpflege n = 36 — 15,1 %
19,5 %
Alkohol und Genußmittel n = 29 — 15,7 %
Food n = 39 — 21,1 %
18,9 % Bier n = 35
9,7 %
Alkoholfreie Getränke n = 18

Abb. 13: Warengruppenspezifische Verteilung der Stichprobe

Hinsichtlich der Demographie der in der Stichprobe enthaltenen Marken sind des weiteren Umsätze, Werbeaufwendungen, Markenstrategie und Produktlebenszyklusstadium zu kennzeichnen. Der durchschnittliche Umsatz der analysierten Marken p. a. beläuft sich auf TDM 61.900. Die in Abbildung 14 wiedergegebene Häufigkeitsverteilung der jährlichen Umsätze und Werbeaufwendungen belegt, daß schwerpunktmäßig nationale, stark beworbene Markenartikel in der Stichprobe vertreten sind, wobei sich das durchschnittliche Werbebudget auf TDM 4.420 p. a. beläuft.

Verteilung der Umsätze (in Mio. DM)

Umsatz	%
bis unter 20	33 %
20 bis unter 40	22 %
40 bis unter 60	15 %
60 bis unter 80	9 %
80 bis unter 100	6 %
100 bis unter 120	7 %
mehr als 120	8 %

Verteilung der Werbeaufwendungen (in Mio. DM)

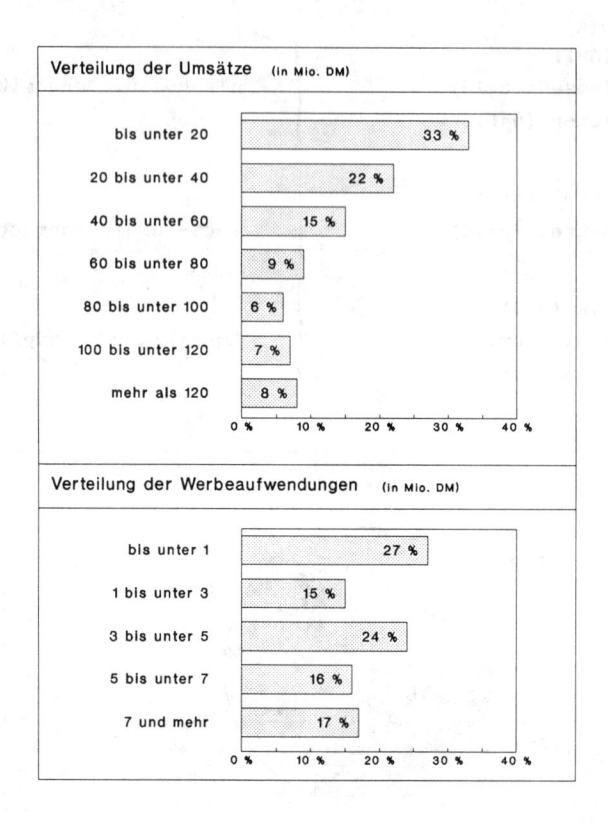

Werbeaufwendungen	%
bis unter 1	27 %
1 bis unter 3	15 %
3 bis unter 5	24 %
5 bis unter 7	16 %
7 und mehr	17 %

Abb. 14: Verteilung der Umsätze und Werbeaufwendungen in der Stichprobe

Bezüglich der eingeschlagenen <u>Markenstrategie</u> ist eine annähernde Gleichverteilung von Einzel- und Dachmarkenkonzepten zu konstatieren. Während rd. 51 % der Produkte eine Einzel- bzw. Monomarkenstrategie repräsentieren, sind rd. 49 % der beworbenen Marken in eine Familien- bzw. Dachmarkenstrategie eingebunden.[271]

---

[271] Zur Abgrenzung der einzelnen Markenstrategien vgl. Meffert, H., Strategische Unternehmensführung und Marketing, a.a.O., S. 115 ff; Haedrich, G., Tomczak, T., Strategische Markenführung, Bern, Stuttgart 1990, S. 27.

Hinsichtlich der Verteilung der Stichprobe nach Produktlebenszyklusstadien ergibt sich, basierend auf der Einschätzung der jeweiligen Produktmanager, folgendes Bild:[272]

- Einführungsphase   18,9 %   (n = 35)
- Wachstumsphase   38,9 %   (n = 72)
- Reifephase   27,0 %   (n = 50)
- Schrumpfungsphase   13,5 %   (n = 25)

Die gewählte subjektive Eingruppierung der Marken durch Manager scheint der komplexen Gesamtsituation der vielfältigen möglichen Verlaufsformen des Produktlebenszyklus besser gerecht zu werden als ein rein quantitatives Einordnungsschema.[273] Dies wird auch durch Befunde von Angelmar und Bagozzi bestätigt, die auf Basis unterschiedlicher Kriterien wie der Konvergenz- und Vorhersagevalidität, inhaltlicher Konsistenz und Erklärungskraft zu dem Resultat kommen, daß die subjektive Eingruppierung insgesamt am besten und die Umsatzwachstumsrate als Kriterium am schlechtesten einzustufen sind.[274]

Kernbestandteil der **Datenerfassung** war ein 13-seitiger Fragebogen mit insgesamt 17 Fragen und 232 Variablen. Der Schwerpunkt des Fragebogens lag auf standardisierten Fragen, mit deren Hilfe die Einschätzungen des Produktmanagement erfaßt werden sollten. Der detaillierte Fragebogen so-

---

[272] Die Eingruppierung der Marken in Produktlebenszyklusphasen erfolgte anhand Frage 2 a) des Fragebogens. Für 3 Marken (1,7 %) konnten keine eindeutigen Angaben über das Produktlebenszyklusstadium gemacht werden. Diese Marken wurden aus der weiteren Analyse ausgeschlossen.

[273] Vgl. Farris, P. W., Buzzell, R. D., Why Advertising and Promotional Costs Vary: Some Cross Sectional Analysis, in: JoM, No 3, 1979, S. 112-122; Hilleke-Daniel, K., Wettbewerbsdynamik und Marketing im Pharmamarkt, a.a.O., S. 8 f.

[274] Vgl. Angelmar, R., Bagozzi, R., Typical Marketing Behavior Over the Product Life Cycle, Working Paper, Graduate School of Business, Stanford University 1982, S. 1 ff.

wie die Fragenformulierungen wurden aufgrund von Expertengesprächen und Pretestinterviews in den ausgewählten Branchen konzipiert. Die Befragungsinhalte basieren auf den Situationsvariablen, Bestimmungsfaktoren und Erfolgsdimensionen des empirischen Bezugsrahmens. Im Schwerpunkt wurden folgende Fragenkomplexe erfaßt:

- Im ersten Teil wurden zunächst Situationsvariablen abgefragt. Hierzu zählen neben den Ausprägungen des Wettbewerbs auch die Kennzeichnung des Produktlebenszyklusstadiums und sonstige Markendemographika.

- Der zweite Teil des Fragebogens wird mit Werbezielen als Ausgangspunkt eingeleitet und beinhaltet zentrale Aktionsvariablen der werblichen Maßnahmengestaltung. Hinzu kommen Fragen der Budgetierung, Mediaselektion und Botschaftsgestaltung sowie des sonstigen Instrumente-Mix.

- Der abschließende dritte Teil zu den Erfolgsvariablen umfaßt im wesentlichen die Erfolgseinschätzung der werblichen Aktivitäten, Medieneignung, Gründe für Zielverfehlungen und eine Stellungnahme zu Trends in der Werbung.

Zu der Einbindung einzelner Variablengruppen in das Befragungskonzept und den konkreten Fragestellungen sind die im Fragebogen des Anhangs II dokumentierten Angaben zu verfolgen.[275]

Neben diesen im Rahmen der Befragung durch die Produktmanager angegebenen Daten wurden für die in der Stichprobe enthaltenen Markenartikel und ihre Branchen aus sekundärstatistischen Materialien Umsatzdaten sowie Angaben zur Höhe und Verteilung des Werbebudgets auf die Medien zu-

---

[275] Der Aufbau und Inhalt des Fragebogens orientierte sich an befragungstaktischen Gesichtspunkten. Vgl. hierzu Meffert, H., Marktforschung, Wiesbaden 1986, S. 11 f.

gespielt.[276] Ergänzend zur unternehmensbezogenen Stichprobe wurden Angaben von 19 Kundenberatern aus Werbeagenturen zu identischen Fragekomplexen - insbesondere zur Verifikation der korrekten Zuordnung des Produktlebenszyklusstadiums durch die Produktmanager - erhoben.

Die statistische **Datenauswertung** erfolgte mit Hilfe des am Rechenzentrum der Universität Münster implementierten Softwarepaketes SPSS^x Version 3.0. Die Datenanalyse wurde für die fast ausschließlich metrisch skalierten Daten unter Anwendung uni- und multivariater Analysemethoden, insbesondere der Korrelations-, Faktoren- und Regressionsanalyse, durchgeführt.[277] Die Untersuchung von Mittelwertunterschieden verschiedener Produktlebenszyklusphasen erfolgte auf Basis des Scheffé-Tests sowie des T-Tests für unabhängige Gruppen.[278]

---

[276] Eine Auflistung der einbezogenen sekundärstatistischen Daten ist im Anhang dieser Arbeit wiedergegeben. Vgl. Anhang I, Tab. 1.

[277] Vgl. zu den einzelnen Prozeduren u.a. Schubö, W., Uehlinger, H.-M., et al., SPSS - Handbuch der Programmversionen 4.0 und SPSS-X 3.0, Stuttgart, New York 1991, S. 254 ff; Steinhausen, D., Zörkendörfer, S., Statistische Datenanalyse mit dem Programmsystem SPSS-X und SPSS/PC+, 2. Aufl., München, Wien 1990, S. 51 ff; Steinhausen, D., Zörkendörfer, S., Statistische Datenanalyse mit dem Programmsystem SPSS-X, Softwareinformation Nr. 13 des Universitätsrechenzentrums, Westfälische Wilhelms-Universität, 4. Aufl., Münster 1988; Backhaus, K., et al., Multivariate Analysemethoden. Eine anwendungsorientierte Einführung, 4. Aufl., Berlin u.a. 1987, S. 1 ff.

[278] Der T-Test ist ein Prüfverfahren für metrisch skalierte Variablen, mit dem festzustellen ist, ob die Ereignisse der statistischen Datenauswertung signifikant sind. Vgl. Bleymüller, J., Gehlert, G., Gülicher, H., Statistik für Wirtschaftswissenschaftler, 5. Aufl., München 1988, S. 101 ff. Die Anwendung des Scheffé-Tests empfiehlt sich insbes. bei ungleichen Gruppengrößen. Vgl. Bauer, F., Datenanalyse mit SPSS, Berlin u.a. 1984, S. 84 f.

2. Situativer Kontextrahmen und werbliche Maßnahmengestaltung der einbezogenen Markenartikel

2.1 Einflußgrößen und Kennzeichnung des Produktlebenszyklus

Die deskriptive Analyse nimmt als Ausgangspunkt die Operationalisierung und Kennzeichnung der Einflußgrößen des Produktlebenszyklus. Da es sich bei dem Produktlebenszyklus und seinen Phasen um mehrdimensionale, komplexe Konstrukte handelt, ist eine Bestimmung anhand der relevanten Indikatoren notwendig, die zuvor in Teil B. 1. dieser Arbeit abgeleitet wurden. Für die vorliegende Untersuchung ist mit Blick auf die Validität der zugrunde gelegten Phasenzuordnung auf Basis von Experteneinschätzungen zu prüfen, inwieweit nach inhaltlichen und konstruktspezifischen Gesichtspunkten die Meßergebnisse auch tatsächlich auf den zu analysierenden Sachverhalt Bezug nehmen. Ein derartiges Vorgehen dient darüber hinaus dazu, flankierende bzw. den Produktlebenszyklus überlagernde Rahmenbedingungen des Wettbewerbsumfeldes mit zu berücksichtigen und so zu einer umfasseneren kontingenztheoretischen Betrachtung zu gelangen.[279] Abbildung 15 stellt die Mittelwertprofile von Marken in unterschiedlichen Produktlebenszyklusphasen, differenziert nach unternehmensexternen und -internen Determinanten, gegenüber.[280]

---

[279] Dadurch soll der in der Literatur angeführte Kritikpunkt der Eindimensionalität des Konstruktes überwunden werden. Im folgenden sind daher auch explizit Rahmenparameter herauszuarbeiten, die das relevante Branchenumfeld betreffen. Insofern beziehen sich vor allem die im folgenden zu diskutierenden Rahmenbedingungen der externen Unternehmensumwelt auch auf die Abgrenzung der Lebenszyklusphasen der jeweiligen Branchen.

[280] Damit wird ähnlich wie bei dem Ansatz von Lambkin und Day ein zweistufiger Modellrahmen gewählt. Vgl. Lambkin, M., Day, G. S., Evolutionary Processes in Competitive Markets, a.a.O., S. 4-8. Vgl. zur Operationalisierung der angesprochenen Determinanten auch die Fragen 1 und 5 des Fragebogens.

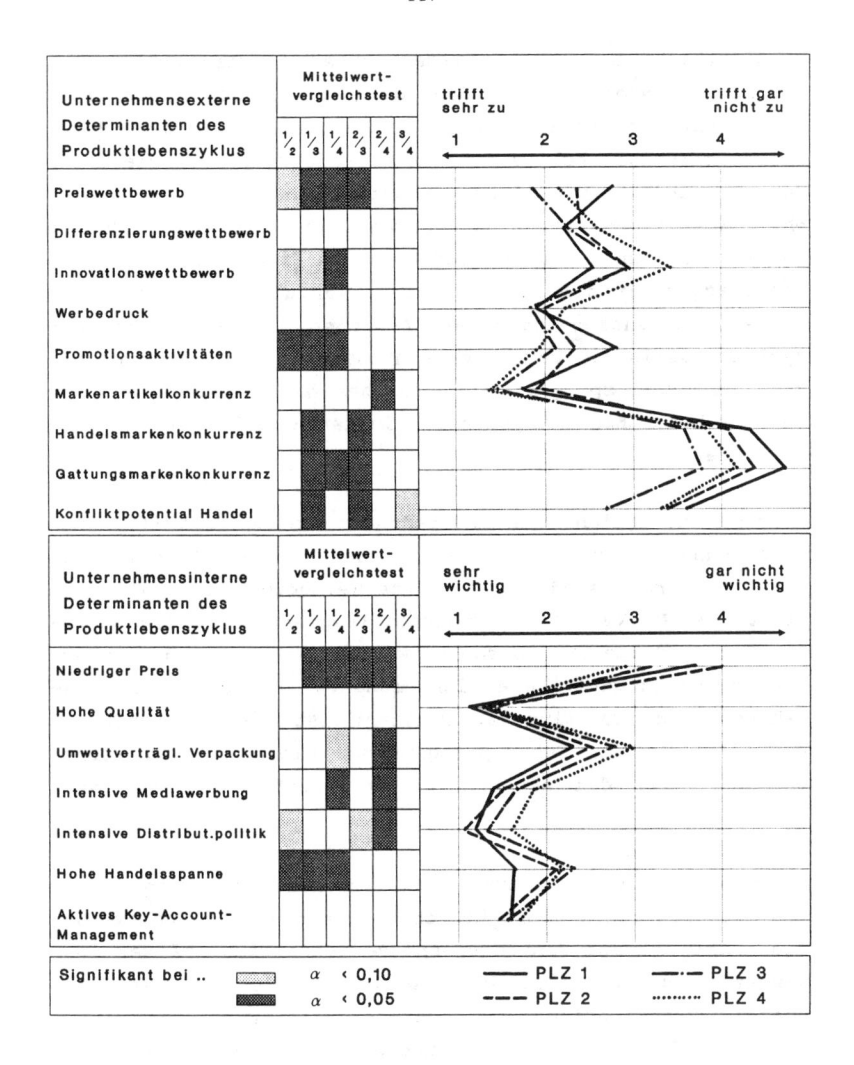

Unternehmensexterne Determinanten des Produktlebenszyklus	Mittelwertvergleichstest 1/2 1/3 1/4 2/3 2/4 3/4	trifft sehr zu 1	2	3	trifft gar nicht zu 4
Preiswettbewerb					
Differenzierungswettbewerb					
Innovationswettbewerb					
Werbedruck					
Promotionsaktivitäten					
Markenartikelkonkurrenz					
Handelsmarkenkonkurrenz					
Gattungsmarkenkonkurrenz					
Konfliktpotential Handel					

Unternehmensinterne Determinanten des Produktlebenszyklus	Mittelwertvergleichstest 1/2 1/3 1/4 2/3 2/4 3/4	sehr wichtig 1	2	3	gar nicht wichtig 4
Niedriger Preis					
Hohe Qualität					
Umweltverträgl. Verpackung					
Intensive Mediawerbung					
Intensive Distribut.politik					
Hohe Handelsspanne					
Aktives Key-Account-Management					

Signifikant bei .. $\alpha < 0,10$ ——— PLZ 1   —·— PLZ 3
 $\alpha < 0,05$ – – – PLZ 2   ········ PLZ 4

Abb. 15: Wettbewerbscharakteristika in den Phasen des Produktlebenszyklus

Hinsichtlich der **unternehmensexternen Determinanten** kann insgesamt festgestellt werden, daß die Konkurrenzintensität im Lebenszyklusverlauf zunimmt. So ist die Konkurrenz durch andere Markenartikel der gleichen Produktgruppe sowie durch Handels- und Gattungsmarken in der Reife- und Schrumpfungsphase wesentlich stärker ausgeprägt als in der Einführungs- und Wachstumsphase. Dies findet seinen Niederschlag auch in einer aggressiven Preiskonkurrenz, vor allem in der Reifephase, die entsprechend den Annahmen des Produktlebenszyklus-Modells als wettbewerbsintensivste Phase zu kennzeichnen ist und spiegelt sich darüber hinaus auch in einem relativ hohen Konfliktpotential in den Beziehungen zum Handel wider.

Während bezüglich des Werbedrucks keine signifikanten Abweichungen in den Phasen des Produktlebenszyklus identifizierbar sind - der starke Werbedruck kann als konstitutives Merkmal im Markenartikelsegment über alle analysierten Produkte und Phasen hinweg gewertet werden - gelangen Promotionsaktivitäten insbesondere in späteren Lebenszyklusphasen zum Einsatz. Dominant ist dieses Instrument vor allem in der Schrumpfungsphase. Dieser Befund korrespondiert mit dem aggressiven Preiswettbewerb in diesem Stadium.

Kongruente Ergebnisse zum Produktlebenszykluskonzept ergeben sich ebenfalls hinsichtlich des Innovationswettbewerbs, dem Marken in der Einführungsphase wesentlich stärker ausgesetzt sind als ihre Wettbewerber in der Schrumpfungsphase. Offensichtlich sind gerade im Stadium der Marktschaffung der Neuheits- und Innovationscharakter eines Produktes von Prävalenz für den angestrebten Markterfolg. Dieser wird aber bereits in den frühen Lebenszyklusphasen durch die Innovationsanstrengungen der Wettbewerber bedroht, die ihrerseits auf die Realisation von Marktpotentialen abzielen.

Während die unternehmensexternen Determinanten auch als Indikatoren des Lebenszykluskonzepts auf Branchenebene interpretiert werden können[281], sind die **unternehmensinternen Determinanten** direkt auf die Markenebene bezogen und können damit als unmittelbare Operationalisierung der durch die Produktmanager vorgenommenen Phasenzuordnung gewürdigt werden.

Der relativ niedrige Preis, dies bestätigen auch die zitierten Befunde zur phasenspezifischen Preiskonkurrenz, ist vor allem in der Reife- und Schrumpfungsphase ein wichtiges Marketinginstrument. Demgegenüber ist das Preisargument in der Einführungs- und Wachstumsphase von geringerer Relevanz. Dies kann als Hinweis auf eine tendenzielle Abschöpfungspreispolitik[282] im untersuchten Markenartikelsegment gewürdigt werden. Während die relativ hohe Produktqualität generell von dominanter Bedeutung über alle Phasen hinweg ist, ergeben sich verpackungspolitische Divergenzen: Die umweltverträgliche Verpackung ist in der Einführungs- und Wachstumsphase von gewisser Relevanz und wird auch als Instrument eingesetzt, um dem in diesen Phasen starken Innovationswettbewerb adäquat zu begegnen.[283]

Die intensive Mediawerbung, dies korrespondiert mit den vorliegenden lebenszyklusbezogenen Aussagen, ist in der Einführungsphase von Produkten ein besonders bedeutsames und eng mit dem Markterfolg verknüpftes Instrument, während das Bedeutungsgewicht in späteren Lebenszyklusphasen absinkt. Bei den handelsgerichteten Instrumenten ist die intensive Distributionspolitik besonders relevant in der

---

[281] Die vorgestellten Befunde bestätigen damit in der Tendenz den synchronen Verlauf von Branchen- und Produktlebenszyklus. Vgl. hierzu auch Kap. B. 1.2.

[282] Vgl. Meffert, H., Marketing, a.a.O., S. 335.

[283] Auf die wachsende Relevanz von umweltverträglichen Verpackungen als Marketing-Instrument weisen insbes. Meffert und Kirchgeorg hin. Vgl. Meffert, H., Kirchgeorg, M., Marktorientiertes Umweltmanagement, Stuttgart 1992, S. 3 f.

Wachstumsphase. Dies ist im Zusammenhang mit der hohen
Bedeutung des aktiven Key-Account-Management in diesem Stadium zu würdigen und stützt die Annahme des Lebenszykluskonzeptes hinsichtlich vorherrschender phasentypischer
Kooperationsstrategien. Ein Hinweis auf Einführungswiderstände im Handel ergibt sich bei dem Ausprägungsprofil des
Instrumentes der hohen Handelsspanne, dem in der Phase des
Markteintritts ein hohes Bedeutungsgewicht für den Markterfolg zugesprochen wird. Offensichtlich wird in der Einführungsphase verstärkt durch relativ hohe Spannen für den
Handel versucht, die angeführten Einführungsbarrieren zu
überwinden.

Wenngleich das Konzept des Produktlebenszyklus keine Allgemeingültigkeit i. S. eines normierten Phasenverlaufs beanspruchen kann[284], so machen die aufschlußreichen Befunde zu
den divergierenden Wettbewerbscharakteristika in den
einzelnen Produktlebenszyklusphasen doch deutlich, daß mit
dem Produktlebenszyklus-Modell ein geeignetes Konzept zur
Erfassung marktstrategisch relevanter Situationsvariablen
vorliegt. Dabei hat sich die Phasenzuordnung der Marken
durch dazu befähigte Experten als geeignetes und trennscharfes Instrument erwiesen. Die Phaseneinteilung wird dabei noch zusätzlich durch Experteneinschätzungen von Kundenberatern auf Agenturebene validiert. Die spiegelbildliche Analyse für 19 ausgewählte Marken ergab eine Übereinstimmung der Phasenzuordnung von Produktmanagern und Kundenberatern von rund 80 %.

Zum anderen spricht auch das relative Umsatzwachstum als
objektiver Parameter für die Richtigkeit der Phasenzuordnung: In der Einführungsphase beträgt das durchschnittliche jährliche Umsatzwachstum 22,5 %, in der Wachstumsphase 6,4 % und in der Reifephase 1 %. In der Schrumpfungs-

---

[284] Vgl. auch die Kritik bei Engelhardt, W. H., Produktlebenszyklus- und Substitutionsanalyse, in: Handwörterbuch der Planung, Hrsg.: Szyperski, N., Stuttgart 1989, Sp. 1591-1602, insbes. Sp. 1598-1600.

phase ist schließlich sogar ein Umsatzrückgang von 2 % zu konstatieren. Insgesamt kann damit auch die im Hinblick auf phasenspezifische Wettbewerbscharakteristika formulierte Basishypothese der Untersuchung HYP BASIS als bestätigt gelten.

2.2 Werbeziele als Ausgangspunkt der Analyse

Der im Rahmen der konzeptionellen Ausführungen erörterte Einfluß der Priorität der Werbezielsetzungen in den einzelnen Lebenszyklusphasen ist im folgenden einer empirischen Prüfung zu unterziehen. Der Stellenwert der psychographischen und ökonomischen Werbezielsetzungen in der Gesamtstichprobe sowie in den Phasen des Produktlebenszyklus ergibt sich aus Abbildung 16.[285]

Die Schwankungsbreite der Wichtigkeitseinschätzung in der Gesamtstichprobe ist relativ schmal.[286] Während bei den psychographischen Werbezielen vor allem dem Aktualitäts- und Markenbindungsziel Priorität beigemessen wird, liegen Umsatz- und Marktanteilszielsetzungen an der Spitze der Prioritätenhierarchie bei den ökonomischen Werbezielen. Es ergeben sich allerdings bemerkenswerte phasenspezifische Unterschiede hinsichtlich einzelner Zielgewichtungen. Dabei kann die Hypothese HYP ZIELE$_1$ als nahezu vollständig belegt gelten. Einschränkungen ergeben sich lediglich hinsichtlich der Aktualitäts- und Handelsattraktivitätsziele, denen über alle Phasen hinweg ein relativ konstantes Bedeutungsgewicht beigemessen wird. Dies deutet zum einen auf die

---

[285] Vgl. zur Operationalisierung der Werbeziele auch Frage 6 des Fragebogens. Die Basis bildeten hierbei die Angaben für das Jahr 1989.

[286] In der Abb. 17 werden Abweichungen von >0.3 vom angegebenen Mittelwert als unterdurchschnittlich bzw. überdurchschnittlich klassifiziert. Abweichungen von >0.5 stellen demgegenüber stark überdurchschnittliche bzw. stark unterdurchschnittliche Mittelwerte in den einzelnen Phasen dar.

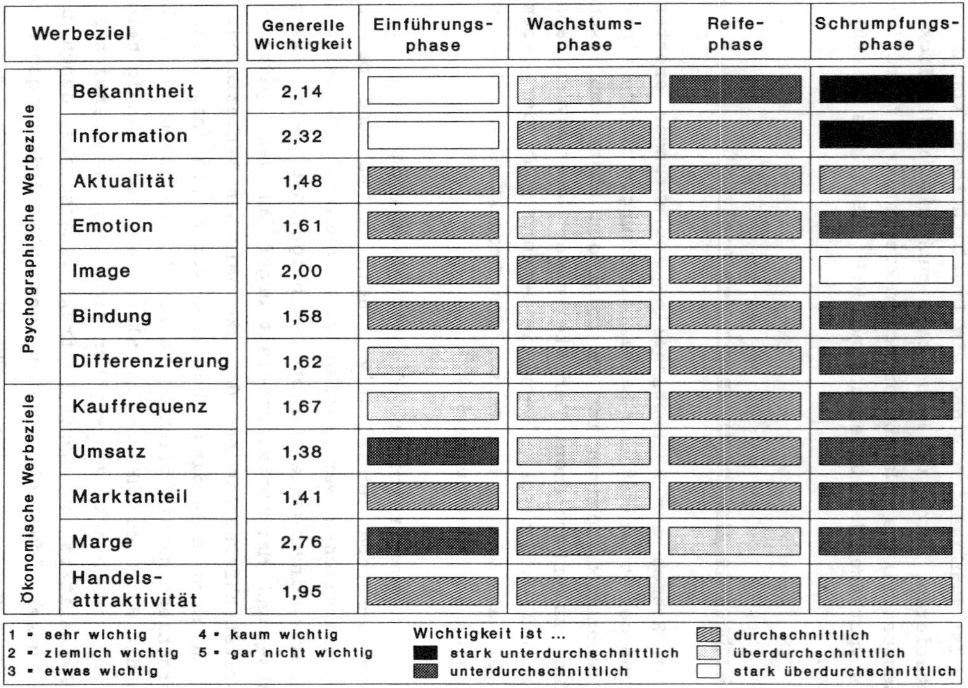

Werbeziel		Generelle Wichtigkeit	Einführungs-phase	Wachstums-phase	Reife-phase	Schrumpfungs-phase
Psychographische Werbeziele	Bekanntheit	2,14				
	Information	2,32				
	Aktualität	1,48				
	Emotion	1,61				
	Image	2,00				
	Bindung	1,58				
	Differenzierung	1,62				
Ökonomische Werbeziele	Kauffrequenz	1,67				
	Umsatz	1,38				
	Marktanteil	1,41				
	Marge	2,76				
	Handels-attraktivität	1,95				

1 = sehr wichtig   4 = kaum wichtig
2 = ziemlich wichtig 5 = gar nicht wichtig
3 = etwas wichtig

Wichtigkeit ist ...
stark unterdurchschnittlich
unterdurchschnittlich
durchschnittlich
überdurchschnittlich
stark überdurchschnittlich

Abb. 16: Werbezielprioritäten in den Phasen des Produktlebenszyklus

herausgehobene und hohe Relevanz einer aktualitätsbezogenen Markenpräsenz über alle Lebenszyklusphasen hinweg hin. Zum anderen ist diese Schlußfolgerung auch für die Handelsattraktivität zulässig: Der Handel nimmt generell eine dominante Stellung als Gate-Keeper ein, die auch im Zielsystem der Unternehmen ihren Niederschlag findet.

In der **Einführungsphase** kommt eindeutig den psychographischen gegenüber den ökonomischen Werbezielen Priorität zu. Dies läßt darauf schließen, daß dieses Stadium vor allem als Investitionsphase angesehen wird, in der die kommunikative Basis für den langfristigen ökonomischen Erfolg zu legen ist. Im Mittelpunkt stehen dabei kognitive Zielsetzungen des Aufbaus der Markenbekanntheit und der Vermittlung relevanter Produktinformationen. Dies unterstützt die Aussage der Hypothese HYP ZIELE$_2$. Auch dem Werbeziel der Konkurrenzdifferenzierung durch Werbung kommt in der Einführungsphase, ähnlich wie dem Ziel der Schaffung einer hohen Kauffrequenz, eine leicht überdurchschnittliche Bedeutung zu, um sich im Wettbewerb mit den bereits am Markt etablierten Marken zu behaupten.

In der **Wachstumsphase** gewinnen verstärkt ökonomische Zielsetzungen an Relevanz: Neben das Kauffrequenzziel treten vor allem Umsatz- und Marktanteilszielsetzungen, um durch Werbung Wachstumsimpulse in diesem Stadium zu realisieren. Die psychographischen Werbeziele sind gegenüber der Einführungsphase wesentlich stärker durch affektive Komponenten geprägt. Der Vermittlung von emotionalen Erlebnissen und dem Aufbau und der Stärkung der Markenbindung kommt überdurchschnittliche Bedeutung zu. Ebenso gilt es, die in dieser Produktlebenszyklusphase bereits relative hohe Markenbekanntheit weiter auszubauen.[287]

---

[287] Der durchschnittliche gestützte Bekanntheitsgrad der Marken in der Wachstumsphase liegt bei 62 % in der relevanten Zielgruppe.

Die **Reifephase** ist durch ein Werbezielsystem gekennzeichnet, dessen Profil im Vergleich zur Gesamtstichprobe lediglich hinsichtlich der Markenbekanntheit und der Margenziele Besonderheiten aufweist. Während der Markenbekanntheit aufgrund des bereits erreichten Niveaus nur unterdurchschnittliche Priorität i. S. eines Wachstumsziels zukommt, ist die Erhöhung der Herstellermarge in der Reifephase von überdurchschnittlicher Wichtigkeit. Dieser Befund stimmt mit lebenszyklustheoretischen Annahmen überein, die in dieser Phase das höchste Gewinniveau postulieren. Demgegenüber stellt bspw. das Werbeziel der Konkurrenzdifferenzierung zwar ein wichtiges, im Vergleich zu anderen Lebenszyklusphasen allerdings lediglich durchschnittlich gewichtetes Werbeziel dar. Insbesondere in der Einführungsphase ist die Konkurrenzdifferenzierung durch die Werbung signifikant wichtiger.[288]

Als Erhaltungszielsetzungen sind die Werbeziele in der **Schrumpfungsphase** zu interpretieren. Hypothese HYP ZIELE$_3$ kann damit ebenfalls in der Tendenz als bestätigt gelten. Besonders prägnant ist die Stabilisierung des erreichten Niveaus bei den Bekanntheits- und Informationszielen ausgeprägt. Insbesondere die Divergenz zur Einführungsphase kann aufgrund lebenszyklusbezogener Überlegungen kaum überraschen. Hervorzuheben ist allerdings die stark überdurchschnittliche Relevanz des Imageziels. Dies kann als nachhaltiger Beleg dafür gewertet werden, daß gerade im Stadium des Rückgangs eine neue werbliche Positionierung gefordert ist, welche Relaunchmaßnahmen zur Aktualisierung des Images der Marke einleitet.

Nachdem die Werbeziele als Ausgangspunkt der Analyse in unterschiedlichen Produktlebenszyklusphasen bereits trennscharfe Befunde gezeitigt haben, ist nunmehr empirisch zu

---

[288] Dies läßt darauf schließen, daß aus Sicht des befragten Produktmanagement die Konkurrenzdifferenzierung durch die Werbung in den späteren Lebenszyklusphasen bereits recht gut erreicht wurde.

prüfen, welche divergenten werblichen Verhaltensmuster sich hieraus ableiten lassen. Damit ist der Aspekt der Ausprägung der Bestimmungsfaktoren der Werbewirkung im Produktlebenszyklus angesprochen.

2.3 Ausprägungen der Bestimmungsfaktoren der Werbewirkung in den Produktlebenszyklusphasen

Den Ausgangspunkt der folgenden empirischen Analyse bilden die im Rahmen der konzeptionellen Vorüberlegungen herausgearbeiteten ziel- und strategieabhängigen Bestimmungsfaktoren, die über eine differenzierte Beschreibung der budget- und gestaltungsabhängigen sowie der medialen und integrationsabhängigen Bestimmungsfaktoren des Werbeerfolgs konkretisiert werden.

Abbildung 18 gibt zunächst die Ausprägungen der **ziel- und strategieabhängigen Bestimmungsfaktoren**, differenziert nach Lebenszyklusphasen, wieder.[289] Insbesondere die zielgruppenstrategische Ausrichtung erweist sich als differenzierender Verhaltensindikator der Werbung im Produktlebenszyklusverlauf. Die Ausrichtung der Werbestrategie auf die Zielgruppe der Innovatoren ist vor allem in der Einführungsphase ein dominierender strategischer Fokus. Überraschend ist hierbei, daß das Bedeutungsgewicht der Innovatoren in diesem Stadium sogar noch das der sonst zentralen Stammkunden überragt. Die Relevanz der Innovatoren sinkt im Verlauf des Produktlebenszyklus und nimmt in der Schrumpfungsphase schließlich einen nur durchschnittlichen Wert an. Die verhältnismäßig hohe Gewichtung der Innovatoren kann jedoch über alle Phasen hinweg als Nachweis für die

---

[289] Zugrunde gelegt wurden hierbei die Fragen 3, 7 und 11 a) des Fragebogens, aus denen sich die Operationalisierungen der im folgenden angeführten Bestimmungsfaktoren ergeben.

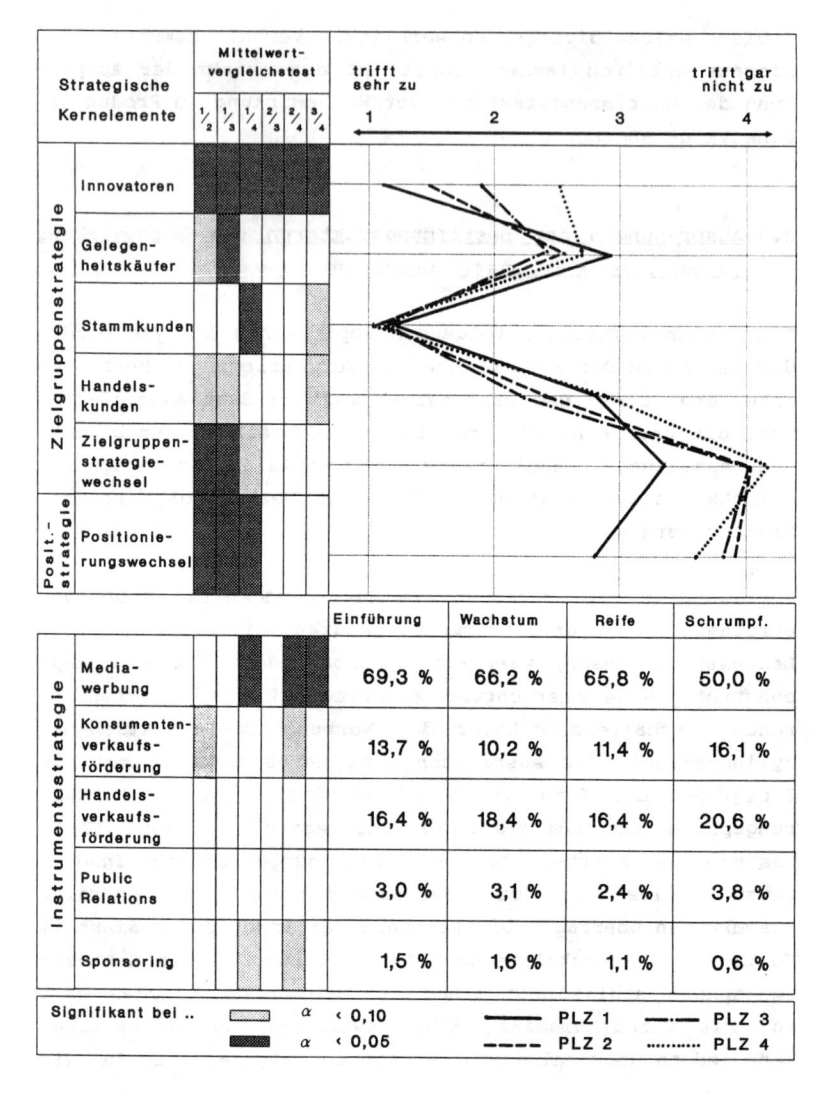

Strategische Kernelemente	Mittelwert-vergleichstest $\frac{1}{2}$ $\frac{1}{3}$ $\frac{1}{4}$ $\frac{2}{3}$ $\frac{2}{4}$ $\frac{3}{4}$	trifft sehr zu 1 2 3 trifft gar nicht zu 4
Zielgruppenstrategie Innovatoren		
Gelegenheitskäufer		
Stammkunden		
Handelskunden		
Zielgruppenstrategiewechsel		
Posit.-strategie Positionierungswechsel		

			Einführung	Wachstum	Reife	Schrumpf.
Instrumentestrategie	Mediawerbung		69,3 %	66,2 %	65,8 %	50,0 %
	Konsumentenverkaufsförderung		13,7 %	10,2 %	11,4 %	16,1 %
	Handelsverkaufsförderung		16,4 %	18,4 %	16,4 %	20,6 %
	Public Relations		3,0 %	3,1 %	2,4 %	3,8 %
	Sponsoring		1,5 %	1,6 %	1,1 %	0,6 %

Signifikant bei .. ☐ α < 0,10   —— PLZ 1   —·— PLZ 3
■ α < 0,05   ---- PLZ 2   .... PLZ 4

Abb. 17: Ausprägungen der ziel- und strategiebabhängigen Bestimmungsfaktoren

Bedeutung von Neukunden zum Aufbau und zur Stabilisierung des Markterfolges für die analysierten Konsumgüter interpretiert werden.[290]

Dieses Fazit kann in noch stärkerem Ausmaß für die auf Stammkunden ausgerichteten Werbestrategien gezogen werden: Stammkunden i. S. von loyalen Wiederkäufern sind als Basiszielgruppe für Werbestrategien im Markenartikelmanagement anzusehen. Das Bedeutungsgewicht dieser Zielgruppenstrategie verläuft antagonistisch zu den auf Innovatoren gezielten Strategien.

Gelegenheitskäufer werden demgegenüber deutlich weniger im Zentrum von Zielgruppenstrategien berücksichtigt. Der Verlauf der Wichtigkeit dieser Zielgruppenstrategie ist synchron zur Bedeutung von Handelskunden im Produktlebenszyklus, denen vor allem in der Wachstums- und Reifephase ein gewisses Bedeutungsgewicht zukommt und die damit entsprechend den Annahmen des Lebenszykluskonzeptes Geltung besitzen. Konsistent sind in diesem Zusammenhang auch die Befunde zum Zielgruppenstrategiewechsel. Vor allem in der Einführungsphase werden neue Zielgruppen anvisiert, während ein Wechsel der Zielgruppenstrategie in den anderen Phasen des Produktlebenszyklus allenfalls moderat verläuft.

Eine ähnliche Konklusion läßt sich auch in bezug auf die positionierungsstrategische Ausrichtung ableiten. Vor allem in der Einführungsphase ist die Positionierung vergleichsweise stark modifiziert. Während Positionierungswechsel in der anschließenden Wachstums- und Reifephase weniger Relevanz besitzen, steigt das Bedeutungsgewicht in der Schrumpfungsphase wieder an. Dies kann als Hinweis auf die in diesem Stadium verstärkt einsetzenden Relaunchmaßnahmen gewürdigt werden.

---

[290] Diese Interpretation geht von einer weiten Fassung des Innovator-Begriffs aus, welcher als Neukunde i.S. des Erstkaufs der betreffenden Marke aufgefaßt wird. Vgl. zur Operationalisierung auch Frage 3 des Fragebogens.

Bezüglich der instrumentestrategischen Ausrichtung sind signifikante phasenspezifische Unterschiede vor allem bei der Schwerpunktlegung im Rahmen der klassischen Mediawerbung zu konstatieren, deren Bedeutungsgewicht im Phasenverlauf variiert und vor allem in der Schrumpfungsphase stark zurückgeht. Wenngleich die Häfte des Kommunikationsbudgets in dieser Phase für Mediawerbung verausgabt wird und damit die Werbung weiterhin den Status eines dominanten Kommunikationsinstrumentes einnimmt, ist der Anteil doch nahezu um 20 % geringer als in der Einführungsphase. Dies unterstreicht die verstärkt taktische Ausrichtung des Instrumentariums in der Schrumpfungsphase durch gezielte konsumenten- und handelsgerichtete Verkaufsförderungsaktivitäten. Die Verkaufsförderung unterstützt dabei offenbar flankierend die preispolitischen Maßnahmen in der Schrumpfungsphase. Gekürzt wird in der Schrumpfungsphase der Anteil des langfristig und strategisch angelegten Sponsoring, welches jedoch insgesamt mit einem Anteil von einem Prozentpunkt kaum wertmäßig ins Gewicht fällt.

Die Messung der **budgetabhängigen Bestimmungsfaktoren** erfolgt anhand der konzeptionell abgeleiteten und in Abbildung 18 wiedergegebenen Indikatoren. Hinsichtlich der absoluten Werbebudgethöhe und des ausgeübten Werbedrucks sind phasenspezifische Besonderheiten nicht auszumachen.[291] Lediglich in der Wachstumsphase fällt das durchschnittliche jährliche Werbebudget mit einem absoluten Betrag von TDM 4.57 signifikant höher aus als in den anderen Phasen des Produktlebenszyklus. Dies läßt vermuten, daß das relativ

---

[291] Die Werbebudgethöhe wurde als Summe der Ausgaben für Mediawerbung in TDM, bezogen auf das Jahr, ausgewiesen. Der Werbedruck (SOV) wurde als Prozentwert errechnet, der sich aus dem Quotienten der Werbeausgaben der jeweiligen Marke (WA_P) und den Werbeausgaben der zugehörigen Produktgruppe (WA_B) im Untersuchungsjahr ergab. Die Formel lautet somit: $SOV = (WA_P)/(WA_B)$. Die Basis bildeten hierbei die Nielsen/S+P-Daten der analysierten Produkte.

hohe Umsatzwachstum[292] in diesem Stadium zumindest zum Teil auf Impulse des Werbebudgets zurückzuführen ist.

Differenzierende Befunde ergeben sich bei der Betrachtung des Budgetwachstums.[293] Hervorzuheben ist vor allem die Steigerung von 11 % p. a. in der Reifephase, während in der Schrumpfungsphase das Werbebudget sogar um 1 % zurückgeht. Dieses Ergebnis korrespondiert mit dem im Rahmen der konzeptionellen Ausführungen abgeleiteten sinkenden Stellenwert der Kommunikationspolitik in der Schrumpfungsphase. Der Budgetwechsel i. S. einer Modifikation der Zusammensetzung des Werbebudgets verliert im Phasenverlauf an

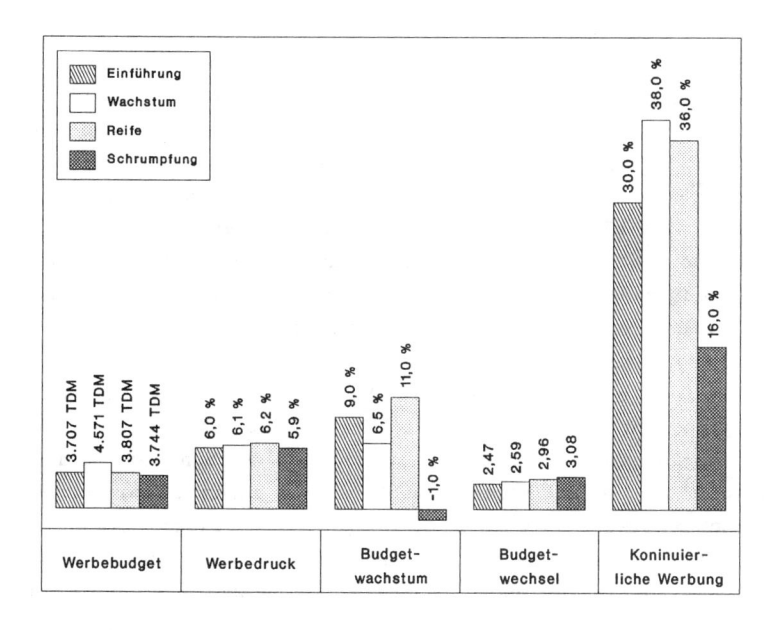

Abb. 18: Ausprägungen der budgetabhängigen Bestimmungsfaktoren

---

[292] Vgl. hierzu auch die Angaben in Kap. C. 2.1.

[293] Die Berechnung des Budgetwachstums erfolgte ebenfalls auf Basis der Nielsen/S+P-Datenbank. Abb. 18 gibt die prozentuale Veränderung des Werbebudgets gegenüber dem Vorjahr an.

Bedeutung.[294] Während in der Einführungs- und Wachstumsphase Budgetmodifikationen häufiger anzutreffen sind, ist dies in der Reife- und vor allem der Schrumpfungsphase relativ weniger der Fall. Dies kann ggfs. auf erhöhte Unsicherheiten und Risiken mit der Folge verstärkter Anpassungsmaßnahmen in den frühen Marktstadien zurückgeführt werden, während die Imponderabilien in späteren Lebenszyklusstadien tendenziell zurückgehen. Hierbei deutet sich allerdings möglicherweise eine Fehleinschätzung der Experten an, sind doch in der Schrumpfungsphase durchaus divergente Gestaltungsmuster hinsichtlich des Einsatzes der Kommunikationsinstrumente und der zeitlichen Budgetzielung zu konstatieren.

Bezüglich der zeitlichen Zielung der Werbung wird insgesamt eine Pulsationsstrategie gegenüber der kontinuierlichen Werbung bevorzugt: Rund 2/3 der Befragten setzen die Werbung pulsierend ein und sehen hierin einen Effizienzvorteil.[295] Dies gilt insbesondere in der Schrumpfungsphase, in der lediglich 16 % der analysierten Marken kontinuierlich beworben werden. Dies kann kaum überraschen, ist die Schrumpfungsphase, wie bereits mehrfach angeführt, doch durch den eher kurzfristigen und taktischen Einsatz des Kommunikationsinstrumentariums geprägt. Insofern sind die Ergebnisse auch konsistent zu dem ermittelten hohen Bedeutungsgewicht der Verkaufsförderungsaktivitäten in der Schrumpfungsphase. Die kontinuierliche Werbung ist demgegenüber mit einem Anteil von 38 % vor allem in der Wachstumsphase wesentlich stärker ausgeprägt. Dieser Befund ist auch im Zusammenhang mit den psychographischen und ökonomischen Werbezielsetzungen in dieser Phase zu interpretieren,

---

[294] Vgl. zur Operationalisierung dieses Bestimmungsfaktors Frage 11 a) des Fragebogens. Die Angaben in Abb. 18 beziehen sich auf die Durchschnittswerte in den einzelnen Lebenszyklusphasen, die auf einer 5-stufigen Skala mit den Polen (1=trifft sehr zu) und (5=trifft gar nicht zu) erfaßt wurden.

[295] Vgl. Frage 10 des Fragebogens.

die offenkundig eine verstärkte kontinuierliche Werbung notwendig machen.

Die **gestaltungsabhängigen Bestimmungsfaktoren**, Abbildung 19 spiegelt dies wider, sind aus inhaltlicher Sicht durch eine Dominanz der emotionalen Werbung gekennzeichnet.[296] Emotionale Werbung weist sich über alle Produktlebenszyklusphasen hinweg als wichtigstes Gestaltungselement aus. Mit deutlichem Abstand in der Relevanz folgt die informative

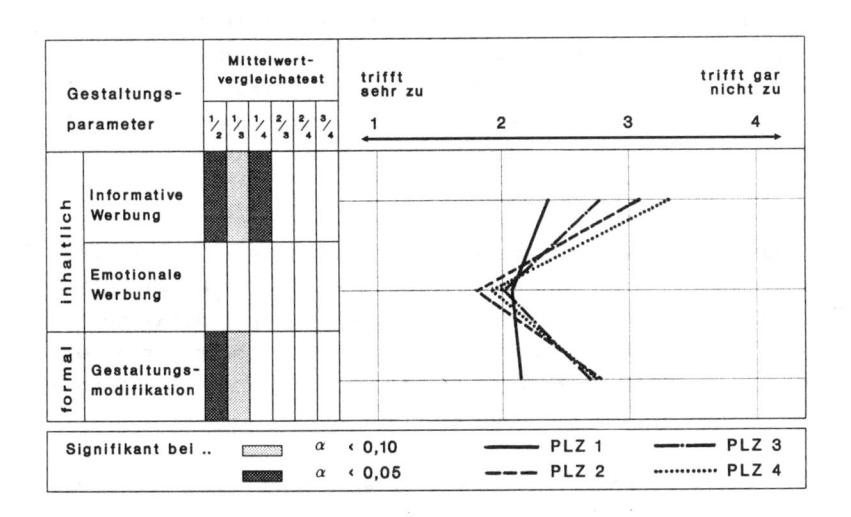

Abb. 19: Ausprägungen der gestaltungsabhängigen Bestimmungsfaktoren

Werbung, welche tendenziell eher als flankierendes Gestaltungselement zum Einsatz gelangt. Die Tatsache, daß weniger Produktinformationen als vielmehr Emotionen im Zentrum der Werbebotschaften stehen, kann als konsequente Umsetzung des primär auf Aktualität und Emotionen ausgerichteten Zielsystems der Werbung angesehen werden. Die emotionale Werbebotschaft wird anscheinend i. S. eines Zusatznutzens inter-

---

[296] Vgl. hierzu auch Frage 12 des Fragebogens.

pretiert, der eine Unverwechselbarkeit gegenüber konkurrierenden Produkten durch emotionale Appelle garantieren und so eine Unique Advertising Proposition schaffen soll.[297]

Aufschlußreiche phasenspezifische Besonderheiten ergeben sich in der Einführungsphase, in der die informative Botschaftgestaltung nahezu gleichrangig neben den emotionalen Gestaltungselemente eingesetzt wird. In der Einführungsphase steht die rasche Bekanntmachung des Produktnamens und die Information über relevante Produkteigenschaften im Vordergrund des werblichen Zielsystems und erklärt das aufgezeigte Bedeutungsgewicht des informativen Gestaltungsparameters. Auch bezüglich des formalen Kriteriums der Gestaltungsmodifikation weist die Einführungsphase plausible Besonderheiten auf.[298] Der Befund des ausgeprägten Wechsels in der Botschaftgestaltung ist analogisch mit dem bereits angeführten Ausprägungsprofil hinsichtlich des Positionierungs- und des Zielgruppenstrategiewechsels in der Einführungsphase. Insgesamt kann daher die Einführungsphase als Stadium mit großem werblichen Veränderungspotential gegenüber anderen Phasen abgegrenzt werden. Dies spiegelt offenkundig auch die vorherrschenden Unsicherheiten des Werbemanagement in dieser Phase wider.

Die **medialen Bestimmungsfaktoren** sind vor allem durch ein hohes Bedeutungsgewicht der Fernsehwerbung zu kennzeichnen. Abbildung 20 zeigt die Aufteilung der Werbung auf das Fernsehen und die sonstigen Massenmedien, differenziert nach Produktlebenszyklusphasen.[299] Die Prävalenz des Bedeutungs-

---

[297] Die Unique Advertising Proposition (UAP) umfaßt die werbliche Alleinstellung i. S. eines dominanten und einmaligen Produktauftritts in der Werbung. Vgl. Haedrich, G., Tomczak, T., Strategische Markenführung, a.a.O., S. 157.

[298] Vgl. auch Frage 11 a) des Fragebogens.

[299] Den angeführten Befunden liegen jeweils Nielsen/S+P-Daten zugrunde. Es wird der Anteil der jeweiligen Mediagattungen am Gesamtwerbebudget im Untersuchungsjahr wiedergegeben.

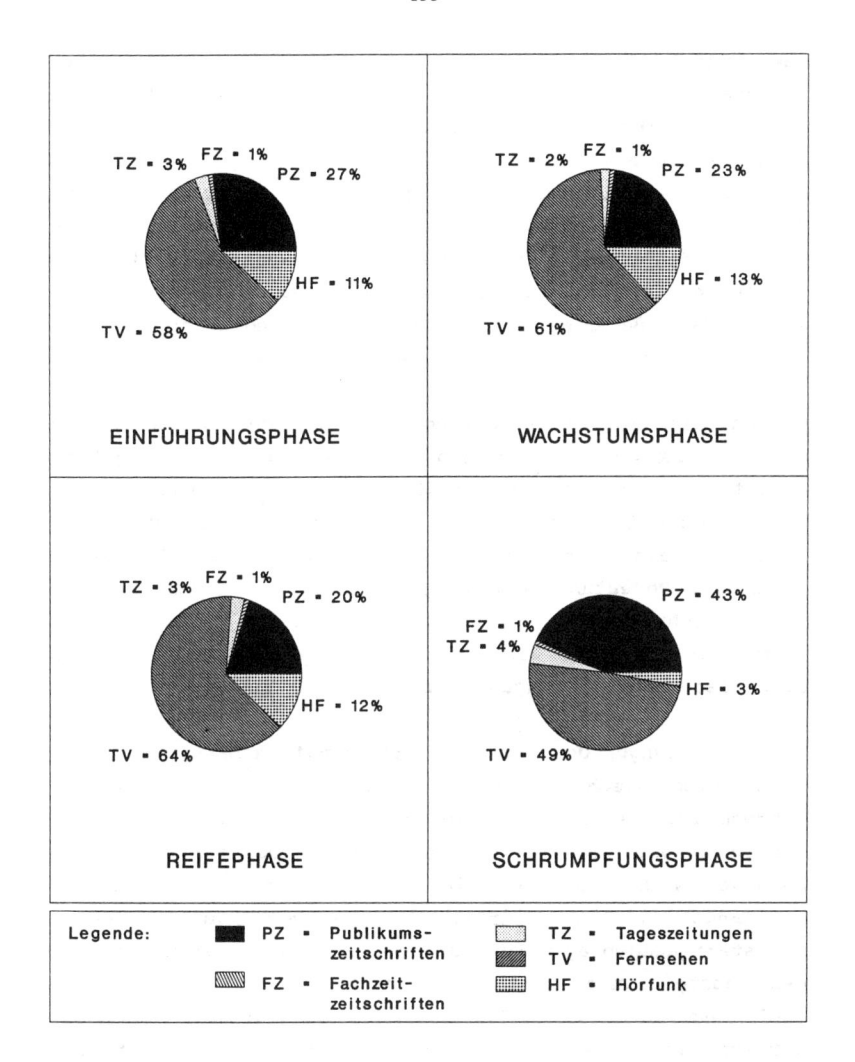

Abb. 20: Aufteilung der Werbebudgets auf die Medien

gewichtes läßt sich einerseits aus der Zusammensetzung der Stichprobe aus volumenstarken Marken erklären, die eine absolute Werbebudgethöhe erreichen, die den Einsatz der Fernsehwerbung als effizient erscheinen läßt. Andererseits sind gerade durch die Erweiterung des Programmangebotes durch private Sender zusätzliche Potentiale geschaffen worden, die den Einsatz der Fernsehwerbung auch für Marken mit mittleren Etats möglich werden lassen. Dabei wird das Fernsehen als besonders geeignetes Medium angesehen, um die vorrangig emotionalen Appelle der Werbung zu vermitteln.[300]

Während sich in der Einführungs-, Wachstums- und Reifephase keine phasenspezifischen medialen Besonderheiten ergeben, findet in der Schrumpfungsphase eine Verschiebung des Werbebudgets in Richtung der Publikumszeitschriften statt. Dieses Ergebnis ist vermutlich vor allem auf die stark wachsende Bedeutung von Imageaspekten in diesem Stadium zurückzuführen. Publikumszeitschriften wird im Intermediavergleich ein hohes Wirkungspotential beim Aufbau und zur Stabilisierung von Imageaspekten zugesprochen.[301]

Die Ausprägungen der **integrationsabhängigen Bestimmungsfaktoren** sind abschließend in Abbildung 21 dargestellt.[302] Während die Mehrzahl der Befragten angibt, eine über die Medien hinweg einheitlich Kampagne einzusetzen, sind die Befunde im Hinblick auf die Abstimmung des Konzeptes mit dem Handel und die Integration von Fachwerbekampagnen weniger stark ausgeprägt. Rund 3/4 der Befragten haben die beiden letztgenannten Instrumente nicht oder allenfalls partiell angewandt. Während sich bei der Integration von Fachwerbekampagnen keine phasenspezifischen Besonderheiten

---

[300] Vgl. Meffert, H., Schürmann, U., Werbung und Markterfolg. Werbewirkung und die Rolle der Fernsehwerbung im Kommunikations-Mix, a.a.O., S. 41.

[301] Vgl. auch Abb. 10, S. 94.

[302] Vgl. zur Operationalisierung der integrationsabhängigen Bestimmungsfaktoren Frage 11 b) des im Anhang befindlichen Fragebogens.

identifizieren lassen - niedrigere Werte ergeben sich tendenziell lediglich in der Schrumpfungsphase -, ist das Abstimmungsverhalten phasenspezifisch differenzierter angelegt. Dieses Integrationsinstrument wird in der Wachstumsphase stärker genutzt als in der Reifephase, in der die Handelsmarkenkonkurrenz eine gewisse Bedeutung erlangt und dementsprechend weniger Kooperations- als vielmehr Konfliktstrategien anzutreffen sind. Der Einheitlichkeit der Kampagne i. S. des konsistenten Markenauftritts über alle Medien hinweg kommt schließlich vor allem in der Einführungsphase Bedeutungsprävalenz zu. Dieser Befund ist in Zusammenhang mit den vorrangig informativen Gestaltungselementen der Werbebotschaft in diesem Stadium nicht erstaunlich, gilt es doch, durch einen einheitlichen Werbeauftritt die Wiedererkennung des neuen Produktes und vor allem des Produktnamens zu fördern. Die angestrebte Marktpenetration wird dabei durch die Einheitlichkeit der Kampagne unterstützt.

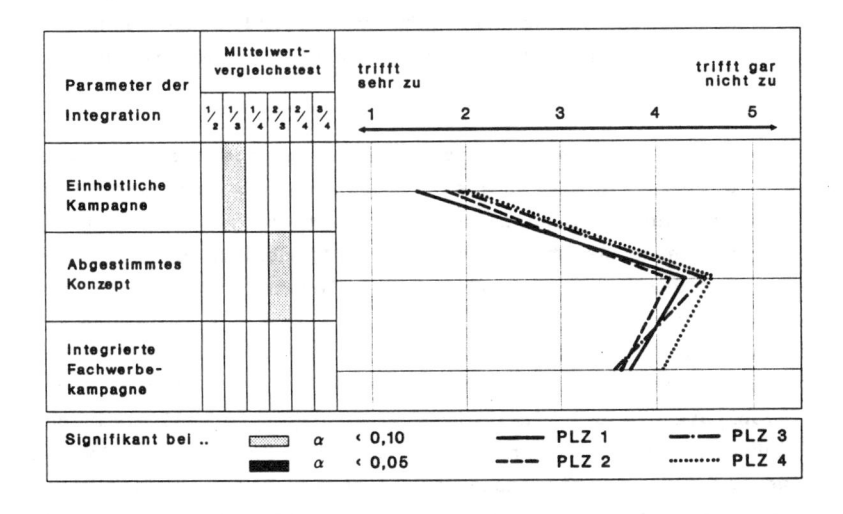

Abb. 21: Ausprägungen der integrationsabhängigen Bestimmungsfaktoren

Faßt man die vorliegenden Ergebnisse der deskriptiven Analyse als **Zwischenfazit** zusammen, ergibt sich folgendes phasenspezifische Bild:

- Die **Einführungsphase** ist durch Innovationsstrategien in der Werbung zu kennzeichnen, die kognitive Zielwirkungen i. S. von Markenbekanntheit und Informationen in das Zentrum stellen, Innovatoren ansprechen sollen und durch ein insgesamt hohes Veränderungspotential gekennzeichnet sind.

- Abzugrenzen ist hiervon die **Wachstumsphase**, in der verstärkt affektive Zielwirkungen zum Einsatz kommen und die den von allen Phasen höchsten Anteil an kontinuierlichen Werbestrategien aufweist. Dem Handel kommt in dieser Phase eine relativ hohe Relevanz zu.

- Die **Reifephase** als Stadium des intensivsten Preiswettbewerbs und der höchsten Konkurrenzintensität ist durch Stabilisierungsstrategien zu beschreiben, die durch starkes Werbebudgetwachstum und einen ebenfalls relativ hohen Anteil kontinuierlicher Werbung geprägt sind.

- In der **Schrumpfungsphase** kommmen demgegenüber verstärkt Differenzierungsstrategien zum Tragen, die durch Einsatz der Werbung in Publikumszeitschriften und Fernsehen eine Reaktualisierung des Produktimages anstreben und damit Relaunchmaßnahmen einleiten.

Insgesamt ergeben sich damit hinsichtlich der phasenspezifischen Verhaltensmuster relativ trennscharfe Resultate, wobei das Diskriminierungspotential bei den integrationsabhängigen und den medialen Bestimmungsfaktoren wesentlich schwächer ausgeprägt ist als bspw. bei den ziel- und strategieabhängigen Bestimmungsfaktoren. Hypothese HYP VERH, die differenzierte phasenspezifische Werbemaßnahmen unterstellte, kann daher bedingt angenommen werden.

Nachdem Zielsetzungen und Ausprägungen der Bestimmungsfaktoren der Werbewirkung für die einzelnen Produktlebenszyklusphasen abgeleitet sind, soll im folgenden der Frage nach der Erfolgswirksamkeit der Maßnahmen nachgegangen werden. Damit soll die Grundlage für die explizite Herausarbeitung phasentypischer Erfolgsfaktoren der Werbung gelegt werden.

3. Erfolgswirkung der Werbung

Der Erfolg der Werbung im Produktlebenszyklus wurde anhand von 12 Einzelindikatoren ihrer Wirkung auf die Erreichung psychographischer und ökonomischer Ziele operationalisiert.[303] Die Erfassung der Zielwirkungen erfolgte anhand von fünfstufigen Ratingskalen, auf deren Grundlage eine Beurteilung der Zielwirkungen durch die jeweiligen Produktmanager vorgenommen wurde. Darüber hinaus wurden für die beiden wichtigsten ökonomischen Werbezielsetzungen - das Umsatzwachstum und das Marktanteilswachstum - zusätzlich objektive Marktdaten in einem gesonderten Analyseschritt ausgewertet.[304]

---

[303] Vgl. hierzu Frage 13 des Fragebogens.

[304] Das Umsatzwachstum (UWA) wurde als Quotient des Produktumsatzes im Untersuchungsjahr (U_{Pt}) und dem Produktumsatz im Vorjahr (U_{Pt-1}) berechnet. Die Formel lautet: UWA=((U_{Pt})/(U_{Pt-1})-1)*100 %. Das Marktanteilswachstum (MAWA) wurde demgegenüber als Differenz des Quotienten des Produkt- (U_{Pt}) und des Produktgruppenumsatzes (U_{Bt}) im Untersuchungsjahr und des Quotienten dieser Variablen im Vorjahr gebildet. Die Formel lautet: MAWA=((U_{Pt})/(U_{Bt})-(U_{Pt-1})/(U_{Bt-1}))*100 %. Die Datenbasis bildeten entsprechende Nielsen/S+P-Daten.

3.1 Phasenspezifische Erfolgswirkung

Abbildung 22 gibt die Erfolgsprofile der Werbung, basierend auf den Experteneinschätzungen, wieder. Das hierbei feststellbare, tendenzielle Abnehmen der Wachstumsrate im Zyklusverlauf ist vor dem Hintergrund lebenszyklustheoretischer Erkenntnisse zu würdigen, wonach der Werbung zunächst eine Expansions-, dann eine Erhaltungs- und schließlich eine Stabilisierungsfunktion im Lebenszyklus von Marken zukommt. Dieser Befund, der gleichermaßen für psychographische wie ökonomische Zielwirkungen Gültigkeit besitzt, belegt zum einen, daß die untersuchten Marken i. S. eines Kontinuums Zielwirkungen der Werbung kumulieren: Erfolgreiche Marken bauen auf dem in der Vergangenheit realisierten Niveau auf.[305] Zum anderen belegen diese Ergebnisse die Eignung des gewählten Untersuchungsansatzes der Erfolgsfaktorenanalyse auf Basis des Produktlebenszyklus-Modells. Eine undifferenzierte Analyse über alle Marken hinweg hätte zu Ergebnisverzerrungen geführt, die Marken in fortgeschrittenen Produktlebenszyklusphasen diskriminiert.

Im Hinblick auf die **psychographischen Zielwirkungen** der Werbung gelangen die Produktmanager über alle Lebenszyklusphasen hinweg zu einer positiven Erfolgsbeurteilung.[306] Besonders deutlich fällt die Erhöhung des Bekanntheitsgrades und die Vermittlung von Produktinformationen in der Einführungsphase aus, während im Vergleich zur Wachstumsphase bezüglich der sonstigen psychographi-

---

[305] Hierdurch sind die geringeren Zuwächse im Verlauf des Lebenszyklus zu erklären.

[306] Dieses Ergebnis läßt den Schluß zu, daß sich aufgrund von Selbstselektionsmechanismen vor allem solche Produktmanager zur Mitarbeit an der Untersuchung bereit erklärt haben, die erfolgreiche Marken vertreten. Dieses Problem spiegelt sich auch in anderen Erfolgsfaktorenanalysen wider. Vgl. z. B. Perillieux, R., Der Zeitfaktor im strategischen Technologiemanagement - Früher oder später Einstieg bei technischen Produktinnovationen?, Berlin 1987, S. 193; Ostmeier, H., Ökologieorientierte Produktinnovationen, a.a.O., S. 58.

Erfolgs-dimensionen	Mittelwert-vergleichstest $^1/_2$ $^1/_3$ $^1/_4$ $^2/_3$ $^2/_4$ $^3/_4$	trifft sehr zu 1	2	3	trifft gar nicht zu 4

Psychographisch:
- Bekanntheit
- Information
- Aktualität
- Emotion
- Image
- Bindung
- Differenzierung

Ökonomisch:
- Kauffrequenz
- Umsatz
- Marktanteil
- Marge
- Handelsattraktivität

Signifikant bei .. ▢ α < 0,10 ▪ α < 0,05

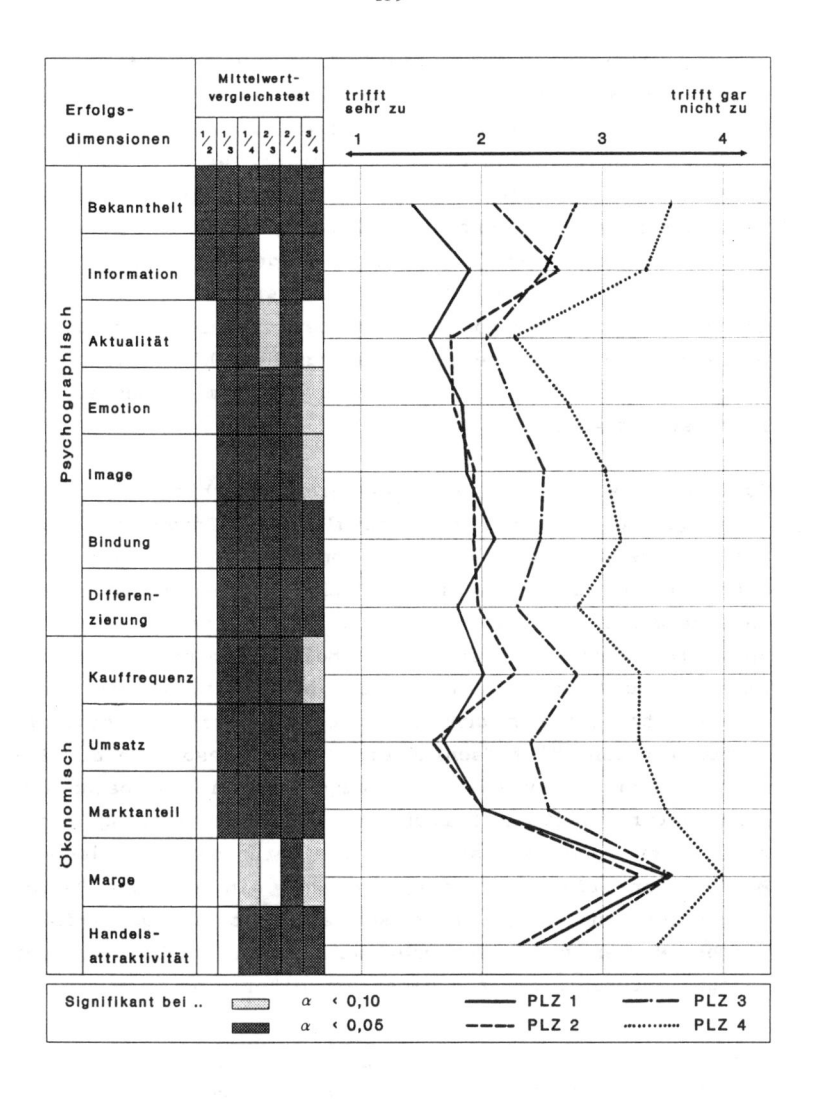

——— PLZ 1   —·—·— PLZ 3
– – – PLZ 2   ·········· PLZ 4

Abb. 22: Erfolgseinschätzung der Werbung im Produktlebenszyklus

schen Zielwirkungen keine signifikanten Unterschiede festgestellt werden können. Faßt man die weiteren Einschätzungen zusammen, so konnte vor allem das Aktualitätsziel besonders gut erreicht werden. Durch die Werbung wurde die Marke nach Meinung des Management als aktuelle und zeitgemäße Alternative erlebt; ein Ziel, dem auch absolut im Zielsystem der Werbung Priorität eingeräumt wurde. Ebenfalls deutlich positive Zielbeiträge werden bei den Zielgrößen Emotionen und Konkurrenzdifferenzierung bescheinigt, während vor allem in der Schrumpfungsphase hinsichtlich der Image- und Markenbindungszielsetzungen kaum Verbesserungen festgestellt werden.

Zu einer insgesamt differenzierteren Einschätzung des Erfolgs gelangen die Experten bezüglich der Förderung **ökonomischer Zielwirkungen** durch die von ihnen ergriffenen werblichen Maßnahmen. Ökonomische Zielwirkungen werden insgesamt tendenziell schwächer beurteilt als psychographische. Am besten werden die Erreichungsbeiträge hinsichtlich des Umsatz- und Marktanteilswachstums beurteilt, während Margenzielsetzungen nur schwach durch die Werbung gefördert werden konnten.[307] Aufschlußreich ist insbesondere der Erfolg der Marken in der Wachstumsphase, die in bezug auf Handelsattraktivität, Margen- und Umsatzsteigerung sogar noch über dem Niveau der Einführungsphase liegende Bewertungen erfahren. Hierin mag auch ein gewisser Befragungseffekt zum Ausdruck kommen, sind doch Manager erfolgreicher Marken vermutlich eher geneigt, Erfolgsbeiträge der Werbung zuzuschreiben als umgekehrt Mißerfolge.[308]

---

[307] In diesem Zusammenhang ist nochmals darauf hinzuweisen, daß ökonomische Zielwirkungen streng genommen nur unter den c.p.-Bedingungen der Konstanz des übrigen Marketing-Mix zweifelsfrei zugerechnet werden können. Dies gilt ebenso für die objektiven Erfolgsdimensionen, die damit ebenfalls nur mit Einschränkungen interpretiert werden können.

[308] Dieser Effekt ist auch in anderen, ähnlich gelagerten Studien nachweisbar und läßt sich damit begründen, daß eine nicht erfolgreiche Markenpolitik letztendlich auf den befragten Produktmanager zurückgeführt werden könnte.

3.2 Empirische Ableitung relevanter Erfolgsdimensionen

Die Werbezielerreichungsgrade scheinen teilweise eng miteinander verknüpft zu sein. Um die Beziehungen näher zu analysieren, ist im folgenden zunächst eine Korrelations- und darauf aufbauend eine Faktorenanalyse durchzuführen, um so die Struktur der Erfolgseinschätzung von Werbezielen differenziert erfassen zu können.[309]

Die **Korrelationsanalyse** macht unmittelbar deutlich, daß zwischen den einzelnen Zielbeiträgen der Werbung signifikante Zusammenhänge bestehen. Für die metrisch skalierten Daten wurde jeweils der Pearson'sche Produkt-Moment-Korrelationskoeffizient berechnet.[310] Es fällt auf, daß einige Variablengruppen besonders starke Verknüpfungsbeziehungen aufweisen. Hierbei handelt es sich zum einen um durch Imageverbesserungen, Emotionsauslösung, Konkurrenzdifferenzierung und Aktualität gekennzeichnete Marken mit hoher Kundenbindung. Zum anderen läßt sich aus Abbildung 23 eine Variablengruppe identifizieren, die sich vor allem durch den ökonomischen Erfolg ausdrückt und mit kognitiven Zielwirkungen in Zusammenhang steht.

Die enge Beziehung zwischen den Erfolgsbeiträgen der Werbung wird auch durch die **Faktorenanalyse** bestätigt, die getrennt nach psychographischen und ökonomischen Zielwirkungen durchgeführt wurde und im Ergebnis in den Abbildun-

---

[309] Die folgenden Analyseschritte erfolgen für die Gesamtstichprobe. Eine ebenfalls denkbare, getrennt nach Produktlebenszyklusphasen durchgeführte Analyse würde der angestrebten Vergleichbarkeit der Befunde entgegenlaufen und damit einen zentralen Untersuchungszweck ausschließen.

[310] Allen angeführten Koeffizienten ist gemein, daß sie normiert nur Werte zwischen $r=1$ und $r=-1$ annehmen können. Durch die Größe des Wertes wird die Stärke, die Richtung des Zusammenhangs durch das Vorzeichen angezeigt. Der Korrelationskoeffizient tendiert desto stärker gegen 0, je geringer der Zusammenhang ist. Vgl. Meffert, H., Marktforschung, a.a.O., S. 78.

	B	C	D	E	F	G	H	I	J	K	L
A	0,3878*	0,3815*	0,2630*	0,2687*	0,4294*	0,5056*	0,5512*	0,5158*	0,4503*	0,3267*	0,4430*
B		0,2374*	-0,0263	0,1718*	0,3045*	0,3198*	0,2899*	0,3286*	0,2320*	0,1240**	0,2476*
C			0,4681*	0,4444*	0,5434*	0,5584*	0,4883*	0,4338*	0,4004*	0,2785*	0,3942*
D				0,5019*	0,4625*	0,4214*	0,3334*	0,3086*	0,2560*	0,1255	0,2988*
E					0,5174*	0,5223*	0,3996*	0,3950*	0,3376*	0,1882*	0,3651*
F						0,7121*	0,4698*	0,4592*	0,4295*	0,2686*	0,4414*
G							0,5506	0,5461*	0,5224*	0,3646*	0,5219*
H								0,6817*	0,5780*	0,4219*	0,6134*
I									0,7324	0,3260*	0,6248*
J										0,3229*	0,6154*
K											0,5027

A = Bekanntheit   E = Differenzierung   I = Umsatz   * = α < 0,01
B = Information   F = Image   J = Marktanteil   ** = α < 0,05
C = Aktualität   G = Bindung   K = Herstellermarge
D = Emotion   H = Kauffrequenz   L = Handelsattraktivität

Abb. 23: Korrelations-Matrix der Einschätzung der Werbezielerreichung

gen 24 und 25 wiedergegeben ist.[311] Insgesamt wurden dabei drei Faktoren nach dem Kaiser-Kriterium[312] extrahiert, die im folgenden zu kennzeichnen sind:

- Die für den psychographischen Erfolg getrennt durchgeführte Faktorenanalyse ergab zwei unabhängige Faktoren, die 66,2 % der Gesamtvarianz erklären. Der Faktor **"Affektiver Erfolg"** setzt sich aus den Zielgrößen Emotionen, Differenzierung, Image, Markenbindung und Aktualität zusammenen und erklärt 49,9 % der Varianz.

- Der Faktor **"Kognitiver Erfolg"** erklärt demgegenüber lediglich 16,3 % der Gesamtvarianz des psychographischen Erfolges und besteht aus den Variablen Bekanntheit und Information.

- Die ökonomischen Erfolgsgrößen Umsatz, Handelsattraktivität, Marktanteil, Kauffrequenz und Herstellermarge bilden einen eigenständigen Faktor mit einem Eigenwert von 3.22 und einem erklärten Varianzanteil von 64,5 %. Der extrahierte Faktor soll daher die Bezeichnung **"Konativer Erfolg"** tragen.

---

[311] Vgl. zum Verfahren der Faktorenanalyse Backhaus, K., et al., Multivariate Analysemethoden, a.a.O., S. 67-113; Schubö, W., Uehlinger, H.-M., et al., SPSS-Handbuch der Programmversionen 4.0 und SPSS-X 3.0, a.a.O., S. 330-340. Die getrennte Analyse nach psychographischen und ökonomischen Zielwirkungen erfolgte aus Gründen der besseren Interpretierbarkeit.

[312] Das Kaiser-Kriterium beschränkt die Generierung von Faktoren auf solche mit einem Eigenwert von größer 1. Der Eigenwert eines Faktors erklärt dessen Anteil an der Varianz aller Variablen. Als Verfahren zur Bestimmung der Faktorladungen wurde eine Hauptkomponentenanalyse durchgeführt, zur besseren Interpretierbarkeit der Faktoren darüber hinaus eine Varimax-Rotation. Vgl. Backhaus, K., et al., Multivariate Analysemethoden, a.a.O., S. 90 f; Meffert, H., Marktforschung, a.a.O., S. 89 ff.

	Kognitiver Erfolg	Faktor-ladung	Eigen-wert	Erklärter Varianz-anteil
Psycho-graphische Ziel-erreichung	Information	0,87897	1,143	16,3 %
	Bekanntheit	0,67463		
	Affektiver Erfolg	**Faktor-ladung**	**Eigen-wert**	**Erklärter Varianz-anteil**
	Emotion	0,83133		
	Differenzierung	0,75586		
	Image	0,71332	3,492	49,9 %
	Bindung	0,69887		
	Aktualität	0,69373		
	Erklärter Anteil der Gesamtvarianz			66,2 %

Abb. 24: Faktorenanalyse des psychographischen Erfolgs

	Konativer Erfolg	Faktor-ladung	Eigen-wert	Erklärter Varianz-anteil
Öko-nomische Ziel-erreichung	Umsatz	0,86238		
	Handels-attraktivität	0,85045		
	Marktanteil	0,83549	3,223	64,5 %
	Kauffrequenz	0,83127		
	Hersteller-marge	0,60601		
	Erklärter Anteil der Gesamtvarianz			64,5 %

Abb. 25: Faktorenanalyse des ökonomischen Erfolgs

Im Verlauf der weiteren Analyse soll auf die drei ermittelten Faktoren zurückgegriffen werden, um den Einfluß der werblichen Bestimmungsfaktoren auf die Werbewirkung in den Phasen des Produktlebenszyklus zu analysieren. Daneben treten als objektive Erfolgsgrößen das **Umsatzwachstum** und das **Marktanteilswachstum**, so daß insgesamt fünf Erfolgsdimensionen zugrunde gelegt werden können.

4. Isolierte Analyse phasenspezifischer Erfolgsfaktoren der Werbung

Im Mittelpunkt der phasenspezifischen Ermittlung von Erfolgsfaktoren der Werbung steht zunächst die Fragestellung, ob bei einer isolierten Betrachtung einzelner Bestimmungsfaktoren signifikante Zusammenhänge der unabhängigen Variablen mit den skizzierten Erfolgsdimensionen bestehen.[313]

Darüber hinaus ist es zweckmäßig, im Rahmen einer anschließenden integrierten Betrachtung aller relevanten Bestimmungsfaktoren des Werbeerfolgs zu prüfen, wie hoch ihr Erklärungsbeitrag insgesamt ausfällt. In diese Analyse soll nur die Auswahl der Bestimmungsfaktoren Eingang finden, für die zuvor signifikante korrelative Zusammenhänge mit den jeweiligen objektiven und subjektiven Erfolgsdimensionen festgestellt werden konnten.[314] Die integrierte Betrachtung dient damit dem Ziel, die zuvor in der isolierten Analyse gewonnenen Erkenntnisse zu verdichten.

Die im folgenden gewählte Struktur der Ausführungen zur isolierten Analyse von Beziehungszusammenhängen orientiert sich an den bereits konzeptionell und deskriptiv abgeleiteten bzw. dargestellten Variablengruppen.[315]

---

[313] Berechnet werden hierzu und im folgenden wiederum die Pearson'schen Produkt-Moment-Korrelationskoeffizienten.

[314] Im folgenden werden diese signifikanten Bestimmungsfaktoren als Erfolgsfaktoren bezeichnet. Die bewußte Einschränkung auf die signifikanten Merkmalsträger bei der integrierten Analyse in Kap. C. 5. erfolgt mit der Zwecksetzung, die Fülle der insgesamt untersuchten Variablen auf eine für die weitere Analyse handhabbare Größenordnung der relevanten Faktoren zu reduzieren.

[315] Bei den abhängigen Variablen stellen bezüglich der subjektiven Erfolgsdimensionen niedrige, bezüglich der objektiven Erfolgsdimensionen hohe Skalenwerte eine Förderung der Zielerreichung dar. Zur besseren Interpretierbarkeit und direkten Vergleichbarkeit der Zusammenhänge und Zielwirkungen wurde eine teilweise Umcodierung der Variablen vorgenommen. Ein positives Vorzeichen weist dabei generell auf einen positiven Zusammenhang zwischen dem jeweiligen Bestimmungsfaktor und der

4.1 Ziel- und strategieabhängige Erfolgsfaktoren

Im Kontext der ziel- und strategieabhängigen Erfolgsfaktoren ist der Einfluß der Instrumente-, Zielgruppen- und Positionierungsstrategie auf den Werbeerfolg in den einzelnen Produktlebenszyklusphasen zu prüfen. Die Abbildungen 26 a bis d vermitteln eine Zusammenstellung dieser Variablen.

4.11 Instrumentestrategien

Die instrumentestrategische Ausrichtung ergibt signifikante phasenspezifische Besonderheiten der Erfolgsparameter, die hinsichtlich der einzelnen Kommunikationsinstrumente zu spezifizieren sind.

Die **klassische Werbung** kann - und dieser Befund ist bemerkenswert - vor allem in der Schrumpfungsphase aufgrund der positiven Korrelationen mit dem Umsatzwachstum (r=0.50) und dem affektiven Erfolg (r=0.34) als Erfolgsfaktor angesehen werden. Wenngleich die klassische Werbung auch in der Einführungsphase positive Wirkungszusammenhänge aufweist, so ist diese Korrelation, ebenso in der Wachstums- und Reifephase, doch nicht hinreichend statistisch signifikant. Damit ist die Vermutung, daß die klassische Werbung den stärksten Einfluß in der Einführungsphase einnimmt, nicht bestätigt und Hypothese HYP STRAT$_{21}$ ist zurückzuweisen.[316]

Erfolgsdimension hin, während bei einem negativen Vorzeichen umgekehrt gegenläufige Effekte vorliegen.

[316] Vgl. relativierend hierzu auch die dargestellten regressionsanalytischen Befunde in Kap. C. 5.1.

Einführungsphase

Erfolgsdimensionen / Bestimmungsfaktoren	Kognitiver Erfolg	Affektiver Erfolg	Konativer Erfolg	Umsatzwachstum	Marktanteilwachstum
INSTRUMENTENSTRATEGIE					
Klassische Werbung	N.S.	N.S.	N.S.	N.S.	N.S.
Konsumentengerichtete Verkaufsförderung	N.S.	N.S.	N.S.	N.S.	N.S.
Handelsgerichtete Verkaufsförderung	N.S.	N.S.	N.S.	N.S.	-0,43
Public Relations	N.S.	N.S.	N.S.	N.S.	N.S.
Sponsoring	-0,31	N.S.	N.S.	N.S.	N.S.
ZIELGRUPPENSTRATEGIE					
Innovatoren	N.S.	0,24	0,28	N.S.	N.S.
Gelegenheitskäufer	-0,28	0,32	0,28	-0,33	N.S.
Stammkunden	N.S.	-0,25	-0,34	-0,35	N.S.
Handelskunden	N.S.	N.S.	N.S.	-0,39	N.S.
Zielgruppenstrategiewechsel	N.S.	N.S.	N.S.	N.S.	N.S.
POSITIONIERUNGSSTRATEGIE					
Positionierungswechsel	N.S.	N.S.	N.S.	N.S.	N.S.

Alle angegebenen Korrelationskoeffizienten haben ein Signifikanzniveau von $\alpha \leq 0,1$, unterstrichene Koeffizienten von $\alpha \leq 0,05$.

Abb. 26a: Beziehungen zwischen den ziel- und strategieabhängigen Bestimmungsfaktoren und den Erfolgsdimensionen in der Einführungsphase

Wachstumsphase

Erfolgsdimensionen / Bestimmungsfaktoren	Kognitiver Erfolg	Affektiver Erfolg	Konativer Erfolg	Umsatzwachstum	Marktanteilwachstum
INSTRUMENTENSTRATEGIE					
Klassische Werbung	N.S.	N.S.	N.S.	N.S.	N.S.
Konsumentengerichtete Verkaufsförderung	0,16	0,28	0,18	0,19	N.S.
Handelsgerichtete Verkaufsförderung	N.S.	N.S.	N.S.	N.S.	N.S.
Public Relations	N.S.	N.S.	N.S.	N.S.	N.S.
Sponsoring	-0,29	0,20	N.S.	N.S.	N.S.
ZIELGRUPPENSTRATEGIE					
Innovatoren	0,23	N.S.	N.S.	N.S.	N.S.
Gelegenheitskäufer	N.S.	N.S.	N.S.	N.S.	N.S.
Stammkunden	N.S.	-0,19	-0,24	N.S.	-0,34
Handelskunden	N.S.	0,23	0,33	N.S.	N.S.
Zielgruppenstrategiewechsel	N.S.	0,24	0,29	N.S.	N.S.
POSITIONIERUNGSSTRATEGIE					
Positionierungswechsel	N.S.	0,27	0,25	N.S.	N.S.

Alle angegebenen Korrelationskoeffizienten haben ein Signifikanzniveau von $\alpha \leq 0,1$, unterstrichene Koeffizienten von $\alpha \leq 0,05$.

Abb. 26b: Beziehungen zwischen den ziel- und strategieabhängigen Bestimmungsfaktoren und den Erfolgsdimensionen in der Wachstumsphase

	Erfolgsdimensionen	Reifephase				
Bestimmungsfaktoren		Kognitiver Erfolg	Affektiver Erfolg	Konativer Erfolg	Umsatzwachstum	Marktanteilswachstum
INSTRUMENTESTRATEGIE	Klassische Werbung	N.S.	N.S.	N.S.	N.S.	N.S.
	Konsumentengerichtete Verkaufsförderung	N.S.	N.S.	-0,25	N.S.	N.S.
	Handelsgerichtete Verkaufsförderung	N.S.	-0,34	-0,32	-0,25	N.S.
	Public Relations	N.S.	N.S.	N.S.	N.S.	N.S.
	Sponsoring	N.S.	N.S.	N.S.	N.S.	N.S.
ZIELGRUPPENSTRATEGIE	Innovatoren	-0,21	N.S.	-0,22	N.S.	N.S.
	Gelegenheitskäufer	-0,31	-0,20	-0,31	N.S.	N.S.
	Stammkunden	0,29	N.S.	N.S.	N.S.	0,28
	Handelskunden	N.S.	N.S.	N.S.	N.S.	N.S.
	Zielgruppenstrategiewechsel	N.S.	N.S.	N.S.	N.S.	N.S.
POSITIONIERUNGSSTRATEGIE	Positionierungswechsel	N.S.	N.S.	N.S.	-0,32	N.S.

Alle angegebenen Korrelationskoeffizienten haben ein Signifikanzniveau von α = 0,1, unterstrichene Koeffizienten von α = 0,05

Abb. 26c: Beziehungen zwischen den ziel- und strategieabhängigen Bestimmungsfaktoren und den Erfolgsdimensionen in der Reifephase

	Erfolgsdimensionen	Schrumpfungsphase				
Bestimmungsfaktoren		Kognitiver Erfolg	Affektiver Erfolg	Konativer Erfolg	Umsatzwachstum	Marktanteilswachstum
INSTRUMENTESTRATEGIE	Klassische Werbung	N.S.	0,34	N.S.	0,50	N.S.
	Konsumentengerichtete Verkaufsförderung	0,37	N.S.	0,51	N.S.	N.S.
	Handelsgerichtete Verkaufsförderung	N.S.	N.S.	N.S.	-0,79	-0,66
	Public Relations	N.S.	N.S.	0,29	N.S.	N.S.
	Sponsoring	N.S.	N.S.	N.S.	N.S.	N.S.
ZIELGRUPPENSTRATEGIE	Innovatoren	N.S.	N.S.	N.S.	0,42	N.S.
	Gelegenheitskäufer	N.S.	N.S.	-0,43	0,47	0,41
	Stammkunden	N.S.	N.S.	N.S.	N.S.	N.S.
	Handelskunden	N.S.	N.S.	N.S.	-0,44	N.S.
	Zielgruppenstrategiewechsel	0,42	N.S.	0,32	N.S.	N.S.
POSITIONIERUNGSSTRATEGIE	Positionierungswechsel	0,33	N.S.	0,61	N.S.	N.S.

Alle angegebenen Korrelationskoeffizienten haben ein Signifikanzniveau von α = 0,1, unterstrichene Koeffizienten von α = 0,05

Abb. 26d: Beziehungen zwischen den ziel- und strategieabhängigen Bestimmungsfaktoren und den Erfolgsdimensionen in der Schrumpfungsphase

Ein differenziertes Bild ergibt die Korrelationsanalyse hinsichtlich der **konsumentengerichteten Verkaufsförderung**, die in der Wachstums- und Schrumpfungsphase positive Wirkungen aufzeigt: In der Wachstumsphase besteht ein signifikanter Zusammenhang zwischen dem Einsatz dieses Instrumentes und dem affektiven Erfolg (r=0.28), während die Korrelationsbeziehungen zum kognitiven und konativen Erfolg sowie zum Umsatzwachstum zwar ebenfalls positiv, aber dennoch schwächer ausgeprägt sind. In der Schrumpfungsphase, und dies kann als Bestätigung der Hypothese HYP $STRAT_{22}$ gewertet werden, kommt der taktische Charakter der konsumentengerichteten Verkaufsförderung zum Tragen und zeigt einen positiven Einfluß auf den kognitiven und konativen Erfolg (r=0.37 bzw. r=0.51). Demgegenüber ist die konsumentengerichtete Verkaufsförderung in der stärker strategisch ausgerichteten Reifephase negativ mit dem konativen Erfolg korreliert.

Die Tatsache, daß in dieser Phase auch die Wirkung der **handelsgerichteten Verkaufsförderung** negativ mit zentralen Erfolgsdimensionen verknüpft ist, deutet darauf hin, daß in der Reifephase weniger durch kurzfristige und taktisch eingesetzte Instrumente Werbewirkungen ausgelöst werden. Vielmehr sind es offenbar sonstige und kontinuierlich einzusetzende Kommunikationsinstrumente wie die klassische Werbung und die Public Relations, die in der Reifephase besser geeignet sind. Allerdings stellen sich die Zusammenhänge für die angeführten Kommunikationsinstrumente nicht hinreichend statistisch signifikant dar. Des weiteren kann vermutet werden, daß sich aufgrund des relativ hohen Konfliktpotentials in den Beziehungen zum Handel die Umsetzung und Abstimmung der Verkaufsförderungsaktivitäten in der Reifephase schwierig gestaltete und damit möglicherweise Wirkungsverluste induzierte.

In gleicher Richtung sind die Korrelationsbeziehungen zwischen der Handelsverkaufsförderung und dem Erfolg in der Einführungs- und Schrumpfungsphase zu deuten. Während in der Einführungsphase dieses Instrument negativ mit dem Marktanteilswachstum (r=-0.43) korreliert, ist darüber hinaus in der Schrumpfungsphase auch ein stark negativer Einfluß auf das Umsatzwachstum (r=-0.66 und r=-0.79) festzustellen. Die aufgestellten Hypothesen sind somit phasenweise differenziert zu beurteilen. So sind die Hypothesen HYP STRAT$_{22}$ und HYP STRAT$_{23}$ zumindest hinsichtlich der handelsgerichteten Verkaufsförderung abzulehnen, während sie für die konsumentengerichtete Verkaufsförderung tendenziell als bestätigt gelten können.

Im Vergleich zu den skizzierten Befunden zur Verkaufsförderung sind die **Public Relations** sowie die Product Publicity-Aktivitäten vor allem als Erfolgsfaktor in der Einführungs- und Schrumpfungsphase zu deuten und zeitigen insbesondere Auswirkungen auf den konativen Werbeerfolg (r=0.28 bzw. r=0.29). Dieses Ergebnis belegt weitgehend die in der Literatur geäußerten Vermutungen bezüglich der Einflußrichtung der Public Relations in diesen Stadien und kann als Bestätigung der Hypothesen HYP STRAT$_{24}$ und HYP STRAT$_{25}$ gelten. Eine Erklärung dieses Zusammenhanges, insbesondere in der Einführungsphase, mag in der Tatsache gegeben sein, daß im Rahmen der PR- und Publicity-Aktivitäten häufig das Unternehmen als Ganzes herausgestellt wird und sich hierbei positive Übertragungseffekte i. S. von Transferwirkungen ergeben, die Synergiepotentiale auslösen.[317] In der Schrumpfungsphase kommt demgegenüber vermutlich verstärkt die Eignung dieses Instrumentes zur erfolgreichen Krisenabwehr und -prophylaxe zum Tragen.

Ein aufschlußreicher Befund ergibt sich hinsichtlich des **Sponsoring**, welches lediglich in der Einführungs- und Wachstumsphase signifikante Zusammenhänge mit den Erfolgs-

---

[317] Vgl. zu diesen Transferwirkungen, insbes. in bezug auf Images, Mayer, A., Mayer, R. U., Imagetransfer, Hamburg 1987, S. 1 ff; Meffert, H., Heinemann, G., Operationalisierung des Imagetransfers. Begrenzung des Transferrisikos durch Ähnlichkeitsmessungen, in: Marketing ZFP, H. 1, 1990, S. 5-10.

dimensionen aufweist. Entsprechend der Vermutung, daß zunächst ein gewisser Bekanntheitsgrad des beworbenen Produktes vorhanden sein muß, damit das Sponsoring seine Wirkung flankierend entfalten kann, ist dieses Instrument in der Einführungsphase negativ mit dem kognitiven Wirkungskriterium ($r=-0.31$) verknüpft. Ebenfalls signifikant ist der negative Zusammenhang in der Wachstumsphase ($r=-0.29$), wobei hier eine gewisse Substitutionsbeziehung zum Instrument der konsumentengerichteten Verkaufsförderung sichtbar wird. Interessant ist allerdings die Tatsache des Richtungswechsels der Erfolgswirkung des Sponsoring in der Wachstumsphase zwischen dem kognitiven und affektiven Erfolgskriterium. Dabei ist das Sponsoring als Erfolgsfaktor der affektiven Werbewirkung anzusehen ($r=0.20$). Dieser schwach positive Zusammenhang ist plausibel, wird dem Sponsoring aufgrund seiner Bezogenheit auf nicht-kommerzielle Kommunikationssituationen und seine Verbindung mit den Sponsoring-Bereichen - im untersuchten Segment dürfte dies insbesondere das Sport-Sponsoring sein - ein gewisses affektives Potential zugesprochen.[318] Da das Sponsoring in späteren Lebenszyklusphasen keine signifikanten Zusammenhänge zu den Erfolgsdimensionen mehr aufweist, ist allerdings die sponsoringspezifische Hypothese HYP STRAT$_{26}$ zurückzuweisen.

4.12 Zielgruppenstrategien

Die Befunde hinsichtlich der Zielgruppenstrategie bestätigen in wesentlichen Punkten das Lebenszykluskonzept und belegen, daß in den einzelnen Produktlebenszyklusphasen divergente Zielgruppenstrategien adäquat sind. Strategien, die primär auf **Innovatoren** zielen, sind in der Einführungs- und Wachstumsphase positiv mit dem Werbeerfolg verknüpft. Hervorzuheben ist hierbei der signifikant positive Zu-

---

[318] Zu ähnlichen Resultaten gelangt auch Erdtmann, S. L., Sponsoring und emotionale Erlebniswerte. Wirkungen auf den Konsumenten, Wiesbaden 1989, S. 99 ff.

sammenhang zwischen den vorrangig auf Innovatoren ausgerichteten Zielgruppenstrategien und dem kognitiven Erfolg in der Wachstumsphase (r=0.23). Dies läßt darauf schließen, daß der Zielgruppe der Erstkäufer auch im Wachtumsstadium noch erhebliche Relevanz zukommt, während in der Reifephase diese Zielgruppenstrategie negativ mit dem kognitiven und konativen Werbeerfolg (r=-0.21 bzw. r=-0.22) korreliert ist. Hypothese HYP STRAT$_{11}$ ist damit zu bestätigen. Bemerkenswert sind darüber hinaus die Zusammenhänge zum Umsatzwachstum in der Schrumpfungsphase (r=0.42). Als Erfolgsfaktor kommt in diesem Stadium den Innovatoren zur Erzielung von Umsatzimpulsen ein signifikant positives Bedeutungsgewicht zu. Dies kann im Kontext mit dem angestrebten Positionierungswechsel in der Schrumpfungsphase interpretiert werden: Die Relaunchmaßnahmen sind besonders dann erfolgreich, wenn in der Schrumpfungsphase neue Käuferschichten angesprochen und gewonnen werden können.

Dies gilt ebenfalls für die Zielgruppe der **Gelegenheitskäufer**, der in der Schrumpfungsphase sowohl hinsichtlich des Umsatzwachstums (r=0.47) als auch des Marktanteilswachstums (r=0.41) Relevanz zukommt.[319] In der Wachstumsphase ist der Zusammenhang zwischen der Relevanzeinstufung der Gelegenheitskäufer und den Erfolgsdimensionen demgegenüber nicht signifikant. Negativ korreliert ist die Ausrichtung auf Gelegenheitskäufer in der Reifephase, in der gemäß den Annahmen des Lebenszykluskonzeptes vielmehr Stammkundenstrategien dominieren. In der Einführungsphase leisten Gelegenheitskäufer hinsichtlich des kognitiven Erfolges ebenfalls nur einen negativen Erfolgsbeitrag, während hinsichtlich des affektiven Erfolges eine positive Korrelationsbeziehung (r=0.32) darauf hindeutet, daß eine Ausrichtung der Werbung auf diesen Konsumententyp zumindest

---

[319] Hinsichtlich des konativen Erfolges ergibt sich allerdings eine negative Korrelationsbeziehung. Es ist zu vermuten, daß insbesondere die in diese Erfolgsdimension einbezogenen Variablen der Handelsattraktivität und der Kauffrequenzsteigerung negativ mit diesem Strategietyp korrelieren.

einen positiven Beitrag zu Image- und Konkurrenzdifferenzierungszielen leisten kann. Die Hypothese HYP STRAT$_{12}$, die einen positiven Wirkungszusammenhang zwischen der zielgruppenstrategischen Ausrichtung auf Gelegenheitskäufer und dem Erfolg in der Einführungs- und Schrumpfungsphase festgeschrieben hat, kann damit als bedingt angenommen gelten.

Die aufgezeigten Befunde sind im Zusammenhang mit den **Stammkundenstrategien** zu relativieren. Erwartungsgemäß sind auf Stammkunden zielende Werbestrategien negativ mit dem Erfolg in der Einführungs- uns Wachstumsphase korreliert, während, wie bereits skizziert, in der Reifephase eine positive Beziehung zu dem kognitiven Erfolg (r=0.29) und dem Marktanteilswachstum (r=0.28) besteht. Die Hypothese HYP STRAT$_{13}$ kann damit als bestätigt gelten.

Nicht abzulehnen ist auch Hypothese HYP STRAT$_{14}$, die aufgrund der vermuteten Relevanz des **Handels** in der Wachstumsphase eine positive Beziehung von Push-Strategien und Werbeerfolg annimmt: In der Wachstumsphase sind auf Handelskunden zielende Strategien sowohl mit dem affektiven (r=0.23) als auch dem konativen Erfolg (r=0.33) signifikant positiv korreliert. Hierbei kann geschlußfolgert werden, daß die Resultate auch als Wirkung von Kooperationsstrategien mit dem Handel zu interpretieren sind, die sich mittelbar auch auf Konsumentenebene niederschlagen und so die aufgezeigten Wirkungszusammenhänge auslösen.[320] Demgegenüber sind erfolgreiche Zielgruppenstrategien in der Einführungs- und Schrumpfungsphase wesentlich stärker pull-orientiert. Handelsgerichtete Strategien zeigen daher in diesen Phasen jeweils negative Korrelationskoeffizienten mit dem Umsatzwachstum.

---

[320] Vgl. hierzu auch die ermittelten Korrelationsbeziehungen mit den integrationsabhängigen Erfolgsfaktoren in Kap. C. 4.5.

Weitere signifikante Zusammenhänge ergeben sich hinsichtlich des **Zielgruppenstrategiewechsels** im Zeitablauf, der positive Beziehungen mit den Erfolgsdimensionen in der Wachstums- und Schrumpfungsphase aufweist. Offensichtlich führen besonders in diesen beiden Phasen Änderungen des Wettbewerbsumfeldes zu notwendigen Zielgruppenstrategieänderungen. Während für die Schrumpfungsphase der zentrale Erklärungszusammenhang in den Relaunch- und Neupositionierungsmaßnahmen zu sehen sein dürfte, ist vermutlich in der Wachstumsphase das Bedeutungsgewicht des Handels und der damit einhergehende Wechsel zur handelsgerichteten Strategie eine potentielle Ursache für den Erfolgscharakter des Zielgruppenstrategiewechsels. Hierbei zeigt sich ein konsistentes Bild auch bezüglich der Korrelationsbeziehungen der modifizierten Positionierungsstrategie.[321]

4.13 Positionierungsstrategien

Hinsichtlich der Positionierungsstrategie ergeben sich weitere phasenspezifische Besonderheiten, die eine deutliche Differenzierung nach den einzelnen Phasen erlauben. Während in der Wachstumsphase ein **Wechsel** der Positionierungsstrategie positiv mit affektiven ($r=0.27$) und konativen ($r=0.25$) Werbewirkungen verknüpft ist, erscheint in der Reifephase hinsichtlich des Umsatzwachstums eine **Beibehaltung** der Positionierung vorteilhafter ($r=-0.32$).
In der Schrumpfungsphase findet wiederum ein Richtungswechsel dieses Erfolgsfaktors statt: Kognitiver und konativer Erfolg stehen in relativ stark positiver Beziehung zu Positionierungswechseln ($r=0.33$ bzw. $r=0.61$). Während in der Schrumpfungsphase die Erfolgswirkung der Neupositionierung vor allem mit den mehrfach angesprochenen Relaunchmaßnahmen erklärt werden kann, ist in der Reifephase der negative

---

[321] Die im folgenden Abschnitt vorgenommene Interpretation der Erfolgswirksamkeit von Positionierungswechseln kann weitgehend inhaltsgleich auch auf die Wirkungen von Zielgruppenstrategiewechseln übertragen werden und dient somit der Ergänzung der o.g. Argumentation.

Befund konsistent zu dem strategischen Charakter der Maßnahmengestaltung in diesem Stadium, der sich ebenfalls in der negativen Korrelation mit den Verkaufsförderungsaktivitäten ausmachen läßt. Damit kann Hypothese HYP STRAT$_{31}$ nur für die Schrumpfungsphase angenommen werden, während sie für die Reifephase abzulehnen ist.

Vice versa kann die Argumentation für die Wachstumsphase geltend gemacht werden, in der die instrumentalen Erfolgsfaktoren eher taktisch geprägt sind und ein Positionierungswechsel erfolgswirksam ist. Hypothese HYP STRAT$_{32}$ ist daher ebenso für die Einführungsphase, in diesem Stadium ergeben sich keine signifikanten Einflüsse der Positionierungsstrategie, wie für die Wachstumsphase abzulehnen.

4.2 Budgetabhängige Erfolgsfaktoren

Die budgetabhängigen Erfolgsfaktoren wurden ebenfalls auf Grundlage der in Kapitel B. 3.22 formulierten Hypothesen operationalisiert. In den Abbildungen 27 a bis d sind die Ergebnisse der Korrelationsanalysen zwischen den budgetabhängigen Bestimmungsfaktoren und den Erfolgsdimensionen angegeben.

4.21 Werbebudgethöhe, Werbedruck und Werbebudgetwachstum

Wie ersichtlich, ergibt sich in bezug auf die absolute Werbebudgethöhe und das Umsatzwachstum in der Einführungsphase ein signifikant positiver Zusammenhang ($r=0.37$). Die aufgestellte Hypothese HYP BUDG$_1$ kann daher nicht abgelehnt werden.[322] Die Höhe des Werbebudgets, dies korrespondiert

---

[322] Dieser Befund relativiert auch die Zurückweisung der Hypothese HYP STRAT$_{21}$, bei der keine signifikanten Beziehungen zwischen dem Instrument der klassischen Mediawerbung und dem Werbeerfolg nachgewiesen werden konnte.

	Einführungsphase				
Erfolgsdimensionen / Bestimmungsfaktoren	Kognitiver Erfolg	Affektiver Erfolg	Konativer Erfolg	Umsatzwachstum	Marktanteilswachstum
Werbebudget	N.S.	N.S.	N.S.	0,37	N.S.
Werbedruck	N.S.	N.S.	N.S.	N.S.	0,38
Werbebudgetwachstum	0,43	N.S.	N.S.	N.S.	N.S.
Werbebudgetveränderung	0,63	N.S.	N.S.	-0,50	N.S.
Kontinuierliche Werbung	N.S.	N.S.	N.S.	N.S.	N.S.

Alle angegebenen Korrelationskoeffizienten haben ein Signifikanzniveau von α ‹ 0,1, unterstrichene Koeffizienten von α ‹ 0,05

Abb. 27a: Beziehungen zwischen den budgetabhängigen Bestimmungsfaktoren und den Erfolgsdimensionen in der Einführungsphase

	Wachstumsphase				
Erfolgsdimensionen / Bestimmungsfaktoren	Kognitiver Erfolg	Affektiver Erfolg	Konativer Erfolg	Umsatzwachstum	Marktanteilswachstum
Werbebudget	N.S.	N.S.	-0,18	N.S.	N.S.
Werbedruck	N.S.	-0,27	-0,26	N.S.	0,27
Werbebudgetwachstum	N.S.	N.S.	-0,48	N.S.	N.S.
Werbebudgetveränderung	0,20	0,16	0,42	N.S.	N.S.
Kontinuierliche Werbung	N.S.	N.S.	-0,25	N.S.	N.S.

Alle angegebenen Korrelationskoeffizienten haben ein Signifikanzniveau von α ‹ 0,1, unterstrichene Koeffizienten von α ‹ 0,05

Abb. 27b: Beziehungen zwischen den budgetabhängigen Bestimmungsfaktoren und den Erfolgsdimensionen in der Wachstumsphase

Reifephase					
Erfolgsdimensionen Bestimmungsfaktoren	Kognitiver Erfolg	Affektiver Erfolg	Konativer Erfolg	Umsatzwachstum	Marktanteilswachstum
Werbebudget	N.S.	N.S.	N.S.	N.S.	N.S.
Werbedruck	N.S.	N.S.	N.S.	N.S.	N.S.
Werbebudgetwachstum	N.S.	N.S.	N.S.	-0,34	N.S.
Werbebudgetveränderung	N.S.	0,16	N.S.	N.S.	N.S.
Kontinuierliche Werbung	N.S.	N.S.	N.S.	0,35	N.S.

Alle angegebenen Korrelationskoeffizienten haben ein Signifikanzniveau von $\alpha < 0,1$, unterstrichene Koeffizienten von $\alpha < 0,05$

Abb. 27c: Beziehungen zwischen den budgetabhängigen Bestimmungsfaktoren und den Erfolgsdimensionen in der Reifephase

Schrumpfungsphase					
Erfolgsdimensionen Bestimmungsfaktoren	Kognitiver Erfolg	Affektiver Erfolg	Konativer Erfolg	Umsatzwachstum	Marktanteilswachstum
Werbebudget	N.S.	0,37	N.S.	0,42	0,37
Werbedruck	0,39	0,52	0,46	N.S.	N.S.
Werbebudgetwachstum	0,43	N.S.	N.S.	N.S.	N.S.
Werbebudgetveränderung	N.S.	N.S.	N.S.	-0,60	-0,50
Kontinuierliche Werbung	-0,38	0,41	N.S.	N.S.	0,37

Alle angegebenen Korrelationskoeffizienten haben ein Signifikanzniveau von $\alpha < 0,1$, unterstrichene Koeffizienten von $\alpha < 0,05$

Abb. 27d: Beziehungen zwischen den budgetabhängigen Bestimmungsfaktoren und den Erfolgsdimensionen in der Schrumpfungsphase

unmittelbar mit den Befunden zur Erfolgswirkung der klassischen Mediawerbung in diesem Stadium, ist ebenfalls in der Schrumpfungsphase positiv mit dem affektiven Erfolg ($r=0.37$) und dem Umsatz- sowie dem Marktanteilswachstum ($r=0.42$ bzw. $r=0.37$) verknüpft. Dies kann als eindrucksvoller Beleg dafür gelten, daß für die erfolgreiche Umsetzung der Neupositionierung ein relativ hoher Etat notwendig ist. Die Tatsache, daß die Höhe des Werbebudgets in der Wachstumsphase schwach negativ mit dem konativen Erfolg ($r=-0.18$) korreliert, kann möglicherweise unmittelbar auf die in diesem Stadium relevante Push-Strategie zurückgeführt werden. Vermutlich sind in diesem Stadium Verkaufsförderungsaktivitäten wirksamer als die eingeleiteten Werbemaßnahmen, die sich in der absoluten Höhe des Werbebudgets nachweisen lassen.

Dies spiegelt sich nicht zuletzt auch in dem Einfluß des **Werbedrucks** in diesem Stadium wider, welcher negative Zusammenhänge zu dem affektiven und konativen Erfolg offenbar werden läßt ($r=-0.27$ bzw. $r=-0.26$).[323] Auch die Ergebnisse bezüglich der Einführungs- und Schrumpfungsphase erscheinen plausibel. Während der Werbedruck in der Einführungsphase einen relativ stark ausgeprägten positiven Zusammenhang zu dem Marktanteilswachstum ausweist ($r=0.38$), ist der Werbedruck in der Schrumpfungsphase sowohl hinsichtlich des kognitiven ($r=0.39$), affektiven ($r=0.52$) als auch konativen Werbeerfolgs ($r=0.46$) von zentraler Bedeutung. Die aufgestellte Hypothese HYP BUDG$_2$ kann somit vollständig als bestätigt gelten.

---

[323] Gewisse Inkonsistenzen ergeben sich allerdings im Hinblick auf die objektive Erfolgsgröße des Marktanteilswachstums, das positiv mit dem ausgeübten Werbedruck korreliert. Möglicherweise führen Veränderungen anderer Marketinginstrumente zu diesem Befund, der damit nicht mehr unmittelbar auf den Werbedruck zurückzuführen wäre.

Ein analoger Befund läßt sich in bezug auf das **Budgetwachstum** ableiten. Der kognitive Erfolg ist mit dem Budgetwachstum sowohl in der Einführungsphase (r=0.43) als auch in der Schrumpfungsphase (r=0.43) stark positiv korreliert. Während für die Einführungsphase dieser Befund zum einen die Hypothese HYP BUDG$_3$ bestätigt, muß diese Hypothese zum anderen für die Schrumpfungsphase zurückgewiesen werden. Der bereits aufgezeigte Begründungszusammenhang der Relaunchmaßnahmen und der damit einhergehenden Differenzierungsstrategien in der Schrumpfungsphase ist auch hier evident.

Die negative Wirkung des Budgetwachstums in der Wachstums- und Reifephase kann vermutlich auch auf das bereits erreichte relativ hohe Budgetniveau in diesen Stadien zurückgeführt werden. Positive Effekte durch Budgetsteigerungen lassen sich in diesen Phasen kaum mehr realisieren.

4.22 Budgetmodifikation und zeitliche Zielung der Werbung

Die **Budgetmodifikation** ist als Erfolgsfaktor vor allem der Wachstumsphase anzusehen. Die Veränderung der Zusammensetzung einzelner Bestandteile des Werbebudgets und des Verteilungsmodus ist positiv mit dem kognitiven, affektiven und konativen Erfolg in diesem Produktlebenszyklusstadium verknüpft.[324] Demgegenüber ist insbesondere in der Schrumpfungsphase eine negative Beziehung der Budgetmodifikation mit dem Umsatz- und Marktanteilswachstum (r=-0.60 bzw. r=-0.50) gegeben. Eine potentielle Ursache dieses Beziehungszusammenhangs ist in den Stabilisierungs- und Erhaltungszielsetzungen der Werbung in diesem Stadium zu

---

[324] Ausgeprägt ist dieser Zusammenhang insbesondere bezüglich des konativen Erfolges mit einem Korrelationskoeffizienten r=0.42. Dahinter kann eine Etatumschichtung zugunsten der Verkaufsförderungsaktivitäten vermutet werden, die in diesem Stadium einen relevanten Erfolgsfaktor darstellen.

sehen, die keine Budgetmodifikation sondern vielmehr eine gewisse Konstanz im Budgetierungsmodus erfordern.[325]

Mit Blick auf die **zeitliche Budgetzielung** können schließlich sowohl Hypothese HYP $BUDG_4$ als auch Hypothese HYP $BUDG_5$ tendenziell als belegt gelten. Während in der Wachstumsphase eine Pulsationsstrategie erfolgswirksamer ist, um konative Wirkungen auzulösen, erscheint in späteren Lebenszyklusphasen eine Kontinuitätsstrategie effizienter: In der Reifephase - dies korrespondiert auch mit der Konstanz der Positionierungsstrategie als Erfolgsfaktor und der Ausrichtung auf Stammkunden - steht die kontinuierliche Werbung in positivem Zusammenhang mit dem Umsatzwachstum ($r=0.35$). Differenzierter gestaltet sich die Wirkung der kontinuierlichen Werbung in der Schrumpfungsphase. Während der kognitive Erfolg negativ mit dieser Art der zeitlichen Zielung korreliert ($r=-0.38$) und damit eine Pulsationsstrategie adäquater erscheinen läßt,[326] sind bezüglich des affektiven Erfolges ($r=0.41$) und des Marktanteilswachstums ($r=0.37$) Kontinuitätsstrategien der Budgetzielung positiver zu beurteilen.

4.3 Gestaltungsabhängige Erfolgsfaktoren

Die Abbildungen 28 a bis d geben einen Überblick der Korrelationsbeziehungen zwischen den gestaltungsabhängigen Bestimmungsfaktoren und ihren Erfolgsdimensionen.

---

[325] Ebenfalls kann nicht ausgeschlossen werden, daß der aufgezeigte Befund auch durch andere Marketingparameter determiniert wurde.

[326] Dieser Befund legt die Vermutung nahe, daß kognitive Botschaftsinhalte besser im Rahmen pulsierender Werbung dargeboten werden sollten, während affektive Komponenten, wie der Aufbau des Produktimages, der kontinuierlichen Werbung bedürfen.

Einführungsphase

Bestimmungsfaktoren	Erfolgsdimensionen	Kognitiver Erfolg	Affektiver Erfolg	Konativer Erfolg	Umsatzwachstum	Marktanteilswachstum
INHALTLICHE GESTALTUNG	Informative Werbung	0,64	N.S.	N.S.	N.S.	N.S.
INHALTLICHE GESTALTUNG	Emotionale Werbung	-0,49	N.S.	N.S.	-0,46	N.S.
FORMALE GESTALT.	Botschaftsmodifikation	N.S.	N.S.	N.S.	N.S.	N.S.

Alle angegebenen Korrelationskoeffizienten haben ein Signifikanzniveau von $\alpha < 0,1$, unterstrichene Koeffizienten von $\alpha < 0,05$

Abb. 28a: Beziehungen zwischen den gestaltungsabhängigen Bestimmungsfaktoren und den Erfolgsdimensionen in der Einführungsphase

Wachstumsphase

Bestimmungsfaktoren	Erfolgsdimensionen	Kognitiver Erfolg	Affektiver Erfolg	Konativer Erfolg	Umsatzwachstum	Marktanteilswachstum
INHALTLICHE GESTALTUNG	Informative Werbung	0,64	-0,61	N.S.	N.S.	N.S.
INHALTLICHE GESTALTUNG	Emotionale Werbung	-0,51	0,52	N.S.	N.S.	N.S.
FORMALE GESTALT.	Botschaftsmodifikation	N.S.	N.S.	N.S.	-0,33	N.S.

Alle angegebenen Korrelationskoeffizienten haben ein Signifikanzniveau von $\alpha < 0,1$, unterstrichene Koeffizienten von $\alpha < 0,05$

Abb. 28b: Beziehungen zwischen den gestaltungsabhängigen Bestimmungsfaktoren und den Erfolgsdimensionen in der Wachstumsphase

		Reifephase				
Bestimmungsfaktoren	Erfolgsdimensionen	Kognitiver Erfolg	Affektiver Erfolg	Konativer Erfolg	Umsatzwachstum	Marktanteilswachstum
INHALTLICHE GESTALTUNG	Informative Werbung	0,57	-0,34	N.S.	0,30	0,39
INHALTLICHE GESTALTUNG	Emotionale Werbung	-0,46	0,54	N.S.	N.S.	N.S.
FORMALE GESTALT.	Botschaftsmodifikation	N.S.	N.S.	N.S.	N.S.	N.S.

Alle angegebenen Korrelationskoeffizienten haben ein Signifikanzniveau von $\alpha < 0,1$, unterstrichene Koeffizienten von $\alpha < 0,05$

Abb. 28c: Beziehungen zwischen den gestaltungsabhängigen Bestimmungsfaktoren und den Erfolgsdimensionen in der Reifephase

		Schrumpfungsphase				
Bestimmungsfaktoren	Erfolgsdimensionen	Kognitiver Erfolg	Affektiver Erfolg	Konativer Erfolg	Umsatzwachstum	Marktanteilswachstum
INHALTLICHE GESTALTUNG	Informative Werbung	0,64	N.S.	N.S.	0,45	N.S.
INHALTLICHE GESTALTUNG	Emotionale Werbung	-0,35	N.S.	-0,37	N.S.	N.S.
FORMALE GESTALT.	Botschaftsmodifikation	N.S.	N.S.	N.S.	0,40	N.S.

Alle angegebenen Korrelationskoeffizienten haben ein Signifikanzniveau von $\alpha < 0,1$, unterstrichene Koeffizienten von $\alpha < 0,05$

Abb. 28d: Beziehungen zwischen den gestaltungsabhängigen Bestimmungsfaktoren und den Erfolgsdimensionen in der Schrumpfungsphase

4.31 Inhaltliche Gestaltung

Über alle Lebenszyklusphasen hinweg hat die informative Werbung einen positiven Einfluß auf den kognitiven Erfolg, während emotionale Werbung mit dem affektiven Wirkungskriterium korreliert ist. Dieser Befund kann nicht überraschen und bestätigt Hypothese HYP BOT$_1$.[327] Interessant ist in diesem Kontext vor allem die Stärke der Zusammenhänge, die bezüglich der **informativen Werbung** und dem kognitiven Erfolg nahezu einheitlich ausfällt. Hypothese HYP BOT$_2$ ist daher nur bedingt anzunehmen. Damit kann diese Gestaltungsform als phasenübergreifender Erfolgsfaktor der Werbung bezüglich des kognitiven Erfolges gewürdigt werden.[328] Die negativen Korrelationen dieser Erfolgsdimension mit der **emotionalen Werbung** können ebenfalls nicht überraschen, schließen sich die informativen und emotionalen Gestaltungsparameter der Werbung doch zu einem gewissen Grad aus, wenngleich beide Elemente in unterschiedlicher Ausprägung in jeder Werbebotschaft simultan anzutreffen sind.

Aufschlußreich ist des weiteren die Tatsache, daß informative Werbung einen deutlich positiven Zusammenhang mit dem Umsatzwachstum in der Schrumpfungsphase (r=0.45) sowie darüber hinaus in der Reifephase mit dem Marktanteilswachstum (r=0.30 bzw. r=0.39) aufweist. Dies kann allerdings nicht als Beleg der generellen Eignung informativer Werbung in diesen beiden Stadien gewertet werden. Vielmehr ist darin ein Indiz zu sehen, daß informative Werbung möglicherweise leichter umzusetzen ist als die emotionale Gestaltungsform. Vor diesem Hintergrund kann u. U. auch die negative Korrelation emotionaler Werbung mit dem konativen Erfolg in

---

[327] Darüber hinaus kann dieser Befund auch als Beleg für die Konsistenz und die Validität des gewählten Untersuchungsansatzes und des Antwortverhaltens der befragten Experten gewertet werden.

[328] Dieser Befund wird explizit in Kap. 5.1 einer differenzierten Analyse unterzogen.

der Schrumpfungsphase seine Erklärung finden.[329] Im Zusammenhang mit dem in diesem Stadium ausgeprägten Preiswettbewerb ist offensichtlich gerade an die gestalterische Umsetzung emotionaler Werbung ein hohes Anspruchsspektrum zu stellen, welches bei mangelhafter Gestaltungsadäquanz und -qualität negative Wirkungen zeitigen kann.[330] Dies mag auch bedingt die Tatsache erklären, warum lediglich in der Wachstums- und Reifephase emotionale Werbung in deutlich positiver Beziehung zum affektiven Werbeerfolg steht ($r=0.52$ bzw. $r=0.54$). Hierbei ist zu berücksichtigen, daß der Anteil kontinuierlicher Werbung in diesen beiden Stadien besonders hoch ist, so daß sich dadurch die phasenspezifische Begründung des aufgezeigten Sachverhalts ergeben könnte.[331] Die negative Korrelation der emotionalen Werbung mit dem Umsatzwachstum in der Einführungsphase ($r=-0.46$) spricht schließlich für die bereits an anderer Stelle herausgearbeitete Adäquanz vorrangig informativer Gestaltungsstrategien in diesem Stadium. Die Untersuchungshypothese HYP BOT_3 muß somit abgelehnt werden.

4.32 Formale Gestaltung

Die **Gestaltungskonstanz** wirkt sich entsprechend der Annahme in Hypothese HYP BOT_4 als Erfolgsfaktor der Wachstumsphase aus: Gravierende Modifikationen in der kreativen Gestaltung der Werbung sind negativ mit dem Umsatzwachstum ($r=-0.33$)

---

[329] Diese Interpretation kann anhand des vorliegenden Datenmaterials nicht als gesicherte Erkenntnis aufgefaßt werden. Zur zweifelsfreien Klärung dieser Befunde sind weitere Erhebungen notwendig.

[330] Kroeber-Riel weist auf die notwendige konsistente Einbeziehung der werblichen Erlebnisdimensionen in das gesamte Marketing-Mix hin. Vgl. Kroeber-Riel, W., Strategie und Technik der Werbung, a.a.O., S. 73.

[331] Es kann angenommen werden, daß gerade die affektive Erfolgsdimension mit ihren Bestandteilen Image und Konkurrenzdifferenzierung etc. tendenziell eher im Rahmen einer kontinuierlich angelegten Werbekampagne zu realisieren ist.

in diesem Stadium korreliert. Dieser Befund ist insofern überraschend, als in der Wachstumsphase Positionierungs- und Zielgruppenstrategiewechsel als Erfolgsfaktoren herausgearbeitet wurden. Offensichtlich bezieht sich die Umsetzung der Modifikationsstrategie weniger auf die kreative Gestaltung als vielmehr auf Aspekte der Budgetierung und der Zusammensetzung des Kommunikations-Instrumente-Mix. Daher kann der Wirkungsbeitrag der Gestaltungskonstanz auch in gewisser Weise als Bestätigung der angeführten Erkenntnisse der Lerntheorie gelten.[332]

Die **Gestaltungsmodifikation** ist demgegenüber positiv mit dem Umsatzwachstum in der Schrumpfungsphase korreliert (r=0.40). In dieser Phase wird die Gestaltungsmodifikation offensichtlich erfolgreich eingesetzt, um auf Produktverbesserungen aufmerksam zu machen und Neuheitseffekte des Positionierungswechsels zu realisieren. Hypothese HYP BOT$_5$ kann demnach, zumindest für die Schrumpfungsphase, nicht zurückgewiesen werden.

4.4 Erfolgsfaktoren der medialen Exposition

Die in den Abbildungen 29 a bis d angeführten Zusammenhänge zwischen den medialen Bestimmungsfaktoren und den Erfolgsdimensionen sind insgesamt schwächer ausgeprägt als die Zusammenhänge mit anderen Variablengruppen. Dennoch lassen sich phasenspezifische Besonderheiten identifizieren, die zum einen die Mediengruppen und zum anderen das Veränderungspotential in der Media-Mix-Gestaltung betreffen.

---

[332] Vgl. hierzu auch die Ausführungen in Kap. B. 3.22.

Einführungsphase					
Erfolgsdimensionen Bestimmungsfaktoren	Kognitiver Erfolg	Affektiver Erfolg	Konativer Erfolg	Umsatzwachstum	Marktanteilswachstum
Fernsehen	N.S.	N.S.	N.S.	N.S.	0,40
Hörfunk	N.S.	N.S.	N.S.	0,40	N.S.
Publikumszeitschriften	N.S.	N.S.	N.S.	N.S.	N.S.
Fachzeitschriften	N.S.	N.S.	N.S.	N.S.	-0,46
Tageszeitungen	N.S.	N.S.	N.S.	N.S.	N.S.
Modifikation des Media-Mix	0,32	N.S.	N.S.	-0.58	N.S.

Alle angegebenen Korrelationskoeffizienten haben ein Signifikanzniveau von α ‹ 0,1, unterstrichene Koeffizienten von α ‹ 0,05

Abb. 29a: Beziehungen zwischen den medialen Bestimmungsfaktoren und den Erfolgsdimensionen in der Einführungsphase

Wachstumsphase					
Erfolgsdimensionen Bestimmungsfaktoren	Kognitiver Erfolg	Affektiver Erfolg	Konativer Erfolg	Umsatzwachstum	Marktanteilswachstum
Fernsehen	N.S.	N.S.	-0,16	N.S.	N.S.
Hörfunk	N.S.	N.S.	N.S.	N.S.	N.S.
Publikumszeitschriften	N.S.	N.S.	N.S.	N.S.	N.S.
Fachzeitschriften	-0.20	N.S.	N.S.	N.S.	N.S.
Tageszeitungen	N.S.	0.27	N.S.	N.S.	N.S.
Modifikation des Media-Mix	0.21	N.S.	0.26	N.S.	N.S.

Alle angegebenen Korrelationskoeffizienten haben ein Signifikanzniveau von α ‹ 0,1, unterstrichene Koeffizienten von α ‹ 0,05

Abb. 29b: Beziehungen zwischen den medialen Bestimmungsfaktoren und den Erfolgsdimensionen in der Wachstumsphase

Reifephase					
Bestim-mungsfaktoren \ Erfolgsdimensionen	Kognitiver Erfolg	Affektiver Erfolg	Konativer Erfolg	Umsatz-wachstum	Markt-anteils-wachstum
Fernsehen	N.S.	N.S.	N.S.	N.S.	N.S.
Hörfunk	N.S.	N.S.	N.S.	N.S.	N.S.
Publikums-zeitschriften	N.S.	N.S.	N.S.	N.S.	N.S.
Fachzeitschriften	N.S.	N.S.	0,32	N.S.	0,30
Tageszeitungen	N.S.	N.S.	N.S.	N.S.	0,26
Modifikation des Media-Mix	N.S.	N.S.	N.S.	N.S.	N.S.

Alle angegebenen Korrelationskoeffizienten haben ein Signifikanzniveau von $\alpha < 0,1$, unterstrichene Koeffizienten von $\alpha < 0,05$

Abb. 29c: Beziehungen zwischen den medialen Bestimmungsfaktoren und den Erfolgsdimensionen in der Reifephase

Schrumpfungsphase					
Bestim-mungsfaktoren \ Erfolgsdimensionen	Kognitiver Erfolg	Affektiver Erfolg	Konativer Erfolg	Umsatz-wachstum	Markt-anteils-wachstum
Fernsehen	N.S.	N.S.	-0,30	N.S.	N.S.
Hörfunk	N.S.	N.S.	N.S.	N.S.	N.S.
Publikums-zeitschriften	N.S.	N.S.	N.S.	0,55	0,49
Fachzeitschriften	0,32	N.S.	N.S.	N.S.	N.S.
Tageszeitungen	-0,36	N.S.	N.S.	N.S.	0,41
Modifikation des Media-Mix	N.S.	N.S.	N.S.	-0,61	N.S.

Alle angegebenen Korrelationskoeffizienten haben ein Signifikanzniveau von $\alpha < 0,1$, unterstrichene Koeffizienten von $\alpha < 0,05$

Abb. 29d: Beziehungen zwischen den medialen Bestimmungsfaktoren und den Erfolgsdimensionen in der Schrumpfungsphase

4.41 Elektronische Medien

Die **Fernsehwerbung** ist positiv korreliert mit dem Marktanteilswachstum in der Einführungsphase (r=0.40). Negative Wirkungszusammenhänge ergeben sich demgegenüber hinsichtlich des konativen Erfolges in der Wachstums- und Schrumpfungsphase. Damit weist sich die Fernsehwerbung wie vermutet als Erfolgsfaktor in der Einführungsphase aus. Die z. T. schwach negativen Beziehungszusammenhänge in der Wachstums- und Schrumpfungsphase deuten darauf hin, daß andere Medien in diesen Stadien besser geeignet sind: Positive, aber statistisch nicht signifikante Wirkungszusammenhänge bestehen hinsichtlich des konativen Erfolges in der Wachstumsphase mit Hörfunk- und Tageszeitungswerbung, in der Schrumpfungsphase mit Publikums- und Fachzeitschriftenwerbung.

In der Einführungsphase kommt der **Hörfunkwerbung** ein ähnliches Bedeutungsgewicht wie der Fernsehwerbung zu: Je höher das Werbebudget für den Hörfunk angesetzt wird, desto stärker steigt in diesem Stadium der Produktumsatz (r=0.40). Damit wird die besondere Eignung der Werbung im Hörfunk in der Einführungsphase betont, die über die rasche Bekanntmachung zu Kaufimpulsen führen kann. Sie weist ihren Erfolgscharakter letztendlich als signifikanten Beitrag zum Umsatzwachstum aus. Die der Hörfunkwerbung auch zugesprochene Reaktualisierungsfunktion für Marken in der Schrumpfungsphase kann demgegenüber nicht nachgewiesen werden.[333]

---

[333] Der Beziehungszusammenhang zur Hörfunkwerbung ist nur schwach positiv ausgeprägt und nicht signifikant nachweisbar.

4.42 Insertionsmedien

Der Einsatz von **Publikumszeitschriften** als Werbeträger steht primär in der Schrumpfungsphase in deutlich positivem Zusammenhang mit dem Umsatz- und Marktanteilswachstum ($r=0.55$ bzw. $r=0.49$). Das ausgeprägte Beziehungsgefüge kann als Beleg der besonderen Eignung der Werbung in Publikumszeitschriften zur Stärkung von Konsumgewohnheiten i. S. der Festigungswerbung angesehen werden. Dieser Befund bestätigt auch die Zweckmäßigkeit der in diesem Stadium relevanten Imagewerbung und kontinuierlichen Werbebudgetzielung, welche im Kontext der Publikumszeitschriftenwerbung zu interpretieren sind. Interessant erscheint hierbei die Tatsache, daß entgegen den Annahmen in der Literatur über alle Lebenszyklusphasen hinweg keine signifikanten Effekte im Hinblick auf den affektiven Erfolg nachweisbar sind. Dies kann u. U. damit erklärt werden, daß die Gestaltungsmuster nicht den qualitativen Anforderungen und notwendigen Sozialtechniken der Werbung entsprechen.

Der Einsatz von **Fachzeitschriften** als flankierendes Medium ist ein Erfolgsfaktor mit wechselndem Vorzeichen im Produktlebenszyklus. Während Fachzeitschriften in der Einführungs- und Wachstumsphase negativ mit dem Marktanteilswachstum ($r=-0.46$) bzw. dem kognitiven Erfolg ($r=-0.20$) in Beziehung stehen, ist ein positiver Zusammenhang besonders in der Reifephase hinsichtlich ökonomischer Erfolgsdimensionen nachweisbar. In der Schrumpfungsphase ist schließlich der Einsatz von Fachzeitschriften positiv mit dem kognitiven Erfolg korreliert ($r=0.32$).

Während der Befund in der Schrumpfungsphase mit der notwendigen Information über Produktmodifikationen und Relaunchmaßnahmen auch bei den Handelspartnern begründet werden kann, kommt in der Reifephase dem Medium Fachzeitschrift offensichtlich insofern Erfolgscharakter zu, als dem in diesem Stadium hohen Konfliktpotential zum Handel sowie dem einsetzenden Preiswettbewerb adäquat zu begegnen ist. Der zunächst überraschende negative Zusammenhang zwischen Fachzeitschriftenwerbung und kognitivem Erfolg in der Wachstumsphase läßt darauf schließen, daß Fachzeitschriften in diesem Stadium weniger geeignet sind, um einsetzende Promotionsaktivitäten wirksam zu fördern und durch andere Medien substituiert werden.[334]

Hierzu sind vermutlich **Tageszeitungen** besser geeignet. Diese Annahme wird gestützt durch den positiven Zusammenhang zwischen dem affektiven Erfolg und diesem Medium in der Wachstumsphase (r=0.27). Offensichtlich sind Tageszeitungen gut geeignet, um unter anderem zum Aufbau von Markenbindung, Aktualität und zur Konkurrenzdifferenzierung in diesem Stadium beizutragen. Darüber hinaus zeigt das abgestimmte Vorgehen mit dem Handel in dieser Phase, daß auch Effekte der integrationsabhängigen Bestimmungsfaktoren bei der Erzielung des affektiven Erfolges mit zum Tragen kommen.[335]

Die Impulsgeberfunktion der Tageszeitung als Auslöser von Kaufhandlungen steht in der Reife- und Schrumpfungsphase im Zentrum: Das Marktanteilswachstum korreliert in diesen Produktlebenszyklusstadien positiv mit dem verausgabten Budget für Tageszeitungen (r=0.26 bzw. r=0.41). Der negative Zusammenhang zwischen dem kognitiven Erfolg und den Tageszeitungen deutet darüber hinaus in der Schrumpfungsphase darauf hin, daß andere Medien wie z. B. Fachzeitschriften besser geeignet sind, um Produktinformationen wirksam zu vermitteln.

Insgesamt kann damit Hypothese HYP MED$_1$, die einen positiven Erfolgszusammenhang von Fernsehen, Hörfunk und Tageszeitungen in der Einführungswerbung vermutet, tendenziell bestätigt werden. Bezüglich der Wirkung von Werbung in

---

[334] Dies betrifft insbesondere Hörfunk und Tageszeitungen, die zwar positive, nicht jedoch signifikante Beziehungszusammenhänge zu den Erfolgsdimensionen aufweisen.

[335] Vgl. hierzu die Ergebnisinterpretation in Kap. C. 4.5.

Fach- und Publikumszeitschriften i. S. der Festigungswerbung in späteren Lebenszyklusphasen ist darüber hinaus Hypothese HYP MED_2 uneingeschränkt anzunehmen.

4.43 Modifikation des Media-Mix

Die **Veränderung der Bestandteile des Media-Mix** erlangt insbesondere in der Reifephase eine gewisse Relevanz: Schwach positive Korrelationen ergeben sich mit den kognitiven ($r=0.21$) und den konativen ($r=0.26$) Erfolgsdimensionen. Dies erscheint insofern plausibel, als in diesem Stadium eine Neuausrichtung der wettbewerbsstrategischen Positionierung ebenfalls als Erfolgsfaktor identifiziert wurde. Der Befund ist damit konsistent zu diesem Ergebnis.

Demgegenüber ist in der Einführungs- und in der Schrumpfungsphase bezüglich der Steigerung des Umsatzwachstums eher ein konstantes Media-Mix i. S. einer Beibehaltung der bisherigen Mediastrategie vorzuziehen. Damit muß Hypothese HYP MED_3 insgesamt abgelehnt werden.

4.5 Integrationsabhängige Erfolgsfaktoren

Abschließend lassen sich auch hinsichtlich der integrationsabhängigen Bestimmungsfaktoren - die Korrelationskoeffizienten sind in den Abbildungen 30 a bis d phasenweise dargestellt - Erkenntnisse gewinnen, die in Zusammenhang mit den bislang abgeleiteten Erfolgsfaktoren einer Interpretation zuzuführen sind.

Die **Einheitlichkeit der Werbung** i. S. eines über alle Medien hinweg inhaltlich und formal abgestimmten Werbeauftritts steht in positiver Beziehung zum affektiven ($r=0.34$) und konativen ($r=0.22$) Erfolg in der Reifephase sowie zum affektiven Erfolg ($r=0.30$) und Umsatz- und Marktanteilswachstum ($r=0.65$ bzw. $r=0.52$) in der Schrumpfungsphase. Die

Tatsache, daß sowohl in der Reife- als auch in der Schrumpfungsphase gerade der affektive Erfolg positive Zusammenhänge mit der Einheitlichkeit der Werbung aufweist, bestätigt das in der Literatur angeführte Bedeutungsgewicht von Integrationsmechanismen, um emotionale und auf affektive Wirkungen zielende Werbung erfolgreich umzusetzen.[336] Dieser Befund korrespondiert auch mit dem positiven Zusammenhang der kontinuierlichen Werbung und den relevanten Erfolgsdimensionen in diesem Stadium und bestätigt tendenziell Hypothese HYP INT_4. Demgegenüber ist der Einfluß des einheitlichen Werbeauftritts in der Einführungs- und Wachstumsphase nicht signifikant. Hier scheinen andere Integrationsmechanismen zum Tragen zu kommen.

In der Wachstumsphase sind es insbesondere die Abgestimmtheit des Werbekonzeptes und die integriert eingesetzte Fachwerbekampagne, die die besondere Relevanz der pushorientierten Kommunikation in diesem Stadium hervorheben. Die **Abgestimmtheit des Konzeptes** mit dem Handel steht demnach in positivem Beziehungszusammenhang mit dem affektiven Erfolg (r=0.28) und dem Umsatzwachstum (r=0.30), während die **integrierte Fachwerbekampagne** mit allen drei subjektiv erhoben Erfolgsdimensionen positiv korreliert ist.

Die Abgestimmtheit der Kampagne kann allerdings nicht als genereller Erfolgsfaktor der Werbung über alle Lebenszyklusphasen hinweg gewertet werden. In der Reifephase ist das abgestimmte Konzept sogar negativ mit dem Marktanteilswachstum (r=-0.26) korreliert, in der Schrumpfungsphase noch stärker mit dem Umsatz- und Marktanteilswachstum (r=-0.73 bzw. r=-0.70). Hypothese HYP INT_2 ist demnach abzulehnen. Dieses Ergebnis deutet für die beiden angeführten Phasen darauf hin, daß sich vermutlich aufgrund eines gewissen Konfliktpotentials in den Beziehungen zum Handel

---

[336] Durch formale Vereinheitlichungen wie einheitliche Markenzeichen, Logos, Slogans, Schrifttypen etc. sind leichtere Wiedererkennbarkeit und Lernerfolge bei den Rezipienten gegeben. Vgl. Bruhn, M., Integrierte Unternehmenskommunikation, a.a.O., S. 36 f.

	Einführungsphase				
Bestimmungsfaktoren \ Erfolgsdimensionen	Kognitiver Erfolg	Affektiver Erfolg	Konativer Erfolg	Umsatzwachstum	Marktanteilswachstum
Einheitliche Kampagne	N.S.	N.S.	N.S.	N.S.	N.S.
Abgestimmtes Konzept	N.S.	N.S.	N.S.	N.S.	N.S.
Integrierte Fachwerbekampagne	-0,27	-0.36	-0.36	N.S.	N.S.

Alle angegebenen Korrelationskoeffizienten haben ein Signifikanzniveau von $\alpha < 0,1$, unterstrichene Koeffizienten von $\alpha < 0,05$

Abb. 30a: Beziehungen zwischen den integrationsabhängigen Bestimmungsfaktoren und den Erfolgsdimensionen in der Einführungsphase

	Wachstumsphase				
Bestimmungsfaktoren \ Erfolgsdimensionen	Kognitiver Erfolg	Affektiver Erfolg	Konativer Erfolg	Umsatzwachstum	Marktanteilswachstum
Einheitliche Kampagne	N.S.	N.S.	N.S.	N.S.	N.S.
Abgestimmtes Konzept	N.S.	0.28	N.S.	0.30	N.S.
Integrierte Fachwerbekampagne	0,17	0.29	0.21	N.S.	N.S.

Alle angegebenen Korrelationskoeffizienten haben ein Signifikanzniveau von $\alpha < 0,1$, unterstrichene Koeffizienten von $\alpha < 0,05$

Abb. 30b: Beziehungen zwischen den integrationsabhängigen Bestimmungsfaktoren und den Erfolgsdimensionen in der Wachstumsphase

Reifephase					
Bestimmungsfaktoren \ Erfolgsdimensionen	Kognitiver Erfolg	Affektiver Erfolg	Konativer Erfolg	Umsatzwachstum	Marktanteilswachstum
Einheitliche Kampagne	N.S.	0,34	0,22	N.S.	N.S.
Abgestimmtes Konzept	N.S.	N.S.	0,23	N.S.	-0,26
Integrierte Fachwerbekampagne	-0,21	N.S.	N.S.	N.S.	N.S.

Alle angegebenen Korrelationskoeffizienten haben ein Signifikanzniveau von α ‹ 0,1, unterstrichene Koeffizienten von α ‹ 0,05

Abb. 30c: Beziehungen zwischen den integrationsabhängigen Bestimmungsfaktoren und den Erfolgsdimensionen in der Reifephase

Schrumpfungsphase					
Bestimmungsfaktoren \ Erfolgsdimensionen	Kognitiver Erfolg	Affektiver Erfolg	Konativer Erfolg	Umsatzwachstum	Marktanteilswachstum
Einheitliche Kampagne	N.S.	0,30	N.S.	0,65	0,52
Abgestimmtes Konzept	N.S.	N.S.	N.S.	-0,73	-0,70
Integrierte Fachwerbekampagne	N.S.	N.S.	N.S.	N.S.	N.S.

Alle angegebenen Korrelationskoeffizienten haben ein Signifikanzniveau von α ‹ 0,1, unterstrichene Koeffizienten von α ‹ 0,05

Abb. 30d: Beziehungen zwischen den integrationsabhängigen Bestimmungsfaktoren und den Erfolgsdimensionen in der Schrumpfungsphase

und eines relativ hohen Preis- und Promotionsdrucks der Abstimmungsprozeß mit dem Handel schwierig gestaltet.

Die integrierte Fachwerbekampagne beeinflußt schließlich negativ den kognitiven, affektiven und konativen Erfolg in der Einführungsphase sowie den konativen Erfolg in der Reifephase. Damit wird erkenntlich, daß die Integration der werblichen Maßnahmen keinen generellen Erfolgsfaktor darstellt, die Hypothesen HYP INT_1 und HYP INT_3 damit zu verwerfen sind. Dies kann jedoch umgekehrt auch nicht zu der Schlußfolgerung führen, daß Integrationstechniken keinen Erfolgseinfluß hätten. Vielmehr ist auch an dieser Stelle im Einzelfall die qualitative Umsetzung des Gesamtkonzeptes zu würdigen.[337]

4.6 Synoptischer Überblick der Beziehungszusammenhänge

Im Gesamtüberblick stellt Abbildung 31 die signifikanten Korrelationsbeziehungen zwischen den werblichen Erfolgsfaktoren und den Erfolgsdimensionen differenziert nach Produktlebenszyklusphasen gegenüber.

Während in der Einführungsphase die Erfolgsfaktoren vor allem durch eine Dominanz von budgetabhängigen und zielgruppenstrategischen Erfolgsfaktoren geprägt sind, ist die Wachstumsphase durch eine verstärkt taktische Ausrichtung der werblichen Erfolgsfaktoren und eine überdurchschnittliche Relevanz des Handels zu kennzeichnen. Die kontinuierliche Werbung und die Ausrichtung auf Stammkunden kristallisieren sich in der Reifephase heraus und charakterisieren das strategische Bedeutungsgewicht der Erfolgsfaktoren dieses Stadiums. In der Schrumpfungsphase sind schließlich Positionierungswechsel und höhere Werbebudgets als zentrale Determinanten des Werbeerfolgs zu benennen, die Relaunchmaßnahmen zielgerichtet unterstützten können.

---

[337] Hierüber liegen bezüglich der Datenbasis der vorliegenden Arbeit jedoch keine hinreichenden Erkenntnisse vor.

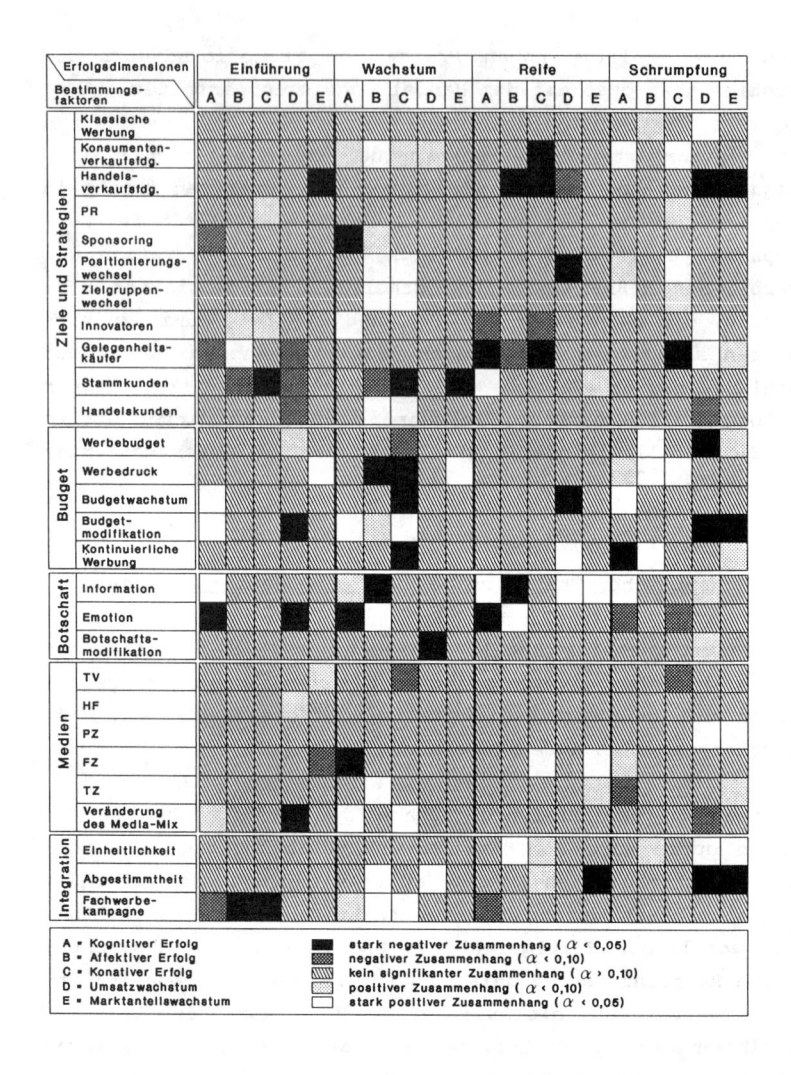

Abb. 31: Synoptische Übersicht der ermittelten Beziehungszusammenhänge im Produktlebenszyklus

Mit der bisherigen Analyse wurden isoliert Beziehungszusammenhänge zwischen Bestimmungsfaktoren und Erfolgsdimensionen dargestellt. Im Vordergrund stand dabei die Interdependenzanalyse, die durch die Interpretation der ermittelten Korrelationskoeffizienten Aussagen über die Stärke und die Richtung von Zusammenhängen zwischen den abhängigen und den unabhängigen Variablen ermöglichtete.

Die Auswertung erlaubt jedoch bislang noch keine Aussage über die eindeutige Richtung des Zusammenhanges, der nicht umkehrbar ist i. S. der Dependenzanalyse, und den Erklärungsgehalt der ermittelten Zusammenhänge. Dazu ist eine Regressionsanalyse durchzuführen, die im folgenden alle als signifikant ermittelten Erfolgsfaktoren einbeziehen soll. Die integrierte Analyse erfolgt getrennt nach Lebenszyklusphasen und Erfolgsdimensionen. Um das Problem der Multikollinearität und damit potentielle Ergebnisverzerrungen zu umgehen, werden in die Regression nur solche Bestimmungsfaktoren einbezogen, die untereinander einen Korrelationskoeffizienten von kleiner 0.5 aufweisen.[338]

---

[338] Für den Fall, daß Korrelationskoeffizienten größer als 0.5 ausfielen, wurde einer der beiden Bestimmungsfaktoren aus der Regressionsgleichung eliminiert und im Rahmen der anschließenden Interpretation bzw. Ergebnisdiskussion berücksichtigt. Dadurch kann die Prämisse des linearen Regressionsmodells als eingehalten gelten, nach der die Regressoren voneinander unabhängig sein müssen. Backhaus et al. halten Korrelationskoeffizienten, die nahe 1 liegen als Hinweis für das Vorliegen ernsthafter Multikollinearität. Vgl. Backhaus, K., et al., Multivariate Analysemethoden, a.a.O., S. 35 f.

5. Integrierte Analyse der Erfolgsfaktoren der Werbung im Produktlebenszyklus

Im folgenden sind die im Laufe der Arbeit herauskristallisierten einzelnen Erfolgsfaktoren in einen größeren Zusammenhang zu stellen. Auf Basis einer multiplen Regressionsanalyse werden in simultaner Form die Einflußwirkungen der Erfolgsfaktoren quantifiziert.[339] Auf diese Weise können die eigenständigen Faktoren identifiziert werden, die eine besondere Rolle für die Erreichung der Werbeziele spielen. Dazu wird eine getrennte phasenspezifische Analyse bezüglich der abgeleiteten subjektiven und objektiven Erfolgsdimensionen durchgeführt.[340]

5.1 Erfolgsfaktoren des kognitiven Werbeerfolgs

Die schrittweise Regressionsanalyse[341] ermittelt hinsichtlich des kognitiven Wirkungskriteriums in der **Einführungsphase** drei relevante Erfolgsfaktoren, die gemeinsam annä-

---

[339] Im Rahmen der multiplen Regressionsanalyse wird geprüft, ob zwischen einer abhängigen und mehreren unabhängigen Variablen ein gerichteter Zusammenhang besteht. Anhaltspunkte über die Höhe des Einflusses geben die sog. ß-Regressionskoeffizienten, deren numerische Werte in Abb. 31, 33, 34, 35 und 36 angegeben sind. Je höher dieser Wert absolut und im Vergleich zu den anderen betrachteten Erfolgsfaktoren ist, desto größer ist die Rolle, die er für die betrachtete abhängige Größe spielt. Die Ausdrucke der entsprechenden Regressionsanalysen befinden sich im Anhang I dieser Arbeit. Zur Regressionsanalyse vgl. u.a. Backhaus, K., et al., Multivariate Analysemethoden, a,a,O., S. 1-42.

[340] Vgl. hierzu Teil C. 3.2 dieser Arbeit.

[341] Vgl. zur schrittweisen Regressionsanalyse Backhaus, K., et al., Multivariate Analysemethoden, a.a.O., S. 23. Bei der schrittweisen Regression werden die unabhängigen Variablen nacheinander einzeln in die Regressionsgleichung einbezogen. Dabei wird jeweils diejenige Variable ausgewählt, die ein bestimmtes Gütekriterium maximiert. Aus der Rangfolge der Aufnahme läßt sich die statistische Wichtigkeit der Variablen ableiten.

hernd 54 % der Gesamtvarianz[342] der Erfolgsgrößen erklären.[343] Die ß-Regresionskoeffizienten für die Einführungs- und die anderen Produktlebenszyklusphasen sind in Abbildung 30 angegeben.

Wichtigster Erfolgsfaktor ist in diesem Stadium die informative Werbung. Dies kann nicht verwundern, muß doch in der Einführungsphase das beworbene Produkt zunächst mittels einer zieladäquaten Werbebotschaft bekanntgemacht werden. Hierzu ist offenkundig eine Werbung vorteilhaft, die Produktinformationen und den Markennamen in den Vordergrund der werblichen Gestaltung rückt. Vor dem Hintergrund des hohen Bedeutungsgewichtes der kognitiven Werbeziele in der Einführungsphase gewinnt dieser Befund noch an Prägnanz.

Bemerkenswerte Spezifikationen stellen in der Einführungsphase die positiven Ausprägungen des Erfolgsfaktors der Budgetmodifikation und des Budgetwachstums dar. Obwohl im Einfluß deutlich weniger stark ausgeprägt als die kreative Gestaltung im Rahmen der informativen Werbung, deuten diese beiden Erfolgsfaktoren doch auf die herausgehobene Bedeutung der Höhe des Werbebudgets in diesem Stadium hin.[344] Insofern bestätigt sich in diesem Befund auch die ermittelte Relevanz der intensiven Mediawerbung als konstitutives Phasencharakteristikum der Einführungsphase, um Markterfolg zu realisieren.[345]

---

[342] Angegeben ist hier und im folgenden jeweils das lineare multiple Bestimmheitsmaß R^2. Vgl. zur Berechnung und Interpretation Backhaus, K., et al., Multivariate Analysemethoden, a.a.O., S. 13 ff.

[343] Aufgrund des hohen negativen Korrelationskoeffizienten der Variablen "Informative Werbung" und "Emotionale Werbung" in der Einführungsphase konnte der letztgenannte Erfolgsfaktor nicht in die entsprechende Regressionsanalyse einbezogen werden.

[344] Insofern ist die Ablehnung von HYP STRAT$_{21}$ in Kap. C. 4.11 durch dieses Ergebnis zumindest z.T. zu revidieren.

[345] Vgl. hierzu auch Abb. 15.

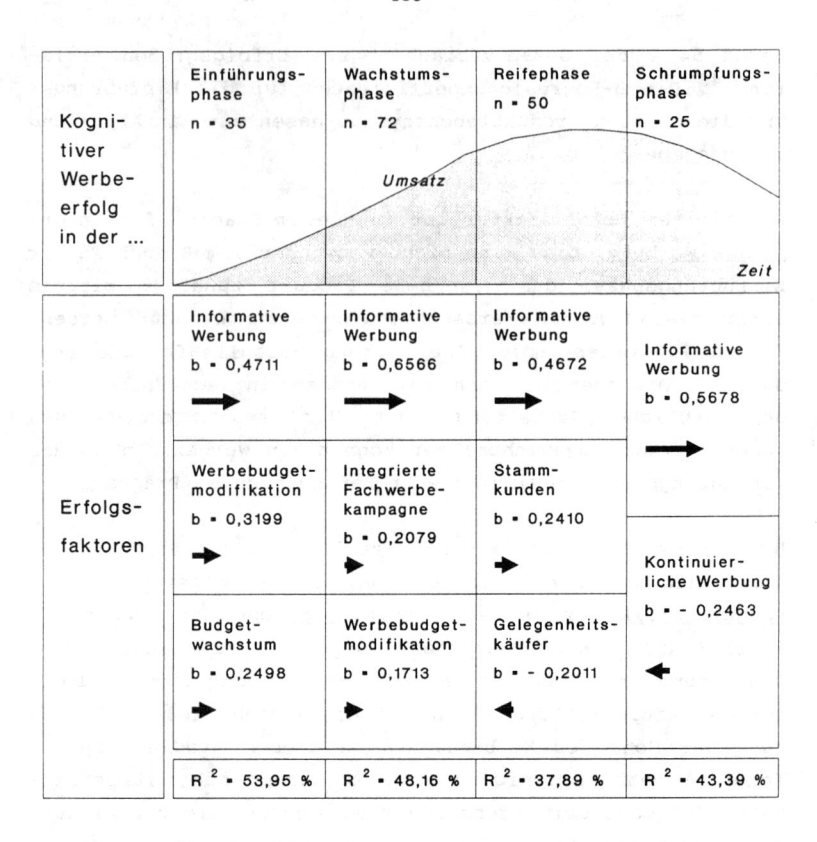

	Einführungsphase n = 35	Wachstumsphase n = 72	Reifephase n = 50	Schrumpfungsphase n = 25
Kognitiver Werbeerfolg in der ...		Umsatz		Zeit
Erfolgs- faktoren	Informative Werbung b = 0,4711 →	Informative Werbung b = 0,6566 →	Informative Werbung b = 0,4672 →	Informative Werbung b = 0,5678 →
	Werbebudget- modifikation b = 0,3199 →	Integrierte Fachwerbe- kampagne b = 0,2079 →	Stamm- kunden b = 0,2410 →	Kontinuier- liche Werbung b = - 0,2463 ←
	Budget- wachstum b = 0,2498 →	Werbebudget- modifikation b = 0,1713 →	Gelegenheits- käufer b = - 0,2011 ←	
	R^2 = 53,95 %	R^2 = 48,16 %	R^2 = 37,89 %	R^2 = 43,39 %

Abb. 32: Erfolgsfaktoren des kognitiven Werbeerfolgs

Die Aufteilung des Werbebudgets ist in der Einführungsphase stark zu modifizieren. Dies ist plausibel, sind die Rahmenparameter in diesem Marktstadium doch oftmals durch gravierende Veränderungen und Diskontinuitäten charakterisiert, die Budgetmodifikationen erforderlich machen. Eine inhaltliche Interpretation dieses Erfolgsfaktors ermöglicht die Einflußrichtung und -stärke des Budgetwachstums, welches konsistent in positivem Beziehungszusammenhang zum kognitiven Werbeerfolg steht.

In der **Wachstumsphase** gewinnt die <u>informative Werbung</u> als Erfolgsfaktor noch an Bedeutungsgewicht.[346] Dies ist insofern von Signifikanz, als dem Ziel des Aufbaus der Markenbekanntheit in dieser Produktlebenszyklusphase eine überdurchschnittliche Wichtigkeit zukommt. Durch gezielte informationshaltige Botschaftskomponenten kann diese Zielsetzung besonders gefördert werden. Emotionale Botschaftsformen sind demgegenüber als ungeeignet anzusehen, um kognitiven Werbeerfolg zu erzielen.

Neben dem Konsumenten als Endverbraucher des Produktes besitzt der Handel als Marktpartner in der Wachstumsphase eine wichtige Erfolgsstellung. Durch <u>integrierte Fachwerbekampagnen</u> wird der Handel wirksam über die Marke informiert und entsprechend instruiert. Der positive, wenn auch um rund 2/3 im Vergleich zur informativen Botschaftsgestaltung schwächere, Beitrag zum kognitiven Werbeerfolg belegt anschaulich, daß vor allem das Instrument der Handelswerbung einen hohen mittelbaren Beitrag zur Schaffung von Markenbekanntheit und zur Steigerung des Niveaus der Produktinformation bei den Verbrauchern leisten kann. Gerade in der Wachstumsphase, in der oftmals noch Informations-

---

[346] Aus der Regressionsanalyse wurden zur Vermeidung von Effekten der Multikollinearität die "Emotionale Werbung" ausgeschlossen, die stark negativ mit der "Informativen Werbung" in diesem Stadium korreliert ist. Eine stark positive Korrelation ergab sich des weiteren im Hinblick auf die Erfolgsfaktoren "Media-Mix modifiziert" und "Werbebudget verändert". Hier wurde das "Media-Mix" aus der Analyse ausgeschlossen.

und Bekanntheitsdefizite bei den Verbrauchern festzustellen sind, erweist sich die Fachwerbekampagne als adäquate Kommunikationsform. Dies ist auch im Kontext mit der aufgezeigten Bedeutung der intensiven Distributionspolitik in diesem Stadium zu explizieren.

Von etwas schwächerer Relevanz für den kognitiven Erfolg ist die Budgetmodifikation. Aufschlußreich ist insbesondere der Vergleich zur Bedeutung in der Einführungsphase, in der der Einfluß fast doppelt so hoch ausfällt. Dennoch wird hiermit einmal mehr die Bedeutung budgetbestimmter Erfolgsfaktoren hervorgehoben, die ebenfalls in Veränderungen des Media-Mix ihren Ausdruck findet. Mit einem Bestimmtheitsmaß von über 48 % ist der Erklärungsgehalt in diesem Stadium insgesamt recht hoch.

In der **Reifephase** tritt neben den dominierenden Einfluß der informativen Werbung vor allem - wenngleich auch mit etwas schwächerem Einfluß - die adäquate Zielgruppenstrategie als zentraler Erfolgsfaktor des kognitiven Erfolges.[347] Hierbei sind insbesondere solche Werbestrategien als vorteilhaft anzusehen, die primär auf Stammkunden zielen und damit auf die Kernzielgruppe der loyalen Wiederverkäufer gerichtet sind. Dieses Ergebnis kann im Sinne der Festigungswerbung präzisiert werden, wobei bestehende Konsumgewohnheiten bei den bisherigen Käufern durch die Werbung zu bestätigen sind. Der negative Beitrag von den vorrangig auf Gelegenheitskäufer gerichteten Zielgruppenstrategien unterstreicht das Bedeutungsgewicht von Stammkunden in diesem Stadium.[348]

In der **Schrumpfungsphase** einer Marke ändern sich, wie bereits angesprochen, zentrale Wettbewerbsparameter gra-

---

[347] Die "Emotionale Werbung" wurde aufgrund der starken Korrelationsbeziehung zur "Informativen Werbung" in der Reifephase aus der Regressionsanalyse ausgeschlossen.

[348] Mit einem Bestimmtheitsmaß von $R^2 = 37,89\%$ können jedoch immerhin rund 60% der Streuung der Gesamtvarianz nicht durch die Regressionsgleichung erklärt werden.

vierend. Dies führt konsequent auch zu einer Verschiebung der Erfolgsfaktoren. Wie in den anderen Lebenszyklusphasen steht in diesem Stadium allerdings ebenfalls die Botschaftsgestaltung in Form der informativen Werbung als zentraler Erfolgsfaktor des kognitiven Erfolges im Mittelpunkt.[349] Das im Vergleich zur Reifephase gewachsene Bedeutungsgewicht dieses Erfolgsfaktors kann im Zusammenhang mit den in der Schrumpfungsphase eingeleiteten Relaunch- und Neupositionierungsmaßnahmen erklärt werden: Diese Gestaltungsparameter machen eine verstärkte informative Ausrichtung der Botschaft erforderlich.

Daneben kommt der zeitlichen Zielung des Werbebudgets i. S. der pulsierenden Werbung Erfolgscharakter zu. Gerade in der Schrumpfungsphase, in der eine Aktualisierung der Werbekampagne notwendig wird, ist es eine wirksame Strategie, das Werbebudget pulsierend einzusetzen, um den kognitiven Erfolg zu stabilisieren.[350]

Insgesamt kann die kreative Botschaftsgestaltung **über alle Lebenszyklusphasen** hinweg als zentrale Komponente des kognitiven Erfolges angesehen werden: Eine informative Botschaftsgestaltung, welche die beworbene Marke in den Vordergrund stellt, übt einen signifikant positiven und andere Erfolgsfaktoren deutlich überlagernden Beitrag zum kognitiven Erfolg aus. Dieses Resultat bestätigt auch die Ergebnisse der Untersuchungen von Buzzell, Arnold et al., die auf die dominierende Rolle der Botschaftsgestaltung als Erfolgsfaktor gegenüber dem Werbebudget hinweisen.[351] Vor dem Hintergrund erscheint es zweckmäßig, im folgenden Ausprägungsformen der informativen Werbung in den einzelnen

---

[349] Hierbei ist jedoch auf die für dieses Stadium nur unterdurchschnittliche Bedeutung dieser Wirkungsdimension im Vergleich zu den anderen Produktlebenszyklusphasen hinzuweisen.

[350] Vgl. hierzu auch Kap. C. 4.22.

[351] Vgl. insbes. die in den FN 201 und 202 zitierten Quellen.

Zyklusphasen näher zu beleuchten. Hierzu wird eine phasenspezifische Korrelationsanalyse durchgeführt, die der informativen Werbung relevante Produkt- und Werbecharakteristika gegenüberstellt.[352] Während bei den Produktcharakteristika der Beziehungszusammenhang der Unique Selling Proposition (USP)[353], des Gebrauchs- und des Prestigenutzens zur informativen Werbung ermittelt wird, sind die Unique Advertising Proposition (UAP)[354], Umweltschutz-, Fitness- und Genußargumente zentrale werbliche Charakteristika. Die Pearson'schen Korrelationskoeffizienten sind in Abbildung 33 wiedergegeben.

		Informative Werbung in der Produktlebenszyklusphase			
		Einführung	Wachstum	Reife	Schrumpfung
Produktcharakteristika	Ausgeprägte USP	0.36	N.S.	N.S.	0.65
	Hoher Gebrauchsnutzen	0.37	0.46	0.67	0,34
	Hoher Prestigenutzen	N.S.	-0.43	N.S.	N.S.
Werbecharakteristika	Ausgeprägte UAP	N.S.	-0.23	N.S.	N.S.
	Umweltschutzargumente	N.S.	0.33	0.36	N.S.
	Gesundheits- und Fitnessargumente	0.50	0.22	0.21	N.S.
	Genuss- und Luxusargumente	-0.39	-0.39	-0.42	-0,29

Unterstrichene Werte: $\alpha < 0,05$ Nicht unterstrichene Werte: $\alpha < 0,10$ N.S. = nicht signifikant

Abb. 33: Korrelationsmatrix der informativen Werbung mit produkt- und werbegestalterischen Ausprägungsparametern

---

[352] Vgl. zur Operationalisierung der jeweiligen Parameter Frage 4 c) und 12 des Fragebogens.

[353] Zur Unique Selling Proposition (USP), die als Einmaligkeit des Produktversprechens umschrieben werden kann, vgl. Haedrich, G., Berger, R., Angebotspolitik, Schriftenreihe Marketing Management, Bd. 6, Hrsg.: Haedrich, G., Berlin, New York 1982, S. 108 f.

[354] Vgl. zur definitorischen Abgrenzung der "UAP" FN 297.

- In der **Einführungsphase** besteht ein deutlich positiver Zusammenhang zwischen dem Einsatz informativer Werbung und dem Gebrauchsnutzen sowie dem USP des neueingeführten Produktes. Dies deutet darauf hin, daß die informative Werbung um so stärker ihre Wirkung entfalten kann, je ausgeprägter sich die Produktvorteile darstellen. Damit bestätigt sich der im Zusammenhang der unternehmensinternen Determinanten des Produktlebenszyklus herausgearbeitete Erfolgsparameter der hohen Produktqualität.[355] Hinsichtlich der inhaltlichen Gestaltung stehen vor allem Gesundheits- und Fitnessargumente im Vordergrund. Dieser Befund ist im Kontext mit den sog. "Light-Produkten" zu würdigen, die im Rahmen der Stichprobe besonders die Zusammensetzung der Einführungsphase bestimmen.[356]

- Hinsichtlich der Botschaftgestaltung bestimmen in der **Wachstumsphase** demgegenüber stärker Umweltschutzargumente die Werbung, während der Zusammenhang der informativen Werbung mit Gesundheits- und Fitnessargumenten wesentlich schwächer ausgeprägt ist.[357] Interessant ist die Tatsache, daß sich in diesem Stadium die starke Erfolgswirkung der informativen Werbung nicht auf eine werbliche Alleinstellung i. S. einer UAP durch die Werbung zurückführen läßt. Allein durch informative Botschaftsgestaltung ist eine Alleinstellung offenkundig nicht zu realisieren. Vielmehr ist in der Wachstums-

---

[355] Vgl. zum Bedeutungsgewicht der hohen Produktqualität für den Markterfolg auch Abb. 15.

[356] Vgl. zur Bedeutung der sog. "Light-Produkte", die sich u.a. in kalorienreduzierter Ernährung und Vollwertkost, aber auch in Light-Zigaretten, -Kaffee, -Limonaden, -Bier etc. widerspiegelt, die Nielsen Studie: Nielsen Marketing Research (Hrsg.), Gesundheit & Fitness, Studie 1990, o.O. o.J., S. 1 ff.

[357] Dies bestätigt auch Befunde, daß Umweltschutzargumente vorrangig in sachlicher, informativer Tonalität in der Werbung vorgetragen werden. Vgl. Meffert, H., Kirchgeorg, M., Marktorientiertes Umweltmanagement, a.a.O., S. 225.

phase eher ein dominanter Produktvorteil i. S. des hohen Gebrauchsnutzens relevant, um informative Werbebotschaften wirksam werden zu lassen.

- Ein ähnliches Bild bietet sich in der **Reifephase**, wobei hier der Zusammenhang zwischen Informationswerbung und hohem Gebrauchsnutzen noch deutlicher ist. In der **Schrumpfungsphase** ist schließlich der starke Zusammenhang zwischen USP und informativer Werbung bemerkenswert. Dies legt den Schluß nahe, daß informative Werbung in der Schrumpfungsphase nur dann sinnvoll ist, wenn auch ein dominanter und werblich kommunizierbarer Produktvorteil vorliegt.

Die negativen Korrelationskoeffizienten der informativen Werbung und den Genuß- und Luxusargumenten bestätigen in allen Zyklusphasen ein konsistentes Antwortverhalten der Befragten, werden doch stark affektiv geprägte Botschaftsinhalte wie Genuß, Luxus und Prestige eher durch emotionale Werbung transferiert.

Insgesamt deuten die aufgezeigten Ergebnisse über alle Lebenszyklusphasen hinweg, insbesondere jedoch für die Einführungs- und Schrumpfungsphase, darauf hin, daß dominante Produktcharakteristika wie ein ausgeprägter Gebrauchsnutzen oder eine USP den Werbeerfolg wirksam unterstützen können.

5.2 Erfolgsfaktoren des affektiven Werbeerfolgs

Die affektive Wirkungsdimension wird, je nach Produktlebenszyklusstadium, durch divergierende Parameter determiniert und beeinflußt. Dabei sind, Abbildung 34 spiegelt dies wider, unterschiedliche Kommunikationsmuster in den einzelnen Produktlebenszyklusphasen geeignet, um Emotionen und Markenbindung bei den Konsumenten zu schaffen, Aktualität auszulösen und ein eigenständiges Markenimage aufzubauen.

	Einführungsphase n = 35	Wachstumsphase n = 72	Reifephase n = 50	Schrumpfungsphase n = 25
Affektiver Werbeerfolg in der ...		Umsatz		Zeit
Erfolgsfaktoren	Gelegenheitskäufer b = 0,3382 →	Konsumentenverkaufsförderung b = 0,2197 →	Emotionale Werbung b = 0,6351 →	
	Innovatoren b = 0,2906 →	Abgestimmtes Konzept b = 0,2160 →	Einheitliche Kampagne b = 0,3083 →	Werbedruck b = 0,4692 →
	Integrierte Fachwerbekampagne b = - 0,3520 ←	Informative Werbung b = - 0,5679 ←	Gelegenheitskäufer b = - 0,3541 ←	
	R^2 = 29,56 %	R^2 = 46,28 %	R^2 = 52,65 %	R^2 = 22,01 %

Abb. 34: Erfolgsfaktoren des affektiven Werbeerfolgs

In der **Einführungsphase** ist vor allem die adäquate Zielgruppenstrategie als zentraler Erfolgsfaktor anzusehen, um in diesem Stadium die vor allem wichtigen Zielsetzungen der Konkurrenzdifferenzierung, Aktualität und Markenbindung zu realisieren. Dabei erweist sich eine Werbestrategie als erfolgreich, die nahezu gleichermaßen intensiv auf <u>Innovatoren</u> und <u>Gelegenheitskäufer</u> ausgerichtet ist. Gerade in dem ausgeprägten Innovationswettbewerb der Einführungsphase nehmen diese Käufertypen offensichtlich eine Schlüsselrolle zur Erzielung des Werbeerfolges ein.

Als negativer Erfolgsfaktor des affektiven Erfolges in der Einführungsphase ist schließlich die <u>integrierte Fachwerbekampagne</u> für den Handel einzustufen. Die Stärke und Richtung dieses Zusammenhanges mit dem affektiven Erfolg läßt sich unter anderem mit den vorrangig informativ und rational gehaltenen Gestaltungsmustern der Fachwerbekampagne erklären, welche möglicherweise die Ursache für die negativen Zielwirkungen darstellen. Mit einem Erklärungsbeitrag von annähernd 30 % ist das Einflußspektrum anderer, im Rahmen der vorliegenden Analyse aber nicht erfaßter Bestimmungsfaktoren allerdings recht hoch. Die Befunde sind somit nur als Tendenzaussage zu werten.

Die <u>konsumentengerichtete Verkaufsförderung</u> stellt den wichtigsten Erfolgsfaktor in der **Wachstumsphase** dar, um affektiven Erfolg auszulösen. Hiermit wird die Bedeutung dieses Kommunikationsinstruments unterstrichen, um mittels Gewinnspielen, Aktionswochen, Proben etc. Markenloyalität und -bindung zu realisieren. Die <u>Abstimmung des Werbekonzepts</u> mit dem Handel im Sinne von Kooperations- und Verbundwerbung nimmt nahezu in gleicher Stärke Einfluß auf den affektiven Erfolg in der Wachstumsphase. Dieser Erfolgsfaktor wirkt flankierend zur konsumentengerichteten Verkaufsförderung. Damit ist gerade in der Phase des starken Wachstums eine Kooperation von Herstellern und Handel ein konstitutives Erfolgsmerkmal integrierter Marktkommunikation.

Abgerundet wird das System der Erfolgsfaktoren durch den stark negativen Einfluß der informativen Werbung. Die Stärke des negativen Zusammenhanges mit dem affektiven Erfolg deutet darauf hin, daß die zielorientierte Botschaftsgestaltung - zur Auslösung affektiver Wirkungen sind emotionale Gestaltungselemente besser geeignet - eine dominierende Rolle in der Wachstumsphase spielt.[358] Dies relativiert die Aussage zur Bedeutung der konsumentengerichteten Verkaufsförderung und verdeutlicht die Relevanz der qualitativen Botschaftsgestaltung im Rahmen der klassischen Mediawerbung in diesem Stadium.[359]

Die emotionale Werbung im Sinne von inszenierenden, erlebnisorientierten Gestaltungsformen der Werbebotschaft ist der zentrale Erfolgsfaktor der **Reifephase**.[360] Eine in diesem Zusammenhang durchgeführte Korrelationsanalyse mit zentralen Produkt- und Werbecharakteristika ergibt eine schwach positive Korrelation der emotionalen Werbung mit der UAP ($r=0.18$) und einen negativen Zusammenhang mit der USP ($r=-0.21$).[361] Dies deutet darauf hin, daß die Umsetzung der emotionalen Werbebotschaft in der Reifephase zumindest tendenziell gelungen ist und Produktnachteile i. S. eines wenig ausgeprägten USP teilweise durch die Werbung substi-

---

[358] Aufgrund der stark negativen Korrelation mit der "Informativen Werbung" wurde die "Emotionale Werbung" wiederum aus der Regressionsanalyse ausgeschlossen. Der aufgezeigte Beziehungszusammenhang ist daher durchaus plausibel.

[359] Vgl. zur Interpretation auch Abb. 33.

[360] Umgekehrt kann die informative Botschaftsgestaltung, die aufgrund der Multikoliearitätseffeke aus der Regressionsanalyse ausgeschlossen wurde, als Mißerfolgsfaktor in dieser Phase interpretiert werden.

[361] Vgl. zu den analysierten Parametern auch Abb. 33.

tuiert werden konnten.³⁶² Damit wird einmal mehr die Relevanz der adaquäten Botschaftsgestaltung eindrucksvoll belegt.

Der Befund wird noch unterstützt durch den flankierenden Erfolgsfaktor der <u>Einheitlichkeit der Kampagne</u>, welcher ebenfalls einen signifikant positiven Beitrag zum affektiven Erfolg in diesem Stadium des Produktlebenszyklus leistet. Damit bestätigen sich auch die in der Literatur angeführten Anforderungen an emotionale Werbung: Emotionale Werbung muß in ein integriertes Gesamtkonzept des Marketing und der Kommunikation eingebunden sein, um affektive Wirkungen auszulösen und auf diese Weise zum Werbeerfolg beizutragen. Die negative Wirkung der primär auf die Zielgruppe der <u>Gelegenheitskäufer</u> ausgerichteten Werbestrategie unterstreicht schließlich tendenziell die bereits hinsichtlich des kognitiven Erfolges ermittelten Befunde und weist indirekt auf das dominante Bedeutungsgewicht der Stammkundenstrategien in diesem Stadium hin.

In der **Schrumpfungsphase**, in der vor allem Imagezielsetzungen überdurchschnittliche Wichtigkeit besitzen, ist der affektive Werbeerfolg vor allem auf den ausgeübten <u>Werbedruck</u> zurückzuführen. Dieser Befund deutet darauf hin, daß in der Schrumpfungsphase weniger die gestalterische Umsetzung als Erfolgsfaktor der affektiven Wirkungsdimension im Mittelpunkt steht als vielmehr die Budgetierung:³⁶³ Je größer der Anteil des Werbebudgets gemessen am Werbebudget der relevanten Wettbewerber ausfällt, desto deutlicher ist auch der affektive Erfolg. Diese Aussage läßt sich auch auf die Wirkung der absoluten Höhe des Werbebudgets übertra-

---

[362] Der allerdings nur schwache Zusammenhang zur UAP zeigt aber auch die Schwierigkeiten in der adäquaten qualitativen Gestaltung emotionaler Werbung deutlich auf.

[363] Die generelle Aussage, die Werbebotschaft sei als Erfolgsfaktor wichtiger als das Werbebudget, bedarf zumindest bezüglich der affektiven Wirkungskomponente der phasenspezifischen Differenzierung.

gen.[364] Einschränkend muß jedoch auf den mit rund 22 % recht niedrigen Erklärungsgehalt dieser Regressionsanalyse hingewiesen werden, die damit einen nicht unerheblichen Anteil nicht erklärter Varianz enthält.

5.3 Erfolgsfaktoren des konativen Werbeerfolgs

Der konative Werbeerfolg, der unter anderem durch Kauffrequenz-, Umsatz- und Margenzielsetzungen klassifiziert wird, ist bezüglich der Ausprägungen der auf ihn einwirkenden Erfolgsfaktoren in den Lebenszyklusphasen durch einige aufschlußreiche Besonderheiten gekennzeichnet. Abbildung 35 gibt die standardisierten Regressionskoeffizienten wieder.

In der **Einführungsphase** sind es insbesondere instrumente- und zielgruppenstrategische Erfolgsfaktoren, die den konativen Erfolg maßgeblich determinieren. Von allen Kommunikationsinstrumenten kommt den Public Relations und der Product Publicity in diesem Stadium das höchste Bedeutungsgewicht zu. Dieser Befund unterstreicht die Annahme, daß positive Transferwirkungen des Unternehmens oder des bestehenden Sortiments auf das Neuprodukt übertragen und so Synergieeffekte realisiert werden können.[365] Die breite Öffentlichkeitswirkung der Product Publicity und Public Relations wirkt sich dabei offensichtlich auch als direkter Impulsgeber zum Kauf aus.

Eine weitere Erklärung bietet die in diesem Stadium ebenfalls und in gleicher Stärke wirkende, auf Innovatoren gerichtete Zielgruppenstrategie, die als zweiter Erfolgs-

---

[364] Aufgrund der Tatsache der stark positiven Korrelation von Werbedruck und Werbebudgethöhe konnte jedoch das Werbebudget nicht unmittelbar in die Regressionsgleichung einbezogen werden.

[365] In diesem Zusammenhang wird gegenwärtig verstärkt das Corporate Identity-Konzept in die Diskussion gebracht. Vgl. Meffert, H., Corporate Identity, in: DBW, H. 6, 1991, S. 817 f.

Konativer Werbeerfolg in der ...	Einführungsphase n = 35	Wachstumsphase n = 72 Umsatz	Reifephase n = 50	Schrumpfungsphase n = 25 Zeit
Erfolgsfaktoren	PR b = 0,3394 →	Werbebudgetmodifikation b = 0,3695 →	Fachzeitschriften b = 0,2810 →	Positionierungswechsel b = 0,3064 →
	Innovatoren b = 0,3301 →	Zielgruppenstrategiewechsel b = 0,1718 ▶	Einheitliche Kampagne b = 0,2395 →	Konsumentenverkaufsförderung b = 0,3058 →
		Budgetwachstum b = - 0,3024 ←	Abgestimmtes Konzept b = 0,1906 ▶	Werbedruck b = 0,2739 →
	Stammkunden b = - 0,4926 ←	Stammkunden b = - 0,1615 ◀	Gelegenheitskäufer b = - 0,2407 ←	Gelegenheitskäufer b = - 0,3009 ←
	R^2 = 34,24 %	R^2 = 34,93 %	R^2 = 25,59 %	R^2 = 52,72 %

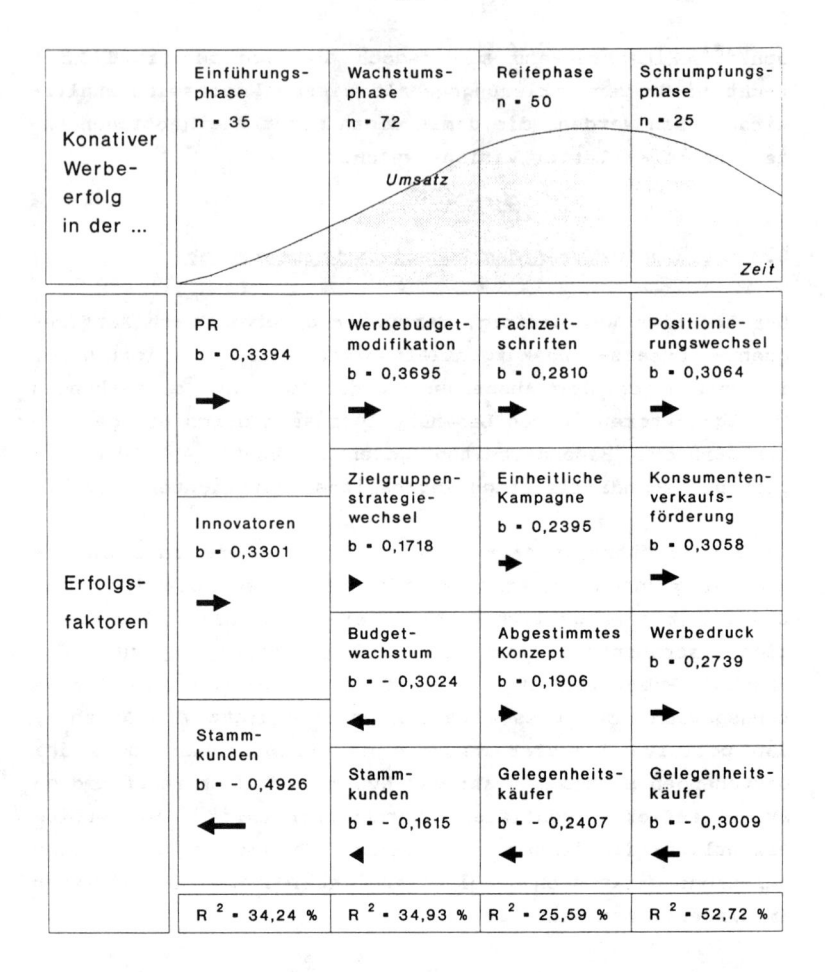

Abb. 35: Erfolgsfaktoren des konativen Werbeerfolgs

faktor in der Einführungsphase hinzukommt. Es erscheint die Annahme plausibel, daß vor allem Meinungsführer und Innovatoren besonders effizient durch gezielte PR-Aktivitäten angesprochen werden können. Damit kann in dem synchronen und abgestimmten Einsatz der beiden Parameter ein signifikanter konativer Erfolgsbeitrag nachgewiesen werden. Der negative Einfluß von der auf Stammkunden ausgerichteten Zielgruppenstrategie bestätigt dies noch tendenziell und ist darüber hinaus auch konsistent zu Befunden, die im Rahmen der Erfolgsdimension des Umsatzwachstums ermittelt werden.

In der **Wachstumsphase** kann aus dem schwächer negativen Einfluß der Stammkundenstrategie auf das wachsende Bedeutungsgewicht dieser Zielgruppenstrategie im Lebenszyklusverlauf geschlossen werden, während die negative Ausprägung des Regressionskoeffizienten zum Einfluß des Budgetwachstums nur im Kontext mit der Interpretation der Erfolgsfaktoren Werbebudgetmodifikation und Zielgruppenstrategiewechsel einer schlüssigen Begründung zugeführt werden kann.

In der Wachstumsphase, darauf wurde bereits mehrfach hingewiesen, weisen eher taktische und kurzfristig eingesetzte Kommmunikationsinstrumente Erfolgscharakter auf. In diesem Sinne ist auch die Erfolgswirkung der Werbebudgetmodifikation in der Wachstumsphase zu präzisieren, deren Verteilungsmodus sich - vor allem gegenüber der Einführungsphase - ändert, und in der neue Zielgruppen durch die Kommunikation anzusprechen sind. Offensichtlich sind hier klassische Massenmedien weniger geeignet, wodurch sich die negative Wirkung des Werbebudgetwachstums erklären ließe. Bei einem insgesamt gegebenen und begrenzten Kommunikationsbudget bedeutet eine Ausweitung des Werbebudgets immer eine Verschiebung zu ungunsten anderer Kommunikationsinstrumente wie der konsumentengerichteten Verkaufsförderung und damit potentielle Wirkungsverluste in der Gesamtwirkung auf den konativen Erfolg.

Die **Reifephase** ist durch Erfolgsfaktoren geprägt, die sich aus medialen, integrationsabhängigen und zielgruppenstrategischen Parametern zusammensetzen. Von allen eingesetzten Medien üben Fachzeitschriften als einzige einen nachweisbaren Einfluß auf den konativen Werbeerfolg in der Reifephase aus.[366] Dieser Befund ist jedoch dahingehend zu relativieren, daß Fachzeitschriften absolut vom Volumen her nur marginale Bedeutung zukommt.[367] Aufschlußreich ist des weiteren die Einheitlichkeit der Kampagne über alle Medien hinweg, die in der Reifephase als Erfolgsfaktor maßgeblich die konative Wirkungsdimension beeinflußt. Korrespondierend hiermit ist als weiterer integrationsabhängiger Erfolgsfaktor die Abgestimmtheit des Konzeptes anzusehen: In der Reifephase kommt der integrierten Marktkommunikation das von allen Phasen höchste Bedeutungsgewicht zu. Schließlich ist eine Zielgruppenstrategie, die primär auf Gelegenheitskäufer zielt, ein Mißerfolgsfaktor in diesem Lebenszyklusstadium. Dies kann als Hinweis darauf gewertet werden, daß in der Reifephase andere Zielgruppenstrategien - im Hinblick auf die Erkenntnisse bezüglich des kognitiven Erfolgs in diesem Stadium vor allem Stammkundenstrategien - erfolgreicher sind.[368]

---

[366] Dieser Befund - ebenso wie alle anderen Ergebnisse zur medialen Exposition - darf allerdings nicht zu der Schlußfolgerung führen, eine Mono-Mediastrategie zu realisieren und bspw. nur noch in Fachzeitschriften zu werben. Vielmehr sind abgestimmte Media-Mix-Strategien als adäquat anzusehen. Vgl. auch o.V., Mehr Effizienz durch Werbung in verschiedenen Medien, in: BddW, 15. Mai 1992, S.1.

[367] Vgl. Abb. 20.

[368] Die relativ geringen Bestimmheitsmaße in der Einführungs- Wachstums- und Reifephase deuten tendenziell darauf hin, daß es den befragten Experten schwerer fällt, den ökonomischen als den psychographischen Wirkungsbeitrag der Werbung richtig einzuschätzen. Die vorgelegten Ergebnisse sind aufgrund des hohen Anteils nicht erklärter Varianz daher nur unter Einschränkungen zu interpretieren.

Einen ebenfalls negativen Erfolgsbeitrag zeitigen Zielgruppenstrategien, die vorrangig auf Gelegenheitskäufer gerichtet sind, in der **Schrumpfungsphase**. Als zentraler Erfolgsfaktor ist in diesem Stadium der Wechsel in der Positionierungsstrategie anzuführen, der, wie bereits mehrfach erwähnt, notwendige Relaunch-Maßnahmen in dieser Zyklusphase umschreibt.[369] Seine inhaltliche Ausprägung findet der Positionierungswechsel unter anderem in der konsumentengerichteten Verkaufsförderung, die die Positionierungsmaßnahmen begleitet und dabei in bezug auf den konativen Erfolg ein etwa gleichstarkes Bedeutungsgewicht aufweist. Damit kommt auch der Erfolgscharakter des taktischen Kommunikationsinstrumentariums in diesem Stadium zum Tragen.

Der ausgeübte Werbedruck als Erfolgsfaktor des konativen Erfolgs der Schrumpfungsphase belegt des weiteren, daß eine oftmals empfohlene Rückführung des Werbebudgets in dieser Phase kaum eine geeignete Strategie darstellt sondern vielmehr den Umsatzrückgang und Markenverfall noch weiter beschleunigt. Insbesondere die Fernsehwerbung, als medialer Gestaltungsparameter des ausgeübten Werbedrucks, ist in diesem Stadium besonders geeignet, um zum konativen Erfolg beizutragen:[370] In der Schrumpfungsphase sind deutliche Budgetimpulse und Fernsehwerbung erforderlich, um den Positionierungswechsel umzusetzen und die Relaunch-Maßnahmen zu langfristigen Markterfolgen zu tragen.

---

[369] Der Positionierungswechsel geht dabei einher mit einem Wechsel in der Zielgruppenstrategie. Aufgrund der Multikollinearität wurde die "Modifikation der Zielgruppenstrategie" jedoch aus der Regressionsanalyse ausgeschlossen.

[370] Dies ergibt sich aus dem Korrelationskoeffizienten von "Werbedruck" und "Fernsehwerbung" von $r > 0.8$. In die Regressionsanalyse konnte somit nur der Werbedruck einbezogen werden.

5.4 Erfolgsfaktoren des Umsatzwachstums

Grundlage der folgenden Aussführungen bildet die Regressionsanalyse mit dem Umsatzwachstum als abhängiger Variable. Die standardisierte Regressionskoeffizienten für die einzelnen Phasen sind in Abbildung 36 aufgeführt.

Das Umsatzwachstum wird in der **Einführungsphase** vor allem durch einen Erfolgsfaktor sowie zwei Bestimmungsfaktoren negativer Einflußrichtung determiniert.[371] Im einzelnen ist es in der Einführungswerbung vor allem von Relevanz, den Hörfunk als Trägermedium zu nutzen, um in diesem Stadium im Sinne der Theorie des Evoked Set rasch Markenbekanntheit aufzubauen und Kaufimpulse auszulösen, die sich auf aggregierter Ebene in ein starkes Umsatzwachstum überführen lassen. In diesem Zusammenhang kommt auch der absoluten Werbebudgethöhe eine Bedeutung als Erfolgsfaktor bei der Markeneinführung zu, die sich in einem starken positiven Korrelationszusammenhang mit der Hörfunkwerbung nachweisen läßt.[372] Es ist daher zu vermuten, daß sich hinter der Werbebudgethöhe auch andere mediale Bestimmungsfaktoren verbergen, die das Umsatzwachstum ebenfalls positiv beeinflussen, jedoch keinen signifikanten Beziehungszusammenhang aufweisen.

Konsistent zu dem Befund der Eignung der Hörfunkwerbung ist die negative Wirkung der emotionalen Werbung in der Einführungsphase. Offensichtlich steht in diesem Stadium vor allem die rasche Bekanntmachung des Markennamens im Zentrum der werblichen Maßnahmengestaltung, die dazu eher produktdominant und informativ ausgerichtet sein muß. Hierzu

---

[371] Es ist darauf hinzuweisen, daß dem Werbeziel des Umsatzwachstums in der Einführungsphase zwar eine hohe Priorität eingeräumt wird, die Relevanz im Vergleich zu den anderen Lebenszyklusphasen aber nur unterdurchschnittlich ist.

[372] Aufgrund der zu erwartenden Multikollinearitätseffekte wurde die Werbebudgethöhe jedoch nicht explizit in die Regressionsausgleichung aufgenommen.

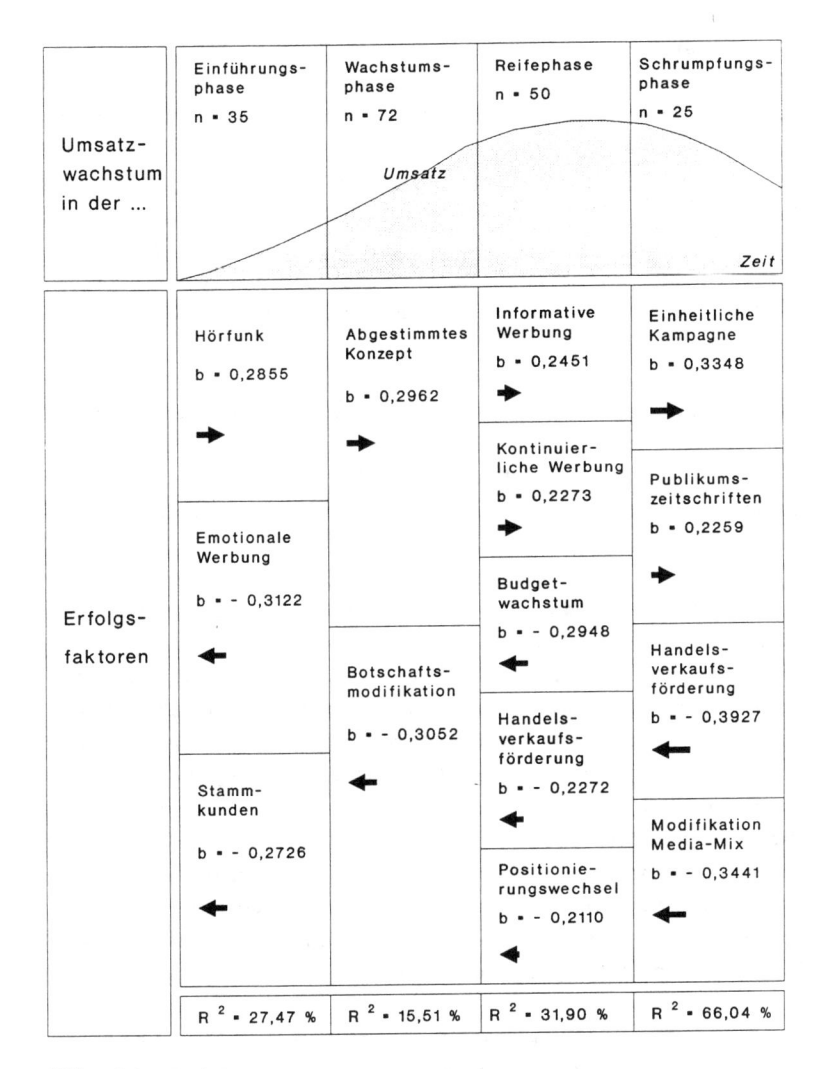

Umsatz-wachstum in der ...	Einführungs-phase n = 35	Wachstums-phase n = 72	Reifephase n = 50	Schrumpfungs-phase n = 25
		Umsatz		Zeit

Erfolgs-faktoren	Hörfunk b = 0,2855 →	Abgestimmtes Konzept b = 0,2962 →	Informative Werbung b = 0,2451 →	Einheitliche Kampagne b = 0,3348 →
	Emotionale Werbung b = - 0,3122 ←		Kontinuier-liche Werbung b = 0,2273 →	Publikums-zeitschriften b = 0,2259 →
		Botschafts-modifikation b = - 0,3052 ←	Budget-wachstum b = - 0,2948 ←	Handels-verkaufs-förderung b = - 0,3927 ←
	Stamm-kunden b = - 0,2726 ←		Handels-verkaufs-förderung b = - 0,2272 ←	Modifikation Media-Mix b = - 0,3441 ←
			Positionie-rungswechsel b = - 0,2110 ←	
	R^2 = 27,47 %	R^2 = 15,51 %	R^2 = 31,90 %	R^2 = 66,04 %

Abb. 36: Erfolgsfaktoren des Umsatzwachstums

können gerade die Gestaltungsmöglichkeiten von Hörfunkwerbespots einen wesentlichen Beitrag leisten, während eine zu stark emotionale und erlebnisorientierte Werbebotschaft im Einführungsstadium von dem beworbenen Produkt scheinbar ablenkt und negative Effekte auf den Produktumsatz zeitigt: Eine dominant emotional ausgerichtete Werbung, die nicht in das Gesamtkonzept integriert ist, kann sich auf der Basis des in dieser Phase noch schwach entwickelten Bekanntheitsgrades nachteilig auf den ökonomischen Werbeerfolg auswirken.

Die negative Wirkung von Werbestrategien, die vorrangig auf Stammkunden gerichtet sind, bestätigt den vorliegenden Befund zum konativen Erfolg in der Einführungsphase und weist auf die Bedeutung phasenspezifisch adäquater Zielgruppenstrategien hin.

In der **Wachstumsphase** kann das abgestimmte Werbekonzept als wichtiger Erfolgsfaktor des Umsatzwachstums interpretiert werden. Damit wird die Bedeutung des Handels in diesem Stadium, welches bereits im Hinblick auf die affektive Erfolgsdimension zum Ausdruck gebracht wurde, nochmals unterstrichen. Kooperations- und Verbundwerbekampagnen, die zwischen Hersteller und Handel abgestimmt sind, zeigen deutliche Umsatzeffekte in dieser Phase. Damit trägt in der Wachstumsphase die Abstimmung des Werbekonzepts mit dem Handel dominant zum Erfolg bei, stellt doch der Handel in seiner Gate-Keeper-Rolle eine der Schlüsselfaktoren für die Eroberung von Marktpositionen dar.

Als negativer Erfolgsfaktor wirkt sich demgegenüber die Botschaftsmodifikation in der Wachstumsphase aus. Obwohl dieses Stadium durch ein relativ großes Veränderungspotential - beispielsweise im Hinblick auf Budget- oder Zielgruppenwechsel - geprägt ist, erscheint eine Botschaftskonstanz im Sinne der Beibehaltung der kreativen Gestaltungsmuster der Werbung besser geeignet, um Umsatzwachstum zu erzielen, als ein oftmaliger Wechsel im werblichen Auftritt.[373]

Die **Reifephase** ist durch ein Mix von Erfolgsfaktoren zu kennzeichnen, die sich aus budget-, strategie- und gestaltungsabhängigen Variablen zusammensetzen. Einen signifikant positiven Einfluß übt zunächst die informative Werbung aus, die Produktvorteile und -nutzen kommuniziert und zum Umsatzwachstum beiträgt.[374] Damit erweist sich mittelbar auch der erhobene stark positive Beziehungszusammenhang zwischen informativer Werbung und hohem Gebrauchsnutzen des beworbenen Produktes als wesentlicher Träger des Umsatzwachstums in der Reifephase.[375]

Ein ähnliches Bedeutungsgewicht für das Umsatzwachstum kommt darüber hinaus in diesem Stadium der kontinuierlichen Werbung zu. Diese Form der zeitlichen Zielung des Werbebudgets unterstreicht den strategischen Charakter dieses Stadiums, in dem die langfristige und kontinuierliche Markenwerbung eine Schlüsselstellung einnimmt, und in der eine Konstanz in der Positionierung vorteilhafter ist als ein häufiger Positionierungswechsel. Während der negative Einfluß des Budgetwachstums auf das Umsatzwachstum in der Reifephase auf mögliche Substitutionseffekte mit dem übrigen Marketing-Mix hindeutet, macht die negative Wirkung der handelsgerichteten Verkaufsförderung auf das Umsatzwachstum die Gefahren preispolitischer Aktivitäten für den Wert von

---

[373] Mit einem Erklärungspotential von lediglich 15 % ist der Anteil nicht erklärter Varianz dieser Regressionsanalyse allerdings nicht ausgesprochen hoch. Vermutlich üben andere Marketingparameter, die im Rahmen der Untersuchung jedoch nicht explizit herausgearbeitet werden konnten, einen stärkeren Einfluß auf das Umsatzwachstum aus.

[374] Vgl. hierzu auch Abb. 33 und die abgeleiteten Implikationen in Kap. C. 5.1.

[375] Vgl. hierzu auch Abb. 33.

Marken deutlich, können sie doch die Brand Erosion weiter beschleunigen.[376]

Der Effekt des negativen Einflusses der <u>handelsgerichteten Verkaufsförderung</u> auf das Umsatzwachstum läßt sich in der **Schrumpfungsphase** noch deutlicher ausmachen. In diesem Lebenszyklusstadium wirken sich vielmehr Kernelemente der integrierten Marktkommunikation als Erfolgsfaktoren aus. Hierzu ist insbesondere die <u>Einheitlichkeit der Kampagne</u> im Sinne eines konsistenten Werbeauftritts über alle Medien hinweg zu zählen. Daneben ist in der Zusammensetzung des Media-Mix ein weiterer Erfolgsfaktor zu sehen: In der Schrumpfungsphase ist eine Beihaltung des bisherigen <u>Media-Mix</u> von gleicher Wichtigkeit für das Umsatzwachstum wie der primär gestaltungsabhängige Erfolgsfaktor der Einheitlichkeit der Werbekampagne.

Im Rahmen der Mediaselektion erweisen sich <u>Publikumszeitschriften</u> als am besten geeignetes Medium der Massenkommunikation, um dem in der Schrumpfungsphase drohenden Umsatzrückgang zu begegnen. Der Einfluß der Werbung in diesem Medium ist dabei allerdings um rund 1/3 niedriger als der des Integrationsparameters der Einheitlichkeit der Kampagne. Hervorzuheben ist hierbei, daß die Einheitlichkeit in einem starken positiven Zusammenhang mit der Modifikation der kreativen Umsetzung steht.[377] Damit ist in der Schrumpfungsphase eine kommunikative Neuausrichtung gefordert, um

---

[376] Auf diesen Aspekt weist auch eine GfK-Studie hin. Vgl. Missner, P., Werbebudgets unter Druck, in: ASW, H. 4, 1989, S. 64-66. Die Studie kommt zu dem Ergebnis, daß eine Umverteilung der Budgets zugunsten der Promotions und Verkaufsförderung gegenüber der klassischen Werbung mittelfristig keine optimale Strategie darstellt.

[377] Der Erfolgsfaktor "Botschaftsmodifikation" konnte wegen der drohenden Multikollinearität nicht explizit in die Regression einbezogen werden. Gleiches gilt für den Erfolgsfaktor "Abgestimmtheit des Werbekonzepts", der stark negativ mit der "Einheitlichkeit der Kampagne" korreliert ist.

altes Image zu ändern und schwächer werdende Marken zu aktualisieren.

5.5 Erfolgsfaktoren des Marktanteilswachstums

Die durchgeführte Regressionsanalyse bietet ein differenziertes Bild der Erfolgsfaktoren im Hinblick auf ihren Beitrag zum Marktanteilswachstum. Abbildung 37 belegt für die **Einführungsphase** die immanente Bedeutung des ausgeübten Werbedrucks.[378] Werbung ist damit bei der Neueinführung von Produkten als notwendige Marktinvestition aufzufassen: Die Werbung muß sich in diesem Stadium gegen die Konkurrenz der etablierten Marken durchsetzen und muß hierzu einen Werbedruck aufbauen, der eine Dominanz in der Werbung gegenüber den relevanten Wettbewerbern ermöglicht. Es erweisen sich in erster Linie pull-orientierte Mediastrategien als vorteilhaft, die über die klassischen Massenmedien die Endverbraucher direkt ansprechen. Diese Schlußfolgerung liegt nahe, wenn man den negativen Regressionskoeffizienten der Werbung in Fachzeitschriften mit in die Betrachtung einbezieht. Offensichtlich sind andere Medien in der Einführungsphase besser geeignet, um den Marktanteil positiv zu beeinflussen als der tendenziell eher auf Meinungsführer und Handelskunden ausgerichtete Werbeträger Fachzeitschrift. Allerdings deutet der mit rund 80 % nicht erklärte Varianzanteil der Regressionsfunktion in diesem Stadium auch darauf hin, daß das Marktanteilswachstum von einer Reihe weiterer, nicht werbebedingter Faktoren entscheidend mitbestimmt wird.

In der **Wachstumsphase** kommt dem ausgeübten Werbedruck ebenfalls ein hohes Bedeutungsgewicht als Erfolgsfaktor des Marktanteilswachstums zu. Allerdings ist die Einflußstärke

---

[378] Diese Strategie wird auch in der Literatur für Produktneueinführungen hervorgehoben. Vgl. Sebastian, K.-H., Werbewirkungsanalyse für neue Produkte, a.a.O., S. 144 und die dort zitierte Literatur.

Markt-anteils-wachstum in der ...	Einführungs-phase n = 35	Wachstums-phase n = 72 Umsatz	Reifephase n = 50	Schrumpfungs-phase n = 25
				Zeit
Erfolgs-faktoren	Werbedruck b = 0,4181 ➡	Werbedruck b = 0,2623 ➡	Informative Werbung b = 0,2828 ➡ Fachzeit-schriften b = 0,2112 ➡	Kontinuierli-che Werbung b = 0,2914 ➡
	Fachzeit-schriften b = - 0,2665 ⬅	Stamm-kunden b = - 0,1981 ⬅	Tages-zeitungen b = 0,2055 ➡ Stamm-kunden b = 0,1933 ➡	Handels-verkaufs-förderung b = - 0,5605 ⬅
	R^2 = 21,10 %	R^2 = 11,07 %	R^2 = 24,88 %	R^2 = 40,66 %

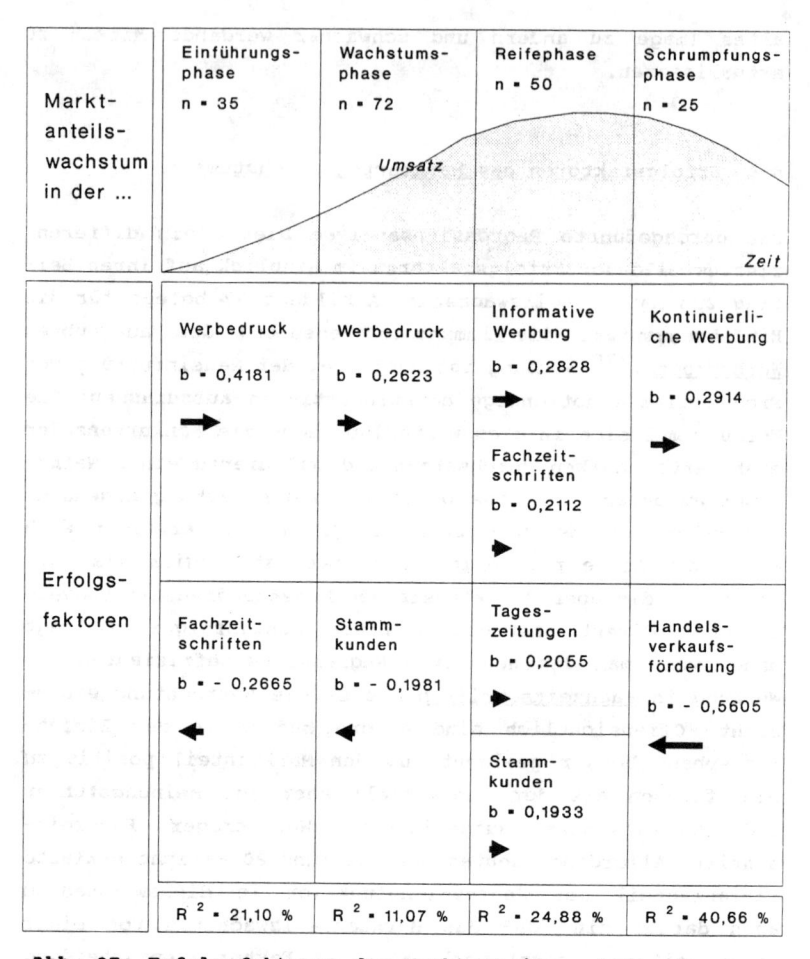

Abb. 37: Erfolgsfaktoren des Marktanteilswachstums

deutlich niedriger ausgeprägt als in der Einführungsphase, was die herausragende Relevanz der intensiven Mediawerbung bei der Markenneueinführung noch unterstreicht. Das sinkende Bedeutungsgewicht des Werbedrucks im Lebenszyklusverlauf kann wahrscheinlich anhand von Goodwill-Effekten einer Erklärung zugeführt werden. Ein Marken-Goodwill, der im Einführungsstadium aufgebaut wurde, strahlt auch in spätere Lebenszyklusphasen aus.[379]

Die leicht negative Einflußstärke der vorrangig auf Stammkunden zielenden Werbestrategie bestätigt Ergebnisse, die in ähnlicher Ausprägung bereits für den konativen Erfolg in der Wachstumsphase ermittelt werden konnten. Vermutlich sind in dieser Phase andere Zielgruppenstrategien vorteilhafter. Es kann angenommen werden, daß tendenziell eher Innovatoren und Gelegenheitskäufer in der Wachstumsphase zu Marktanteilsgewinnen beitragen. Allerdings vermag diese Aussage nur in der Tendenz zu überzeugen: Mit einem linearem multiplen Bestimmtheitsmaß von lediglich 11% sind andere Parameter des Marketing-Instrumentariums offensichtlich von größerer Relevanz für das Marktanteilswachstum als die Werbung.

Die Erfolgsfaktoren in der **Reifephase** sind insgesamt durch einen stark kognitiven Charakter geprägt und können im Hinblick auf das Marktanteilswachstum als informationsstrategische Erfolgsdeterminanten umschrieben werden. An erster Stelle als Erfolgsfaktor kristallisiert sich die informative Werbung als gestaltungsabhängiger Erfolgsfaktor heraus. Hinter diesem Ergebnis steht ein starker Beziehungszusammenhang mit dem ausgeprägten Produktnutzen. Damit ist eine informative Werbung immer dann besonders vorteilhaft für das Marktanteilswachstum, wenn ein dominanter

---

[379] Vgl. hierzu auch Simon, H., Goodwill und Marketingstrategie, a.a.O., S. 1 ff.

Gebrauchsnutzen des Produktes von den Konsumenten wahrgenommen wird.[380]

Dieser Befund korrespondiert mit der positiven Wirkung der Nutzung von Fachzeitschriften und Tageszeitungen als Trägermedien.[381] Diese Werbeträgergruppen sind anscheinend besonders gut geeignet, um die in diesem Stadium verstärkt einsetzenden Promotions- und Preisaktivitäten zu unterstützen. Während durch die Fachzeitschriften vor allem Meinungsführer im Handel angesprochen werden sollen, kommt den Tageszeitungen eine direkt konsumentengerichtete Funktion zu. Vor allem die Kernzielgruppe der Stammkunden soll über aktuelle Preisaktionen informiert und Marktanteilsgewinne sollen u. a. durch höhere Kauffrequenzen in dieser Zielgruppe realisiert werden. Damit kommt in diesem Stadium einer abgestimmten Zielgruppenstrategie, die ein ausgewogenes Mix von push- und pull-orientierten Elementen beinhaltet, eine wesentliche Erfolgsbedeutung zu.

Die **Schrumpfungsphase** bestätigt hinsichtlich der Erfolgsdimension des Marktanteilswachstums zentrale Erfolgsfaktoren, die sich bereits im Rahmen der Regressionsanalyse für das Umsatzwachstum abzeichneten. Einen stark negativen Einfluß übt in diesem Stadium der Einsatz der handelsgerichteten Verkaufsförderung auf das Marktanteilswachstum aus. Die Einflußstärke auf das Marktanteilswachstum ist sogar noch signifikanter als auf das Umsatzwachstum. Wiederum zeigt dieser sehr negative Einfluß das Risiko von häufigen preispolitischen Aktivitäten deutlich auf, die den Wert von Marken beeinträchtigen können. Dies relativiert in gewisser Weise auch das als konstitutives Phasenmerkmal herausgearbeitete niedrige Preisniveau als Parameter des Markterfol-

---

[380] Vgl. hierzu auch Abb. 33 und die Ausführungen in Kap. C. 5.1.

[381] Bei der Interpretation dieser Ergebnisse ist allerdings die relativ geringe Bedeutung dieser Medien in der zugrundeliegenden Stichprobe zu berücksichtigen.

ges in der Schrumpfungsphase.[382] Offenbar kann die klassische Werbung in der Schrumpfungsphase an Dominanz gegenüber der Verkaufsförderung gewinnen und zur Minderung des Preisdrucks beitragen: In der Schrumpfungsphase übt eine <u>kontinuierliche Werbung</u> einen relativ starken positiven Einfluß auf das Marktanteilswachstum aus. Dies belegt nochmals eindrucksvoll die These, daß gerade im Stadium des drohenden Umsatzrückgangs Kontinuität in der Werbung notwendig ist. Eine Pulsationsstrategie mit einem zeitweisem Zurücknehmen des Werbebudgets ist hierbei nicht als effizient anzusehen.[383]

---

[382] Vgl. Abb. 15.

[383] Dieser Befund ist allerdings zumindest im Hinblick auf den kognitiven Werbeerfolg zu relativieren, für den eine Pulsationsstrategie in der Schrumpfungsphase vorteilhafter erscheint. Vgl. Kap. C. 5.1.

D. Zusammenfassung und Implikationen

1. Zusammenfassung und Würdigung der Untersuchungsergebnisse

Angesichts des rudimentären Status der produktlebenszyklusbezogenen Erfolgsfaktorenforschung der Werbung war es die generelle Zielsetzung der vorliegenden Arbeit, Erkenntnisse über Verhaltensmuster und Bestimmungsfaktoren des Werbeerfolgs in divergenten Produktlebenszyklusphasen herauszuarbeiten. In Anlehnung u. a. an Arbeiten der allgemeinen Erfolgsfaktorenforschung, der Werbewirkungs- und der Produktlebenszyklusforschung war angestrebt, die dort identifizierten Untersuchungsergebnisse und Ansätze auf den Sonderfall der Werbung in unterschiedlichen Marktsituationen zu transferieren. In diesem Kontext wurden z. T. konträre Befunde der Literatur diskutiert und übereinstimmende Ergebnisse, die bereits über einen gewissen Grad an Bewährtheit verfügen, zu Hypothesen zusammengestellt. Zur Prüfung dieser Hypothesen erfolgte die empirische Analyse einer Stichprobe von 185 Markenartikeln aus sechs Produktgruppen des Konsumgüterbereichs getrennt nach Produktlebenszyklusphasen. Damit wurden für diesen Bereich erstmals umfassende empirische Befunde gewonnen, die sowohl für die werbetreibende Wirtschaft und ihre Marktpartner in den Werbeagenturen als auch die kontextorientierte Werbewirkungsforschung von Bedeutung sind.

Der gewählte Operationalisierungsansatz, die Zuordnung der Produktlebenszyklusphasen anhand von Experteneinschätzungen vorzunehmen, hat sich als tragfähige Basis erwiesen, die ergänzend durch qualitative und quantitative Abgrenzungskriterien validiert werden konnte. Der dazu entwickelte zweistufige Modellrahmen, der nach unternehmensinternen und -externen Determinanten des Produktlebenszyklus differenziert, stellt darüber hinaus eine geeignete Grundlage dar, das Produktlebenszykluskonzept um Aspekte des Branchenlebenszyklus zu erweitern und so zu einer umfassenderen kontingenzorientierten Sichtweise zu gelangen.[384] Dabei wurden nicht nur divergente Zielprioritäten in den einzelnen Lebenszyklusphasen ermittelt, sondern auch homogene phasenspezifische Verhaltensmuster herausgearbeitet, die signifikante Unterschiede vor allem hinsichtlich der ziel- und strategieabhängigen, budgetabhängigen sowie gestaltungsabhängigen Bestimmungsfaktoren des Werbeerfolgs erbrachten.[385]

Greift man die **Kernergebnisse der Arbeit** heraus, so konnten eindeutige Zusammenhänge zwischen Bestimmungsfaktoren und Erfolgsdimensionen der Werbung im Produktlebenszyklus aufgezeigt werden, die allgemeine Erkenntnisse der Werbewirkungsforschung bestätigen und lebenszyklusbezogen spezifizieren. Des weiteren wurden in der Literatur herausgearbeitete Normstrategien empirisch untermauert bzw. z. T. auch falsifiziert. Hierdurch konnte zur theoretischen und empirischen Fundierung von phasenspezifischen Normstrategien in der Werbung beigetragen werden. Ein Großteil der Erfolgsfaktoren wurde dabei erstmals empirisch nachgewiesen, so daß lebenszyklusspezifische Werbestrategien nicht mehr lediglich auf Plausibilitätsannahmen beruhen, sondern auf empirisch beobachtbare Wirkungsregelmäßigkeiten i. S. der Erfolgsfaktorenforschung der Werbung zurückgeführt werden können.

Insgesamt stellen sich die ermittelten Erfolgsfaktoren des Werbeerfolgs phasenspezifisch wie folgt dar:

- In der **Einführungsphase** ist die Werbung vor allem auf die Zielgruppe der Innovatoren und flankierend der Gelegenheitskäufer auszurichten, wobei sich eine informativ konzipierte Botschaftsgestaltungsstrategie als vorteilhaft erweist, um relevante Produktinformationen zu ver-

---

[384] Vgl. hierzu auch das Interdependenzmodell verschiedener Lebenszykluskonzepte bei Höft, U., Lebenszykluskonzepte, a.a.O., S. 136.

[385] Vgl. Kap. C. 2.2 und 2.3, insbes. S. 136.

mitteln und rasch einen hohen Bekanntheitsgrad in der relevanten Zielgruppe zu erreichen. Als Medium eignet sich in diesem Stadium neben dem Hörfunk vor allem das Fernsehen, welches Erfolgswirkungen durch den abgestimmten Einsatz mit den Public Relations erzielen kann. Vor allem durch Product Publicity- und Public Relations-Aktivitäten lassen sich in der Einführungsphase Transferpotentiale durch bereits bestehende Sortiments- und Firmenimages realisieren.[386]

Als zentraler Erfolgsfaktor in der Einführungsphase läßt sich indessen das Werbebudget herausarbeiten, welches sich in einem starken Werbedruck und einem ausgeprägten Werbebudgetwachstum niederschlägt: Die Werbung muß sich in diesem Stadium gegen die etablierten Wettbewerber durchsetzen und hierzu einen Werbedruck aufbauen, der eine dominante Stellung gegenüber den relevanten Konkurrenten ermöglicht.

■ In der **Wachstumsphase** sind die Erfolgsfaktoren durch eine stärker taktische Ausrichtung mit hohem Veränderungspotential und eine tendenziell push-orientierte Werbestrategie geprägt. Die konsumentenorientierte Verkaufsförderung präValiert dabei in der Wachstumsphase andere Kommunikationsinstrumente, während die Bedeutungsrelevanz des Handels in den integrationsabhängigen Erfolgsfaktoren der Kooperationswerbung mit dem Handel und der integriert eingesetzten Fachwerbekampagne zum Ausdruck kommt.

---

[386] In diesem Zusammenhang stufen die Experten eine Firmen- oder Dachmarkenstrategie als wesentlich vorteilhafter gegenüber einer Monomarkenstrategie ein: 80 % der Befragten gelangen zu der Einschätzung, daß durch das konsequente Verfolgen von Dachmarkenkonzepten auch werbliche Synergiepotentiale genutzt werden können, die unter sonst gleichen Bedingungen zu einer Verbesserung der Werbewirkung führen. Vgl. auch Frage 16 des Fragebogens.

Aus pull-orientierter Sicht ist auch in der Wachstumsphase ein gewisser Werbedruck gegenüber den Wettbewerbern aufrechtzuerhalten. Dieser Befund ist im Kontext mit dem bereits in diesem Stadium zu konstatierenden Erfolgscharakter von Positionierungs- und Zielgruppenstrategiewechseln zu präzisieren. Dabei ist jedoch eine Konstanz in der Botschaftsgestaltung zu gewährleisten: Ein allzu häufiger Wechsel im kommunikativen Auftritt zeitigt in diesem Stadium negative Wirkungseffekte.

- In der **Reifephase** sind die Erfolgsfaktoren strategisch zu forcieren. Dies wird zum einen in der Erfolgswirkung der auf Stammkunden ausgerichteten Zielgruppenstrategie deutlich, zum anderen aber auch in der Relevanz der kontinuierlichen Werbung, die in diesem Stadium einen wesentlichen Beitrag zum Markterfolg leistet. Dieses Resultat ist konsistent zu dem ermittelten positiven Wirkungszusammenhang zwischen einer konstanten Positionierungsstrategie und dem Erfolg im Reifestadium.

Bedeutungsgewicht kommt gleichermaßen dem Integrationsparameter der Einheitlichkeit der Werbekampagne über alle Medien hinweg zu, wobei sich hinsichtlich des Marktanteilswachstums Tageszeitungen und Fachzeitschriften als besonders geeignete Medien herauskristallisieren. Mit Blick auf die kreative Gestaltungsstrategie sind - abhängig von den relevanten Erfolgsdimensionen und den Produktcharakteristika - emotionale und informative Gestaltungsformen als vorteilhaft anzusehen.

- In der **Schrumpfungsphase** ist das Bedeutungsgewicht des Werbedrucks - dies spiegelt sich in der affektiven Erfolgsdimension besonders prägnant wider - gegenüber den anderen Produktlebenszyklusphasen am höchsten. In dieser Phase gewinnt außerdem die konsumentengerichtete Verkaufsförderung an Relevanz, die die Erfolgswirkung von Positionierungs- und Zielgruppenwechseln im Rahmen von Relaunchmaßnahmen wirksam unterstützen kann. Abhängig von der Werbezielsetzung erweist sich dabei eine kontinuierliche Werbung als vorteilhaft, um Marktanteilsgewinne in diesem Stadium zu realisieren, während kognitive Erfolgswirkungen besser durch Pulsationsstrategien zu erzielen sind.

Die Erfolgswirkung der Einheitlichkeit der Kampagne i. S. eines konsistenten Mediaauftritts unterstreicht das Bedeutungsgewicht der integrierten Marktkommunikation insbesondere in späteren Lebenszyklusphasen. Vor allem durch den gezielten und abgestimmten Einsatz von Werbung in Publikumszeitschriften lassen sich signifikant positive Effekte auf den ökonomischen Erfolg belegen. Die negative Erfolgswirkung der handelsgerichteten Verkaufsförderung weist demgegenüber in der Schrumpfungsphase auf die Gefahren häufiger preispolitischer Aktivitäten für den Wert von Marken hin.

Neben diesen phasenspezifischen Ergebnissen konnte als **übergreifender Erfolgsfaktor die kreative Botschaftsgestaltung** in Form emotionaler und informativer Werbung identifiziert werden. Hinsichtlich der informativen Werbung wirkt sich der Erfolg der Werbung in allen Produktlebenszyklusphasen immer dann besonders stark positiv aus, wenn ein dominanter Produktvorteil i. S. einer "Unique Selling Proposition" vorliegt. In bezug auf die emotionale Werbung deuten die Ergebnisse vor allem in der Reifephase darauf hin, daß durch eine mit dem gesamten Marketing-Mix abgestimmte emotionale Botschaftsform zumindest tendenziell sogar gewisse Produktnachteile substituiert werden können, sofern durch die kreative Botschaftsgestaltung eine "Unique Advertising Proposition" aufgebaut werden kann.

Insgesamt wird damit die Relevanz der adäquaten Botschaftsgestaltung für den Werbeerfolg eindrucksvoll unterstrichen. Allerdings belegen die Befunde auch, daß gerade das Anspruchsniveau der emotionalen Werbung verhältnismäßig hoch anzusetzen ist. Vor diesem Hintergrund bekräftigen die Ergebnisse, daß den Wirkungspotentialen emotionaler Werbung auch eine Reihe von Risiken der gestalterischen Umsetzung gegenübersteht: Neben der Informationsüberlastung scheint in einigen Teilbereichen der Marktkommunikation parallel eine Emotionsüberlastung und Reizüberflutung i. S. emotional austauschbarer Werbemuster vorzuliegen, die durch kreative und integriert eingesetzte Kampagnen zu überwinden sind.

Führt man die gewonnenen Erkenntnisse einer **zusammenfassenden Würdigung** zu, so ist auch kritisch zu prüfen, inwieweit die Faktizität der vorgestellten Befunde relativiert werden muß, um so zu einer insgesamt präziseren Einordnung des Untersuchungsansatzes zu gelangen.

Ein häufig gegen Ansätze der Erfolgsfaktorenforschung gerichteter Einwand äußert Zweifel an der **Zuverlässigkeit und Eignung der jeweils herangezogenen Erfolgsdimensionen**. Die in der vorliegenden Arbeit verwandten Erfolgsdimensionen des kognitiven, affektiven und konativen Erfolges müssen die Kritik hinnehmen, aufgrund des subjektiven Charakters der Daten, die auf Experteneinschätzungen beruhen, strengen theoretischen Validitätsmaßstäben aufgrund möglicher Antwortverzerrungen nicht zu genügen. Dabei ist jedoch zu berücksichtigen, daß derartige qualitative Daten - die Untersuchung bezieht sich auf 12 subjektiv erhobene Einzelziele - kaum anders als durch Einschätzung der Befragten zu erfassen sind. Um die Imponderabilien im Umgang mit derartigen Subjektivismen relativ gering zu halten, wurden Produktmanager befragt. Diese Expertengruppe hatte sich in den Pretestinterviews als am besten geeignet erwiesen, um tragfähige und valide Beurteilungen abgeben zu können.[387] Des weiteren wurden Außenkriterien wie das Umsatzwachstum und das Marktanteilswachstum zur zusätzlichen Validierung

---

[387] Die relativ hohen Erklärungsbeiträge der Erfolgsvariablen dokumentieren des weiteren - insbes. bei der Zuordnung des psychographischen Erfolgs - die Fähigkeit der befragten Experten zur Erfolgseinschätzung der Werbung. Vgl. hierzu auch FN 266.

erfaßt und als objektive Erfolgsdimensionen in einem gesonderten Analyseschritt ausgewertet. Wenngleich diese objektiven Daten nicht allein von der Werbung beeinflußt werden, so lassen sich trotz der damit verknüpften Unwägbarkeiten doch zumindest gesicherte Tendenzaussagen ableiten. Trotz dieser Einschränkungen kann der gewählte Operationalisierungsansatz der Erfolgsdimensionen insbesondere hinsichtlich inhaltlicher Konsistenz der Ergebnisse und Erklärungskraft überzeugen. Es konnte nachgewiesen werden, daß einzelne Bestimmungsfaktoren die fünf erhobenen Erfolgsdimensionen in unterschiedlicher Weise beeinflussen. Dies darf jedoch umgekehrt auch nicht zu einer unreflektierten Anwendung der Untersuchungsergebnisse in der Unternehmenspraxis führen. Da das Produktlebenszyklus-Modell lediglich als grobe Taxonomie aufzufassen ist, sind die Maßnahmen jeweils im Einzelfall sorgfältig zu prüfen.

Ein weiterer Kritikpunkt zielt auf die **Multikausalität der Zusammenhänge** zwischen abhängigen und unabhängigen Variablen ab.[388] Diese Kritik kann für die isolierte Analyse der Erfolgsfaktoren als zutreffend erachtet werden. Im Vorfeld der abschließenden stufenweisen Regressionsanalyse wurde jedoch eine Multikollinearitätsanalyse durchgeführt, die eben diese Zusammenhänge ausschließt und damit die vorgebrachte Kritik entkräftet.

Bedenken verbleiben jedoch hinsichtlich des unterstellten linearen Ursache-Wirkungszusammenhangs. Es stellt sich die Frage, ob ein **multipler linearer Regressionsansatz** in der Lage ist, derartig komplexe Beziehungsmuster hinreichend genau abzubilden.[389] Hier ist auf die Tradition der Erfolgsfaktorenforschung - insbesondere des PIMS-Ansatzes - zu verweisen, für die die Verwendung der Regressionsanalyse das klassische und erprobte Standardverfahren im Rahmen der

---

[388] Vgl. hierzu auch die Argumentation bei Patt, P.-J., Strategische Erfolgsfaktoren, a.a.O., S. 227 f.

[389] Vgl. zur generellen Kritik Kube, Chr., Erfolgsfaktoren, a.a.O., S. 60 ff.

explorativen Forschungsstrategie multivariater Erfolgsfaktorenstudien darstellt.[390] Die inhaltlich konsistenten und validen Ergebnisse der vorliegenden Arbeit bestätigen im übrigen, daß die Linearität für den Untersuchungsgegenstand zumindest eine recht brauchbare Approximation darstellt.[391]

Schließlich ist der Einwand zu prüfen, daß die **Berücksichtigung eines einjährigen Zeitraumes** möglicherweise nicht lang genug sei, um u. U. erst mit Verzögerung eintretende Wirkungseffekte der Werbung zu erfassen. Angesichts der eingangs skizzierten Dynamik und der damit verbundenen kurzfristigen Zielanpassung im Bereich der kontextorientierten Werbeplanung dürfte dieser Zeitraum jedoch als noch opportun anzusehen sein[392], wenngleich zur Analyse langfristiger und strategischer Erfolgsfaktoren der Werbung ein größerer Untersuchungszeitraum anzustreben wäre.

Resümierend konnte im Vergleich zu den bisherigen Studien der evaluativen Werbewirkungsforschung mit der vorliegenden Arbeit ein weiterführender Beitrag zur kontextbezogenen Analyse von werbebedingten Erfolgsfaktoren geleistet werden. Die nachgewiesene besondere Eignung des Produktlebenszykluskonzepts als taxonomisches Modell der Erfolgsfakto-

---

[390] Auch andere Auswertungsverfahren, wie die klassischen kausalanalytischen Verfahren, können das Linearitätsproblem nicht zufriedenstellend lösen und stellen im Kern eine multiple partielle Regressionsanalyse dar. Vgl. Hildebrandt, L., Trommsdorff, V., Konfirmatorische Analyse in der empirischen Forschung, in: Innovative Marktforschung, Hrsg.: Forschungsgruppe Konsum und Verhalten, Wien 1983, S. 139-160, insbes. S. 140.

[391] Vgl. Backhaus, K., et al., Multivariate Analysemethoden, a.a.O., S.41.

[392] Bedingt durch Wechsel im Produktmanagement wird eine langfristige Erfolgseinschätzung kaum möglich sein. Des weiteren ist zu bedenken, daß im Zeitablauf durch Vergessenseffekte auch die Zurechenbarkeit des Werbeerfolgs aus der Erinnerung der befragten Experten zunehmend schwieriger sein dürfte. Um trotzdem einige längerfristige Parameter einbeziehen zu können, wurde bei ausgewählten Erfolgsfaktoren ein Drei-Jahres-Rahmen erhoben. Vgl. u.a. Frage 10 und 11 des Fragebogens.

renforschung liegt vor allem in seiner Relativierungs- und Strukturierungsfunktion begründet. Durch Abstrahierung der für den untersuchten Sachverhalt weniger wichtigen Randbedingungen und die explizite Herausarbeitung strategisch relevanter Situationscharakteristika trägt der Ansatz entscheidend zur **situativen Relativierung** der Erfolgsfaktoren bei. Dies macht ihn auch im Hinblick auf praxeologische Wissensziele interessant. Im übrigen trägt das Konzept zur **Strukturierung der Werbeplanung** bei, indem es einen anerkannten Bezugsrahmen zur Ableitung relevanter Erfolgsparameter bereitstellt und diese in eine systematische Form bringt. Damit ist der Charakter des Produktlebenszyklus-Modells als Erfolgstheorie der Werbeplanung nachhaltig unterstrichen.[393]

2. Implikationen für die kontextbezogene Werbeplanung

Es konnte gezeigt werden, daß das Produktlebenszyklus-Modell ein wichtiges Konzept der strategischen Analyse und Werbeplanung darstellt und sich als kontingenzorientierter Ansatz der Werbeerfolgsfaktorenforschung bewährt. Die ermittelten Befunde sind von unmittelbarer Relevanz für die Unternehmenspraxis und können einen Beitrag zur Reduzierung von Planungsrisiken und zur langfristigen Sicherung des Werbeerfolgs leisten.

Im Gegensatz zu anderen Instrumenten der strategischen Werbeplanung berücksichtigt das Produktlebenszyklus-Modell explizit den Faktor Zeit, dessen Bedeutung aus strategischer Sicht eminent zugenommen hat.[394] Hierin ist vor allem die didaktische Komponente des Modells zu sehen, welches

---

[393] Vgl. zur Charakterisierung der Erfolgstheorien die in FN 68 angegebenen Quellen.

[394] Vgl. Simon, H., Die Zeit als strategischer Erfolgsfaktor, in: ZfB, H. 1, 1989, S. 70-93; Kern, W., Die Zeit als Dimension betriebswirtschaftlichen Denkens und Handelns, in: DBW, H. 1, 1992, S. 41-58.

das **Denken in Zeitabläufen** und damit notwendige Anpassungsprozesse in der Werbeplanung fördert.

Die Implikationen der Untersuchungsergebnisse für die kontextbezogene Werbeplanung im Produktlebenszyklusverlauf werden vor allem dann evident, wenn man die relevanten **Gründe für Zielverfehlungen** aus Sicht der befragten Experten analysiert.[395] Nach Einschätzung der Manager - die entsprechenden Profile sind in Abbildung 38 dargestellt - waren eher extern als intern bedingte Ursachen für Mißerfolg in der Werbung verantwortlich. Als wichtigste Gründe für die Verfehlung der gesetzten Werbeziele werden, vor allem in der Schrumpfungsphase, Konkurrenz- und Handelsaktivitäten genannt. In der Schrumpfungsphase kommt darüber hinaus auch dem allgemeinen gesellschaftlichen Druck ein gewisses Bedeutungsgewicht zu.

Aufschlußreich ist hinsichtlich der internen Parameter vor allem die Bedeutung zu niedriger Werbebudgets als Ursache von Zielverfehlungen. Gerade für Marken in der Einführungsphase wurde in der Eigeneinschätzung der notwendige Treshhold-level oftmals nicht erreicht. Auch in einer nicht optimalen Kampagne werden tendenziell Gründe für Zielverfehlungen identifiziert, während der ineffiziente Mediaeinsatz und die ungeeignete zeitliche Zielung nur partiell ins Gewicht fallen.

Stellt man den in dieser Arbeit ermittelten werblichen Verhaltensmustern die herausgearbeiteten phasenspezifischen Erfolgsfaktoren gegenüber, so sind die aufgezeigten Gründe für Zielverfehlungen zu ergänzen bzw. in Relation zu setzen. Rund zwei Drittel der Befragten setzen bspw. das Werbebudget pulsierend ein und sehen hierin einen Effizienzvorteil. Im Rahmen der Untersuchung konnte jedoch nachgewiesen werden, daß unter bestimmten Bedingungen eine kontinuierliche Werbung bessere Erfolgswirkungen erzielen kann.

---

[395] Vgl. Frage 14 des Fragebogens.

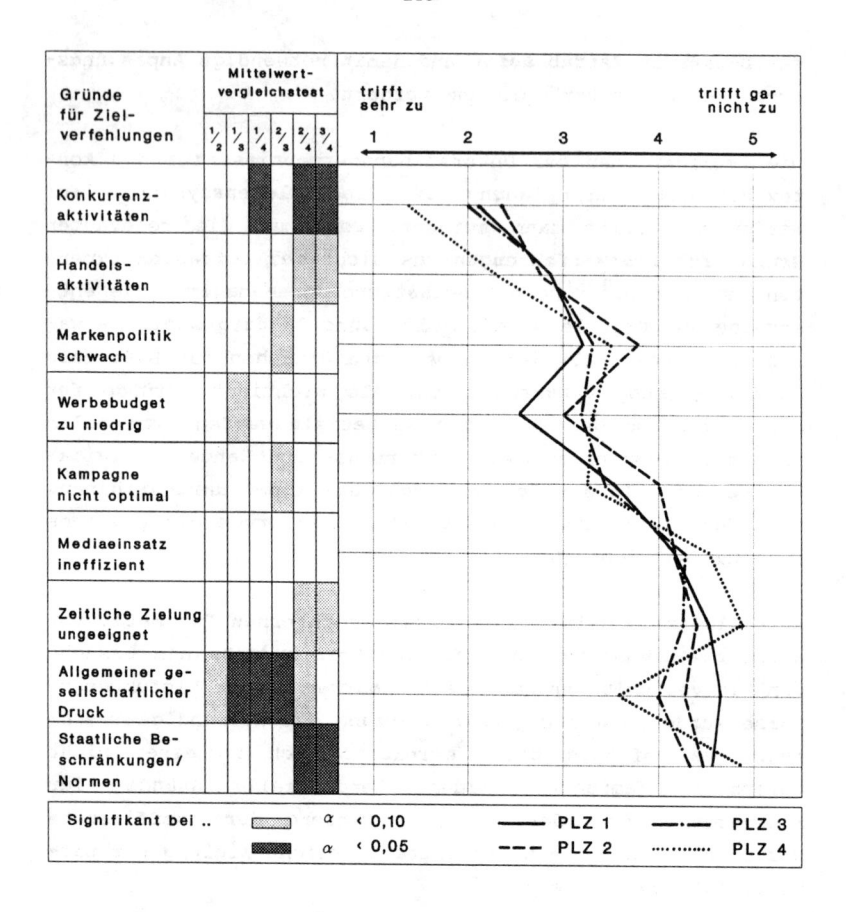

Abb. 38: Einschätzungen der Gründe für Zielverfehlungen in den Produktlebenszyklusstadien

Gleichfalls nutzen Unternehmen bislang auch die Integrationsparameter nicht hinreichend: 20 % der Befragten werben über die Medien hinweg nicht einheitlich und abgestimmt und nehmen damit potentielle Wirkungsverluste in bestimmten Produktlebenszyklusphasen in Kauf. Darüber hinaus wenden lediglich 25 % der Experten Kooperationswerbeformen mit dem Handel an, die aber insbesondere in der Wachstumsphase maßgeblich zum Werbeerfolg beitragen können.

Für die **werbetreibende Industrie** ist es daher notwendig, ihre Werbung einer Bestandsaufnahme zu unterziehen und gegebenenfalls lebenszyklusspezifische Anpassungen vorzunehmen. Aus Sicht der **Werbeagenturen** sind die vorliegenden Ergebnisse vor dem Hintergrund eines noch wachsenden Anspruchsniveaus an das Kreativitätspotential in den Agenturen und der herausgehobenen Erfolgsbedeutung der adäquaten Botschaftsgestaltung von hoher Relevanz. Den **Anbietern von Werbeträgern** bieten die lebenszyklusspezifischen Befunde darüber hinaus Profilierungsmöglichkeiten im Intermediawettbewerb.

3. Implikationen für die Werbewirkungsforschung

Im Hinblick auf ihre theoretische und empirische Anlage kommt der vorliegenden Arbeit der Charakter einer **Basisuntersuchung** zu, die zentrale Ansatzpunkte der Werbeerfolgsfaktorenforschung auf Grundlage des Produktlebenszykluskonzepts aufzeigt. Die Beantwortung differenzierter und weitergehender Fragestellungen muß ergänzenden, darauf aufbauenden Analysen vorbehalten bleiben. Hierzu ergeben sich vielfältige und aufschlußreiche Fragestellungen, die eine verstärkte forscherische Auseinandersetzung als lohnend erscheinen lassen.

1. Der vorgestellte Produktlebenszyklusansatz, der sich zweifelsohne im Rahmen dieser Untersuchung bewährt hat, ist methodisch weiterzuentwickeln und empirisch zu validieren. Hierbei ergeben sich zahlreiche Verknüpfungspunkte mit anderen Instrumenten der strategischen Planung und Analyse wie den verschiedenen Portfolio-Konzepten. Vor allem erscheint es aber interessant, das Modell auf bestimmte Warengruppen anzuwenden und damit die Spezifität des Forschungsdesigns zu erhöhen.[396] Hierdurch ließen sich möglicherweise noch aussagekräftigere Ergebnisse im Produktlebenszyklus gewinnen.[397]

2. Es ist eine Weiterentwicklung der Erhebungsmethoden der Werbeerfolgsfaktorenforschung anzustreben, die anhand zuverlässiger Validierungskriterien eine Überprüfung der subjektiven Erfolgsdimensionen durch objektive Daten ermöglichen. Hierzu liegen mittlerweile eine Reihe von geeigneten Markttestverfahren vor, die dazu Ansatzpunkte aufzeigen und einen Beitrag zur evaluativen Werbewirkungsforschung leisten können.[398]

3. Im Sinne einer Spezialisierung erscheint es des weiteren interessant, die im Rahmen der Untersuchung identifizierten Erfolgsfaktoren einer differenzierten Analyse zu unterziehen. So könnten bspw. die Gestaltungsformen der informativen und emotionalen Werbung weiter untergliedert und spezifiziert werden, um so noch detailliertere Aussagen zur Erfolgswirksamkeit spezieller Botschaftsgestaltungsformen in unterschiedlichen Lebenszyklusphasen zu erlangen. Dies gäbe wichtige Hinweise für die adäquate kreative Gestaltung.

---

[396] Dieses Vorgehen wird auch für Produkte in der Reifephase von Sousa De Vasconcellos empfohlen. Vgl. Sousa De Vasconcellos, J. A., Key Success Factors in Marketing Mature Products, in: IMM, No 3, 1991, S. 263-278.

[397] Zu den Gründen, warum dies nicht für die vorliegende Stichprobe möglich war, vgl. FN 269.

[398] Vgl. Rehorn, J., Markttests, a.a.O., S. 36 ff.

4. Im Sinne einer Ausweitung ist es von besonderem Erkenntniswert, den Untersuchungsansatz auch auf Erfolgsfaktoren des gesamten Kommunikations- und Marketing-Mix anzuwenden, um so Anhaltspunkte für eine effizientere Gestaltung der integrierten Kommunikations- und Marketingplanung zu erlangen.

5. Eine Duplizierung der Werbeerfolgsfaktorenstudie auf andere Länder würde international vergleichende Analysen ermöglichen; intranational gewonnene phasenspezifische Erfolgsfaktoren könnten gegenübergestellt werden. Damit wäre ein Erkenntnisfortschritt für die internationale Marktkommunikation verbunden, der als lebenszyklusspezifischer Beitrag der Standardisierungs- bzw. Differenzierungsdebatte aufzufassen wäre.[399]

6. Es ist die langfristige Etablierung eines permanent zu aktualisierenden Erfolgsfaktorenmodells anzustreben. Damit ist die Überprüfung der Erfolgsfaktoren im Zeitablauf angesprochen. Die gewonnenen Daten könnten in ein computergestütztes Expertensystem eingespeist werden und so Erkenntnisse für die diagnostische Werbewirkungsanalyse bereitstellen. Unter diesem Gesichtspunkt muß das Forschungsinteresse auch Längsschnitterhebungen gelten, die Veränderungen der phasenspezifischen Erfolgsfaktoren der Werbung an einem Produkt über mehrere Lebenszyklusphasen hinweg erfassen.[400]

7. Von Interesse erscheint auch, bereits vorliegende allgemeine Befunde der Werbewirkungsforschung vor dem Hintergrund der gewonnenen phasenspezifischen Erkenntnisse zu würdigen. Es ist zu vermuten, daß ein nicht unerheblicher Teil sich widersprechender Resultate der Erfolgs-

---

[399] Vgl. zu dieser Diskussion auch Althans, J., Werbekonzeptionen, a.a.O., S. 4 ff.

[400] Zur Problematik der Längsschnittsanalyse im Produktlebenszyklus vgl. S. 31.

faktorenforschung der Werbung auf mangelnde Spezifität der Untersuchungsansätze und unzulängliche Berücksichtigung des Produktlebenszykluskonzepts bei der Stichprobenauswertung zurückzuführen ist.

8. Schließlich ist die Übertragung des Untersuchungskonzepts auf andere Branchen wie z. B. den Dienstleistungsbereich, die Investitionsgüterindustrie oder den Verlags- und Medienbereich erfolgversprechend. Durch die Herausarbeitung relevanter kommunikationsabhängiger Erfolgsfaktoren kann in diesen Sektoren sicherlich ohne übermäßigen Forschungsaufwand schon auf Sicht ein Fortschritt erzielt werden. Die Erkenntnisse könnten dann getrennt nach Produktlebenszyklusphasen zu einem Interbranchenvergleich der Werbeerfolgsfaktoren beitragen.

Insgesamt verdeutlichen die offenen Fragestellungen, daß auch künftig ein breites forscherisches Aufgabenfeld für diese Thematik besteht. Gerade kontingenzorientierte Ansätze hoher Spezifität, wie der vorgestellte Erfolgsfaktorenansatz auf Basis des Produktlebenszyklus-Modells, die Erfolgsfaktoren kurzer und mittlerer Reichweite analysieren, dürften dabei noch an Bedeutung gewinnen.

Die weiterführenden Forschungsaspekte zur Erfolgsfaktorenforschung der Werbung im Produktlebenszyklus dürfen allerdings nicht als isolierte Fragestellungen separater Einzeldisziplinen angesehen werden. Vielmehr sollten sich zukünftige Forschungsarbeiten in diesem Bereich um einen interdisziplinären Ansatz bemühen, der Erkenntnisse der verhaltenswissenschaftlichen und ökonomischen Theorie verknüpft und zur weiteren empirischen und theoretischen Fundierung des Lebenszykluskonzepts und der Erfolgsfaktorenforschung der Werbung beiträgt.

Insbesondere die Marketing- und Werbewirkungsforschung bleiben daher aufgefordert, eine solche Theorie zu entwickeln und damit Werbetreibenden Unterstützung bei der Erfassung und Bewältigung dieses Problems von hoher praktischer Relevanz zu leisten.

A N H A N G   I

Tabellen der empirischen Untersuchung

Verzeichnis des Anhangs I

Seite

Tab. 1: Übersicht der einbezogenen sekundärstatistischen Daten   226

Tab. 2: Auszug aus dem SPSS^X-Output zur Regressionsanalyse der Bestimmungsfaktoren des kognitiven Erfolges in der Einführungsphase   227

Tab. 3: Auszug aus dem SPSS^X-Output zur Regressionsanalyse der Bestimmungsfaktoren des kognitiven Erfolges in der Wachstumsphase   227

Tab. 4: Auszug aus dem SPSS^X-Output zur Regressionsanalyse der Bestimmungsfaktoren des kognitiven Erfolges in der Reifephase   227

Tab. 5: Auszug aus dem SPSS^X-Output zur Regressionsanalyse der Bestimmungsfaktoren des kognitiven Erfolges in der Schrumpfungsphase   228

Tab. 6: Auszug aus dem SPSS^X-Output zur Regressionsanalyse der Bestimmungsfaktoren des affektiven Erfolges in der Einführungsphase   228

Tab. 7: Auszug aus dem SPSS^X-Output zur Regressionsanalyse der Bestimmungsfaktoren des affektiven Erfolges in der Wachstumsphase   228

Tab. 8: Auszug aus dem SPSS^X-Output zur Regressionsanalyse der Bestimmungsfaktoren des affektiven Erfolges in der Reifephase   229

Tab. 9: Auszug aus dem SPSS^X-Output zur Regressionsanalyse der Bestimmungsfaktoren des affektiven Erfolges in der Schrumpfungsphase   229

Tab.10: Auszug aus dem SPSS^X-Output zur Regressionsanalyse der Bestimmungsfaktoren des konativen Erfolges in der Einführungsphase   229

Tab.11: Auszug aus dem SPSS^X-Output zur Regressionsanalyse der Bestimmungsfaktoren des konativen Erfolges in der Wachstumsphase   230

Tab.12: Auszug aus dem SPSS^X-Output zur Regressionsanalyse der Bestimmungsfaktoren des konativen Erfolges in der Reifephase   230

Tab.13: Auszug aus dem SPSS^X-Output zur Regressionsanalyse der Bestimmungsfaktoren des konativen Erfolges in der Schrumpfungsphase   230

Seite

Tab.14: Auszug aus dem SPSS^X-Output zur Regressionsanalyse der Bestimmungsfaktoren des Umsatzwachstums in der Einführungsphase   231

Tab.15: Auszug aus dem SPSS^X-Output zur Regressionsanalyse der Bestimmungsfaktoren des Umsatzwachstums in der Wachstumsphase   231

Tab.16: Auszug aus dem SPSS^X-Output zur Regressionsanalyse der Bestimmungsfaktoren des Umsatzwachstums in der Reifephase   231

Tab.17: Auszug aus dem SPSS^X-Output zur Regressionsanalyse der Bestimmungsfaktoren des Umsatzwachstums in der Schrumpfungsphase   232

Tab.18: Auszug aus dem SPSS^X-Output zur Regressionsanalyse der Bestimmungsfaktoren des Marktanteilswachstums in der Einführungsphase   232

Tab.19: Auszug aus dem SPSS^X-Output zur Regressionsanalyse der Bestimmungsfaktoren des Marktanteilswachstums in der Wachstumsphase   232

Tab.20: Auszug aus dem SPSS^X-Output zur Regressionsanalyse der Bestimmungsfaktoren des Marktanteilswachstums in der Reifephase   233

Tab.21: Auszug aus dem SPSS^X-Output zur Regressionsanalyse der Bestimmungsfaktoren des Marktanteilswachstums in der Schrumpfungsphase   233

Warengruppenumsätze	1987-1990
Produktwerbeetats	1987-1990
Warengruppenwerbeetats	1987-1990
Produkt- und Warengruppenetats für Fernsehwerbung	1987-1990
Produkt- und Warengruppenetats für Hörfunkwerbung	1987-1990
Produkt- und Warengruppenetats für Zeitungswerbung	1987-1990
Produkt- und Warengruppenetats für Zeitschriftenwerbung	1987-1990
Produkt- und Warengruppenetats für Fachzeitschriftenwerbung	1987-1990

Tab. 1: Übersicht der einbezogenen sekundärstatistischen Daten

MULTIPLE R	.73454	ANALYSIS OF VARIANCE		
R SQUARE	.53955		DF	SUM OF SQUARES
ADJUSTED R SQUARE	.49630	REGRESSION	3	10.15351
STANDARD ERROR	.52037	RESIDUAL	32	8.66511

F = 12.49E87   SIGNIF F = .0000

------------------ VARIABLES IN THE EQUATION ------------------

VARIABLE	B	SE B	BETA	T	SIG T	MEAN SQUARE
						3.38450
INFWERB	.267462	.075042	.471167	3.564	.0012	.27078
WBUDGET	.238005	.096920	.313913	2.456	.0197	
WWACHS	.002208	.001000	.249872	2.045	.0492	
(CONSTANT)	-1.850512	.253130		-7.169	.0000	

Tab. 2: Auszug aus dem SPSS^X-Output zur Regressionsanalyse der Bestimmungsfaktoren des kognitiven Erfolges in der Einführungsphase

MULTIPLE R	.69401	ANALYSIS OF VARIANCE		
R SQUARE	.48165		DF	SUM OF SQUARES
ADJUSTED R SQUARE	.45979	REGRESSION	3	28.55448
STANDARD ERROR	.67224	RESIDUAL	68	30.72969

F = 21.06219   SIGNIF F = .0000

------------------ VARIABLES IN THE EQUATION ------------------

VARIABLE	B	SE B	BETA	T	SIG T	MEAN SQUARE
						9.51816
INFWERB	.493709	.066140	.656645	7.465	.0000	.45191
FACHW	.123515	.054101	.207924	2.283	.0256	
WBUDGET	.151998	.030235	.171326	1.894	.0624	
(CONSTANT)	-2.418352	.342950		-7.051	.0000	

Tab. 3: Auszug aus dem SPSS^X-Output zur Regressionsanalyse der Bestimmungsfaktoren des kognitiven Erfolges in der Wachstumsphase

MULTIPLE R	.61557	ANALYSIS OF VARIANCE		
R SQUARE	.37892		DF	SUM OF SQUARES
ADJUSTED R SQUARE	.33842	REGRESSION	3	11.24846
STANDARD ERROR	.63309	RESIDUAL	46	18.43702

F = 9.35489   SIGNIF F = .0001

------------------ VARIABLES IN THE EQUATION ------------------

VARIABLE	B	SE B	BETA	T	SIG T	MEAN SQUARE
						3.74949
INFWERB	.283413	.072543	.467263	3.907	.0003	.40080
RESELMK	.507554	.245626	.241018	2.065	.0445	
GELEGK	-.157803	.093479	-.201172	-1.688	.0932	
(CONSTANT)	-.842536	.443730		-1.899	.0639	

Tab. 4: Auszug aus dem SPSS^X-Output zur Regressionsanalyse der Bestimmungsfaktoren des kognitiven Erfolges in der Reifephase

```
MULTIPLE R           .65072        ANALYSIS OF VARIANCE
R SQUARE             .43392                             DF        SUM OF SQUARES
ADJUSTED R SQUARE    .39246        REGRESSION            2             13.35175
STANDARD ERROR       .08980        RESIDUAL             22             17.41845

                                   F =      6.43182     SIGNIF F =  .0019

------------------ VARIABLES IN THE EQUATION ------------------

VARIABLE             B             SE B          BETA         T       SIG T     MEAN SQUARE
                                                                                  0.67587
INFWERB              .672398        .164412       .567874    3.481    .0021        .79175
BUDG                -.753448        .500147      -.246374   -1.510    .1452
(CONSTANT)           .373504       1.152640                   .324    .7489
```

Tab. 5: Auszug aus dem SPSS^X-Output zur Regressionsanalyse der Bestimmungsfaktoren des kognitiven Erfolges in der Schrumpfungsphase

```
MULTIPLE R           .54375        ANALYSIS OF VARIANCE
R SQUARE             .29566                             DF        SUM OF SQUARES
ADJUSTED R SQUARE    .22963        REGRESSION            3              6.18949
STANDARD ERROR       .67880        RESIDUAL             32             14.74480

                                   F =      4.47759     SIGNIF F =  .0098

------------------ VARIABLES IN THE EQUATION ------------------

VARIABLE             B             SE B          BETA         T       SIG T     MEAN SQUARE
                                                                                  2.06316
FACHW               -.194746        .073000      -.352075   -2.369    .0241        .46078
GELEGK               .298034        .131272       .338284    2.270    .0301
ERSTK                .642296        .329898       .290615    1.947    .0604
(CONSTANT)         -1.051886        .634604                 -1.653    .1072
```

Tab. 6: Auszug aus dem SPSS^X-Output zur Regressionsanalyse der Bestimmungsfaktoren des affektiven Erfolges in der Einführungsphase

```
MULTIPLE R           .68031        ANALYSIS OF VARIANCE
R SQUARE             .46282                             DF        SUM OF SQUARES
ADJUSTED R SQUARE    .43912        REGRESSION            3             23.01497
STANDARD ERROR       .62677        RESIDUAL             68             26.71277

                                   F =     19.52896     SIGNIF F =  .0000

------------------ VARIABLES IN THE EQUATION ------------------

VARIABLE             B             SE B          BETA         T       SIG T     MEAN SQUARE
                                                                                  7.67166
INFWERB             -.391098        .051544      -.567356   -6.355    .0000        .39283
KVERKF89            -.023135        .009413      -.219776   -2.458    .0165
ABGEST               .167121        .069098       .216037    2.419    .0183
(CONSTANT)           .330030        .372164                   .887    .3783
```

Tab. 7: Auszug aus dem SPSS^X-Output zur Regressionsanalyse der Bestimmungsfaktoren des affektiven Erfolges in der Wachstumsphase

```
MULTIPLE R          .72561     ANALYSIS OF VARIANCE
R SQUARE            .52651                              DF        SUM OF SQUARES
ADJUSTED R SQUARE   .49563     REGRESSION               3            22.19537
STANDARD ERROR      .65873     RESIDUAL                46            19.96041

                               F =      17.05020        SIGNIF F =   .0000

------------------ VARIABLES IN THE EQUATION ------------------

VARIABLE            B          SE B       BETA         T       SIG T    MEAN SQUARE
                                                                         7.39846
INSZWERB         .507640     .093569    .635183      6.074    .0000      .43392
GELESK          -.331075     .097700   -.354180     -3.389    .0015
EINH             .261084     .086022    .308391      3.035    .0039
(CONSTANT)      -.461877     .317205                -1.456    .1522
```

Tab. 8: Auszug aus dem SPSS^X-Output zur Regressionsanalyse der Bestimmungsfaktoren des affektiven Erfolges in der Reifephase

```
MULTIPLE R          .46924     ANALYSIS OF VARIANCE
R SQUARE            .22018                              DF        SUM OF SQUARES
ADJUSTED R SQUARE   .18628     REGRESSION               1             7.57267
STANDARD ERROR     1.07906     RESIDUAL                23            26.82010

                               F =      6.49467         SIGNIF F =   .0130

------------------ VARIABLES IN THE EQUATION ------------------

VARIABLE            B          SE B       BETA         T       SIG T    MEAN SQUARE
                                                                         7.57267
SJV             7.340114    2.830345    .469236     2.548    .0180      1.16609
(CONSTANT)      1.447984     .355230                4.065    .0005
```

Tab. 9: Auszug aus dem SPSS^X-Output zur Regressionsanalyse der Bestimmungsfaktoren des affektiven Erfolges in der Schrumpfungsphase

```
MULTIPLE R          .58515     ANALYSIS OF VARIANCE
R SQUARE            .34240                              DF        SUM OF SQUARES
ADJUSTED R SQUARE   .28075     REGRESSION               3             6.79749
STANDARD ERROR      .63872     RESIDUAL                32            13.05498

                               F =      5.55394         SIGNIF F =   .0035

------------------ VARIABLES IN THE EQUATION ------------------

VARIABLE            B          SE B       BETA         T       SIG T    MEAN SQUARE
                                                                         2.26583
ERSTK            .710490     .315393    .330113      2.248    .0316      .40797
REGELMK         -.924349     .282874   -.492635     -3.268    .0026
PR89             .076781     .033642    .339440      2.282    .0293
(CONSTANT)       .227278     .493398                 .460    .6486
```

Tab. 10: Auszug aus dem SPSS^X-Output zur Regressionsanalyse der Bestimmungsfaktoren des konativen Erfolges in der Einführungsphase

```
MULTIPLE R           .59109      ANALYSIS OF VARIANCE
R SQUARE             .34933                        DF      SUM OF SQUARES
ADJUSTED R SQUARE    .31054      REGRESSION         4           18.88022
STANDARD ERROR       .72440      RESIDUAL          67           35.15873

                                 F =    8.99474    SIGNIF F =    .0000


------------------ VARIABLES IN THE EQUATION ------------------

VARIABLE       B          SE B        BETA         T      SIG T    MEAN SQUARE
                                                                    4.72005
WBUDGET      .312977     .084071     .369498     3.723    .0004       .52476
WWACHS      -.034435     .011350    -.302428    -3.034    .0034
ZIELGR       .142228     .084417     .171832     1.685    .0967
REGELMK     -.377978     .236945    -.161578    -1.595    .1154
(CONSTANT) -1.406342     .526922                -2.669    .0095
```

Tab. 11: Auszug aus dem SPSS^X-Output zur Regressionsanalyse der Bestimmungsfaktoren des konativen Erfolges in der Wachstumsphase

```
MULTIPLE R           .50595      ANALYSIS OF VARIANCE
R SQUARE             .25598                        DF      SUM OF SQUARES
ADJUSTED R SQUARE    .18985      REGRESSION         4           11.17231
STANDARD ERROR       .84943      RESIDUAL          45           32.47246

                                 F =    3.97062    SIGNIF F =    .0087


------------------ VARIABLES IN THE EQUATION ------------------

VARIABLE       B          SE B        BETA         T      SIG T    MEAN SQUARE
                                                                    2.79308
W89FZP3      .002994     .001420     .281050     2.108    .0406       .72161
EINH         .205338     .111943     .239531     1.843    .0719
GELEGK      -.228974     .125926    -.240739    -1.818    .0757
ABGEST       .221165     .149835     .190615     1.476    .1469
(CONSTANT)  -.467834     .766413                 -.610    .5447
```

Tab. 12: Auszug aus dem SPSS^X-Output zur Regressionsanalyse der Bestimmungsfaktoren des konativen Erfolges in der Reifephase

```
MULTIPLE R           .72611      ANALYSIS OF VARIANCE
R SQUARE             .52724                        DF      SUM OF SQUARES
ADJUSTED R SQUARE    .43269      REGRESSION         4           13.94194
STANDARD ERROR       .79061      RESIDUAL          20           12.50128

                                 F =    5.57621    SIGNIF F =    .0035


------------------ VARIABLES IN THE EQUATION ------------------

VARIABLE       B          SE B        BETA         T      SIG T    MEAN SQUARE
                                                                    3.48549
POSIT        .229337     .127034     .306456     1.803    .0862       .62506
KVERKF89     .016863     .038903     .305884     1.895    .0727
GELEGK      -.429804     .233619    -.300932    -1.840    .0806
SOV         3.757431    2.169378     .273945     1.732    .0987
(CONSTANT)  1.916241     .982449                 1.950    .0653
```

Tab. 13: Auszug aus dem SPSS^X-Output zur Regressionsanalyse der Bestimmungsfaktoren des konativen Erfolges in der Schrumpfungsphase

```
MULTIPLE R            .32420      ANALYSIS OF VARIANCE
R SQUARE              .27473                    DF      SUM OF SQUARES
ADJUSTED R SQUARE     .20680      REGRESSION     3      167556.36941
STANDARD ERROR     117.55560      RESIDUAL      32      442218.20162

                                  F =      4.04160      SIGNIF F =   .0152

------------------ VARIABLES IN THE EQUATION ------------------

VARIABLE              B           SE B         BETA          T        SIG T     MEAN SQUARE
                                                                                55852.12314
W89HFPS            .048020       .025955      .285539       1.850     .0736     13819.31880
INSZWERB        -32.536669     15.347450     -.312284      -2.055     .0480
REGELMK         -39.652462     51.040000     -.272630      -1.757     .0886
(CONSTANT)     -143.310477     73.190530                   -2.026     .0511
```

Tab. 14: Auszug aus dem SPSS^X-Output zur Regressionsanalyse der Bestimmungsfaktoren des Umsatzwachstums in der Einführungsphase

```
MULTIPLE R            .39386      ANALYSIS OF VARIANCE
R SQUARE              .15513                    DF      SUM OF SQUARES
ADJUSTED R SQUARE     .13064      REGRESSION     2      4.33639
STANDARD ERROR        .58504      RESIDUAL      69     23.61698

                                  F =      6.33465      SIGNIF F =   .0030

------------------ VARIABLES IN THE EQUATION ------------------

VARIABLE              B           SE B         BETA          T        SIG T     MEAN SQUARE
                                                                                2.16819
KREATUMS          -.144986      .053107     -.305211      -2.730     .0030       .34228
ABGEST             .171814      .064841      .296237       2.650     .0100
(CONSTANT)        1.575577      .294235                    5.355     .0000
```

Tab. 15: Auszug aus dem SPSS^X-Output zur Regressionsanalyse der Bestimmungsfaktoren des Umsatzwachstums in der Wachstumsphase

```
MULTIPLE R            .56488      ANALYSIS OF VARIANCE
R SQUARE              .31909                    DF      SUM OF SQUARES
ADJUSTED R SQUARE     .24171      REGRESSION     5       .05823
STANDARD ERROR        .05314      RESIDUAL      44       .12425

                                  F =      4.12382      SIGNIF F =   .0037

------------------ VARIABLES IN THE EQUATION ------------------

VARIABLE              B             SE B         BETA          T        SIG T     MEAN SQUARE
                                                                                  .01165
WWACHS          -.042490        .018111     -.294897      -2.346     .0235         .00282
BUDG             .028773        .015935      .227299       1.805     .0779
INFWCR3          .011660        .006003      .245194       1.942     .0585
HVERKF89     -9.14405E-04    5.12092E-04    -.227258      -1.786     .0811
POSIT           -.013127        .007250     -.211075      -1.873     .1015
(CONSTANT)      1.112645        .047375                   23.486     .0000
```

Tab. 16: Auszug aus dem SPSS^X-Output zur Regressionsanalyse der Bestimmungsfaktoren des Umsatzwachstums in der Reifephase

```
MULTIPLE R          .31263      ANALYSIS OF VARIANCE
R SQUARE            .66044                        DF      SUM OF SQUARES
ADJUSTED R SQUARE   .59253      REGRESSION         4          .35798
STANDARD ERROR      .09593      RESIDUAL          20          .18405

                    F =        9.72501        SIGNIF F =   .0002

------------------ VARIABLES IN THE EQUATION ------------------

VARIABLE              B           SE B          BETA         T        SIG T      MEAN SQUARE
                                                                                    .08950
HVERKF89          -.002322    9.85925-04      -.392798    -2.556     .0188         .00920
EINH               .033526     .016612         .334876     2.406     .0259
MEDIAMIX          -.041295     .016725        -.344173    -2.469     .0227
W89PZPS          2.26227E-05  1.3812E-05       .225973     1.639     .1171
(CONSTANT)         .882286     .080735                    10.928     .0000
```

Tab. 17: Auszug aus dem SPSS^X-Output zur Regressionsanalyse der Bestimmungsfaktoren des Umsatzwachstums in der Schrumpfungsphase

```
MULTIPLE R          .45943      ANALYSIS OF VARIANCE
R SQUARE            .21108                        DF      SUM OF SQUARES
ADJUSTED R SQUARE   .16326      REGRESSION         2          .00104
STANDARD ERROR      .01083      RESIDUAL          33          .00387

                    F =        4.41455        SIGNIF F =   .0200

------------------ VARIABLES IN THE EQUATION ------------------

VARIABLE              B           SE B          BETA         T        SIG T      MEAN SQUARE
                                                                                    .00052
SOV                .064330     .024082         .418163     2.671     .0116         .00012
W89FZPS         -9.66043E-05  5.6734E-05      -.266554    -1.703     .0980
(CONSTANT)         .010523     .003432                     3.066     .0043
```

Tab. 18: Auszug aus dem SPSS^X-Output zur Regressionsanalyse der Bestimmungsfaktoren des Marktanteilswachstums in der Einführungsphase

```
MULTIPLE R          .33271      ANALYSIS OF VARIANCE
R SQUARE            .11070                        DF      SUM OF SQUARES
ADJUSTED R SQUARE   .08492      REGRESSION         2          .00407
STANDARD ERROR      .02177      RESIDUAL          69          .03269

                    F =        4.29452        SIGNIF F =   .0175

------------------ VARIABLES IN THE EQUATION ------------------

VARIABLE              B           SE B          BETA         T        SIG T      MEAN SQUARE
                                                                                    .00203
SOV               -.022333     .009670        -.262332    -2.310     .0239         .00047
REGELMK            .012085     .006929         .198066     1.744     .0856
(CONSTANT)        -.011612     .008425                    -1.378     .1726
```

Tab. 19: Auszug aus dem SPSS^X-Output zur Regressionsanalyse der Bestimmungsfaktoren des Marktanteilswachstums in der Wachstumsphase

```
MULTIPLE R          .49884         ANALYSIS OF VARIANCE
R SQUARE            .24884                              DF           SUM OF SQUARES
ADJUSTED R SQUARE   .18207         REGRESSION            4               .00034
STANDARD ERROR   4.74999E-03       RESIDUAL             45               .00102

                                   F =      3.72692        SIGNIF F =   .0106

------------------ VARIABLES IN THE EQUATION ------------------

VARIABLE              B           SE B          BETA          T       SIG T     MEAN SQUARE
                                                                                  .00008
INFWER3           .001157     5.3844E-04       .282816      2.150    .0370        .00002
W89TZPS          2.77623E-06  1.7851E-06       .205486      1.555    .1269
W89FZPS          1.25250E-05  7.9141E-06       .211251      1.583    .1205
REGELMK           .002746      .001853         .193273      1.482    .1453
(CONSTANT)        .005455      .002656                      2.054    .0459
```

Tab. 20: Auszug aus dem SPSS^X-Output zur Regressionsanalyse der Bestimmungsfaktoren des Marktanteilswachstums in der Reifephase

```
MULTIPLE R          .63768         ANALYSIS OF VARIANCE
R SQUARE            .40664                              DF           SUM OF SQUARES
ADJUSTED R SQUARE   .35269         REGRESSION            2               .00018
STANDARD ERROR   3.47717E-03       RESIDUAL             22               .00027

                                   F =      7.53835        SIGNIF F =   .0032

------------------ VARIABLES IN THE EQUATION ------------------

VARIABLE              B           SE B          BETA          T       SIG T     MEAN SQUARE
                                                                                  .00009
HVERKF39         -1.03490E-04  3.0329E-05     -.560360     -3.412    .0025        .00001
BUDG              .003411      .001923         .291482      1.774    .0898
(CONSTANT)        .005639      .003604                      1.554    .1320
```

Tab. 21: Auszug aus dem SPSS^X-Output zur Regressionsanalyse der Bestimmungsfaktoren des Marktanteilswachstums in der Schrumpfungsphase

A N H A N G   II

Fragebogen

Westfälische Wilhelms-Universität Münster
Institut für Marketing

F r a g e b o g e n
(bitte vom betreffenden Produkt-Manager auszufüllen)

Das Institut für Marketing hat sich mit diesem Forschungsprojekt zum Ziel gesetzt, den Einfluß der klassischen Werbung auf den Markterfolg von Unternehmen zu analysieren. Für dieses Forschungsvorhaben sind neben den Rahmenbedingungen Ihrer Markenpolitik, die Aktionsvariablen und Erfolgseinschätzungen der Werbung von besonderem Interesse. Die Fragestellungen beziehen sich auf die von Ihnen betreute Marke für die Jahre 1987-89. Der Schwerpunkt liegt hierbei auf dem Jahr 1989.

Bitte beantworten Sie die folgenden Fragen, indem Sie die für Sie zutreffenden Antworten ankreuzen. Zu einigen Fragestellungen haben Sie zusätzlich die Möglichkeit, einige Ihnen besonders wichtig erscheinende Aspekte selbst zu notieren.
Der Fragebogen sollte bitte bis zum 24. **August 1990** mit beigefügtem Rückumschlag zurückgesandt werden.
Bei Rückfragen steht Ihnen gern Herr **Dipl.-Kfm. U. Schürmann** (Tel. 0251-56472) zur Verfügung.

Bitte unbedingt angeben:

Name des Unternehmens:_____

Name des Produktes:_____

Name und Telefon-Nr.
des Ausfüllenden:_____

PROF. DR. H. MEFFERT
INSTITUT FÜR MARKETING
UNIVERSITÄTSSTR. 14 - 16
4400 MÜNSTER

© Copyright beim Verfasser. Auch auszugsweise Vervielfältigung ist ohne Genehmigung des Verfassers nicht erlaubt.

A. Rahmenbedingungen der Markt- und Wettbewerbssituation

Ausprägungen des Wettbewerbs

1. Gerade den Entwicklungen und Ausprägungen des Wettbewerbs in einer Branche wird ein wesentlicher Einfluß auf die werblichen Aktivitäten zugeschrieben. Geben Sie bitte an, inwiefern folgende Charakteristika speziell für Ihre Branche zutreffen:

	trifft sehr zu	trifft ziemlich zu	trifft etwas zu	trifft kaum zu	trifft gar nicht zu
aggressive Preiskonkurrenz	o	o	o	o	o
intensiver Differenzierungswettbewerb	o	o	o	o	o
starker Innovationswettbewerb	o	o	o	o	o
Eintritt vieler neuer Wettbewerber	o	o	o	o	o
hoher Werbedruck	o	o	o	o	o
zahlreiche Promotionsaktivitäten	o	o	o	o	o
starke Konkurrenz durch andere Markenartikel der gleichen Produktgruppe	o	o	o	o	o
starke Konkurrenz durch Handelsmarken	o	o	o	o	o
starke Konkurrenz durch Gattungsmarken (No Names)	o	o	o	o	o
hohes Konfliktpotential in den Beziehungen zum Handel	o	o	o	o	o

Markenlebenszyklusstadium

2.a) Betrachten Sie nun die von Ihnen vertretene Marke. Wie würden Sie die Marke gegenwärtig auf der folgenden Lebenszykluskurve ungefähr positionieren?

[Lebenszykluskurve mit Phasen: Einführungsphase, Wachstumsphase, Reife- und Sättigungsphase, Degenerations- und Verfallphase; Achsen: Umsatz der Marke / Zeit]

2.b) Bitte geben Sie nun die ungefähren Jahreszahlen an, in denen Ihre Marke in die folgenden Lebenszyklusphasen eingetreten ist.

Einführungsphase	Wachstumsphase	Reife- und Sättigungsphase	Degenerations- und Verfallphase

2.c) Wie hoch war in den bereits durchlaufenen Phasen des Lebenszyklus schätzungsweise der Bekanntheitsgrad Ihrer Marke bei den Konsumenten (in % der Zielgruppe)?

Einführungsphase	Wachstumsphase	Reife- und Sättigungsphase	Degenerations- und Verfallphase

2.d) Falls Abweichungen von dem oben abgebildeten idealtypischen Kurvenverlauf bzw. Sonderentwicklungen stattgefunden haben, geben Sie hierfür bitte kurz die Gründe an (z.B.Relaunches, Produktmodifikationen etc.).

_____
_____
_____

Zielgruppe

3. Welche Zielgruppe ist für Ihre Marke in der derzeitigen Marktphase in erster Linie wichtig?

	sehr wichtig	ziemlich wichtig	etwas wichtig	kaum wichtig	gar nicht wichtig
Erstkäufer	o	o	o	o	o
Gelegenheitskäufer	o	o	o	o	o
regelmäßige Käufer	o	o	o	o	o
Großkunden	o	o	o	o	o
Einzelkunden	o	o	o	o	o

Institut für Marketing

Markendemographie

4.a) Wie oft wird Ihre Marke durchschnittlich gekauft (Kaufrhythmus)?

ca. alle _____ Tage

4.b) Welche Markenstrategie verfolgen Sie in Ihrem Bereich?

Einzel- bzw. Monomarkenstrategie	Familien- bzw. Dachmarkenstrategie
o	o

4.c) Welche der folgenden Sachverhalte treffen für Ihre Marke zu?

	trifft mehr zu	trifft ziemlich zu	trifft etwas zu	trifft kaum zu	trifft gar nicht zu
hoher Gebrauchsnutzen	o	o	o	o	o
hoher Prestigenutzen	o	o	o	o	o
Unique advertising proposition (UAP)/ werbliche Alleinstellung	o	o	o	o	o
Unique selling proposition (USP)/Einmaligkeit des Produktversprechens	o	o	o	o	o
regionale Identität (Regionalmarke)	o	o	o	o	o

Marketinginstrumente

5. Bitte ordnen Sie die folgenden Marketinginstrumente bzw. Aktionsparameter nach ihrer Wichtigkeit für den Markterfolg der betreffenden Marke zu.

	mehr wichtig	ziemlich wichtig	etwas wichtig	kaum wichtig	gar nicht wichtig
Konsumentengerichtete Instrumente					
niedriger Preis	o	o	o	o	o
hohe Qualität	o	o	o	o	o
umweltgerechte Verpackung	o	o	o	o	o
intensive Mediawerbung	o	o	o	o	o
konsumentengerichtete Verkaufsförderung (z.B. Proben, Gewinnspiele etc.)	o	o	o	o	o
intensive PR/Product Publicity	o	o	o	o	o
intensive Direktkommunikation	o	o	o	o	o
Handelsgerichtete Instrumente					
Intensive Distributionspolitik (hohe Distributionsdichte)	o	o	o	o	o
handelsgerichtete Verkaufsförderung (z.B. Werbekostenzuschüsse)	o	o	o	o	o
hohe Handelsspanne	o	o	o	o	o
aktives Key-Account-Management ggü. dem Handel	o	o	o	o	o

B. Aktionsvariablen

Werbeziele

6. Bitte kreuzen Sie an, welche Priorität Sie den nachfolgend aufgeführten Werbezielen Ihrer Marke in 1989 und in 1987 eingeräumt haben.

	1989					1987				
psychographische Werbeziele	sehr wichtig	ziemlich wichtig	etwas wichtig	kaum wichtig	gar nicht wichtig	sehr wichtig	ziemlich wichtig	etwas wichtig	kaum wichtig	gar nicht wichtig
Markenbekanntheit fördern	o	o	o	o	o	o	o	o	o	o
Information über die Marke vermitteln	o	o	o	o	o	o	o	o	o	o
Aktualität für die Marke erzeugen	o	o	o	o	o	o	o	o	o	o
Emotionen für die Marke auslösen	o	o	o	o	o	o	o	o	o	o
Konkurrenzdifferenzierung schaffen	o	o	o	o	o	o	o	o	o	o
Markenimage verbessern	o	o	o	o	o	o	o	o	o	o
Markenbindung erhöhen	o	o	o	o	o	o	o	o	o	o
ökonomische Werbeziele										
Kauffrequenz steigern	o	o	o	o	o	o	o	o	o	o
Umsatz erhöhen	o	o	o	o	o	o	o	o	o	o
Marktanteil erhöhen	o	o	o	o	o	o	o	o	o	o
Hersteller-Marge verbessern	o	o	o	o	o	o	o	o	o	o
Handelsattraktivität der Marke erhöhen	o	o	o	o	o	o	o	o	o	o

Institut für Marketing

Aufteilung des Kommunikationsbudgets

7. Wie wurde das Kommunikationsbudget der untersuchten Marke in 1989 und 1987 ungefähr auf die einzelnen Instrumente aufgeteilt?

	1989	1987
Klassische Werbung	____ %	____ %
Konsumentengerichtete Verkaufsförderung/Promotions (z.B. Proben, Gewinnspiele)	____ %	____ %
Handelsgerichtete Verkaufsförderung/Händlerpromotions (z. B. Werbekostenzuschüsse/Displays)	____ %	____ %
PR/Product Publicity	____ %	____ %
Sponsoring	____ %	____ %
Sonstige _____	____ %	____ %
	100 %	100 %

Aufteilung des Werbebudgets

8. Wie teilte sich das Werbebudget 1989 und 1987 nach Kostenarten ungefähr auf (in %)?

	1989	1987
Produktionskosten	____ %	____ %
Schaltkosten	____ %	____ %
Agentur- und sonstige Kosten	____ %	____ %
	100 %	100 %

Werbebudgetierungsverfahren

9. In Theorie und Praxis werden eine Vielzahl von Werbebudgetierungsmethoden vorgeschlagen. Welches Budgetierungsverfahren findet für die untersuchte Marke Anwendung? (mehrere Antworten möglich)

Verhältnismethoden (z. B. % vom Umsatz, Konkurrenzbudget etc.)   o

Ziel- und Aufgabenmethoden (objective-and-task-method)   o

Auf Erfahrung beruhende Methoden   o

Analytische Methoden (z. B. Optimierungsverfahren)   o

Institut für Marketing

Zeitliche Verteilung des Werbebudgets

10. Wenn Sie an die Jahre 1987 - 1989 zurückdenken, wurde das Werbebudget für die betrachtete Marke

... kontinuierlich eingesetzt? o
... schwerpunktmäßig pulsierend/saisonal eingesetzt? o

Geben Sie bitte für den Fall, daß das Werbebudget in seiner Höhe über die Monate und Jahre hinweg differierte, die Gründe dieses Vorgehens an:

	trifft mehr zu	trifft ziemlich zu	trifft etwas zu	trifft kaum zu	trifft gar nicht zu
Saisoneinflüsse/ Jahreszeit	o	o	o	o	o
Werbeanstrengungen des Wettbewerbs (Share of Voice)	o	o	o	o	o
eigene produktpolitische Aktivitäten	o	o	o	o	o
zeitliche Konzentration der Anstrengungen erscheint effektiver	o	o	o	o	o
Verhalten des Handels	o	o	o	o	o
Sonstiges _____	o	o	o	-	o

Kampagnenkontinuität und -konsistenz

11. a) Welche Bestandteile der Markenkampagne haben sich im Zeitraum von 1987-1989 verändert?

	mehr stark verändert	stark verändert	ziemlich verändert	etwas verändert	kaum verändert	gar nicht verändert
Positioning	o	o	o	o	o	o
Zielgruppe	o	o	o	o	o	o
kreative Umsetzung	o	o	o	o	o	o
Media-Mix	o	o	o	o	o	o
Werbebudget	o	o	o	o	o	o

11. b) Die Werbekampagne der betrachteten Marke für das Jahr 1989 ist

	trifft mehr zu	trifft ziemlich zu	trifft etwas zu	trifft kaum zu	trifft gar nicht zu
über die Medien hinweg eher einheitlich	o	o	o	o	o
mit dem Handel abgestimmt/Verbund- u. Kooperationswerbung	o	o	o	o	o
durch eine Fachwerbekampagne für den Handel ergänzt worden	o	o	o	o	o

Botschaftsgestaltung

12. Welche der folgenden Botschaftsinhalte treffen auf die untersuchte Werbekampagne der Marke in 1989 zu?

	trifft mehr zu	trifft ziemlich zu	trifft etwas zu	trifft kaum zu	trifft gar nicht zu
Informierende Werbung (z. B. Produktinformation im Vordergrund)	o	o	o	o	o
Inszenierende Werbung (z. B. emotionale Erlebniswerte, Humor, Erotik etc.)	o	o	o	o	o
Umweltschutzaspekte	o	o	o	o	o
Gesundheit und Fitness	o	o	o	o	o
Genuß und Luxus	o	o	o	o	o
Sonstige _____	o	o	o	o	o

Institut für Marketing

C. Erfolgsvariablen

Werbewirkung

13. Bitte geben Sie an, welche der genannten Werbeziele Sie im 1989 für die untersuchte Marke durch die werblichen Aktivitäten Ihrer Meinung nach erreichen konnten.

Psychographische Werbezielerreichung	trifft mehr zu	trifft ziemlich zu	trifft etwas zu	trifft kaum zu	trifft gar nicht zu
Markenbekanntheit gesteigert	o	o	o	o	o
Information über die Marke vermittelt	o	o	o	o	o
Aktualität für die Marke erzeugt	o	o	o	o	o
Emotionen für die Marke ausgelöst	o	o	o	o	o
Konkurrendifferenzierung erreicht	o	o	o	o	o
Markenimage verbessert	o	o	o	o	o
Markenbindung erhöht	o	o	o	o	o

Ökonomische Werbezielerreichung	trifft mehr zu	trifft ziemlich zu	trifft etwas zu	trifft kaum zu	trifft gar nicht zu
Kauffrequenz gesteigert	o	o	o	o	o
Umsatz erhöht	o	o	o	o	o
Marktanteil erhöht	o	o	o	o	o
Hersteller-Marge verbessert	o	o	o	o	o
Handelsattraktivität der Marke erhöht	o	o	o	o	o

Gründe für mögliche Zielverfehlungen

14. Sollten Sie einige der o.g. Ziele nicht vollständig erreicht haben, so geben Sie bitte die nach Ihrer Meinung wichtigsten Gründe hierfür an.

	mehr wichtig	ziemlich wichtig	etwas wichtig	kaum wichtig	gar nicht wichtig
Konkurrenzaktivitäten	o	o	o	o	o
Handelsaktivitäten	o	o	o	o	o
eigene Markenpolitik	o	o	o	o	o
zu niedrige Werbebudgets	o	o	o	o	o
ineffizienter Mediaeinsatz	o	o	o	o	o
zeitliche Zielung ungeeignet	o	o	o	o	o
nicht optimale Kampagne	o	o	o	o	o
allgemeiner gesellschaftlicher Druck	o	o	o	o	o
staatl. Beschränkungen/Normen	o	o	o	o	o
Sonstige _____	o	o	o	o	o

Institut für Marketing

Medienspezifische Eignung

15. Den Medien wird eine unterschiedliche Eignung zur Erreichung bestimmter Werbeziele zugesprochen. Bitte kreuzen Sie zu jedem der genannten Werbeziele max. 3 Medien an, die nach Ihrer Ansicht besonders geeignet sind, um die folgenden Werbeziele für Ihre Marke unterstützend zu realisieren.

	Öffentl. rechtl. TV	Priv. TV	HFk-funk	Zeitung	Zeitschrift	Fachzeitschrift	Plakat	Medien der Direktwerbung
Informationen über die Marke vermitteln	o	o	o	o	o	o	o	o
Aktualität für die Marke erzeugen		o		o	o	o		o
Emotionen für die Marke auslösen	o	o			o		o	o
Markenimage verbessern	o	o	o	o	o	o	o	o
Umsatz erhöhen	o	o	o	o	o	o	o	o
Marktanteil erhöhen	o	o	o	o	o	o	o	o
Handelsattraktivität der Marke erhöhen	o	o	o	o	o	o	o	o

Synergiepotentiale von Familien- und Dachmarken

16. Können nach Ihrer Einschätzung durch das konsequente Verfolgen von Dach- und Familienmarkenstrategien auch werbliche Synergiepotentiale genutzt werden, die unter sonst gleichen Bedingungen zu einer Verbesserung der Werbewirkung führen?

stimme sehr zu	stimme ziemlich zu	stimme etwas zu	stimme kaum zu	stimme gar nicht zu
o	o	o	o	o

Grundsätzliche Eignung der Werbung

17. Bitte nehmen Sie abschließend zu folgenden Thesen Stellung:

	stimme sehr zu	stimme ziemlich zu	stimme etwas zu	stimme kaum zu	stimme gar nicht zu
Werbung schafft "Trendsetter" im Markt		o	o	o	o	o
Werbung ist als Marktinvestition aufzufassen, die sich langfristig auszahlt		o	o	o	o	o
Werbung dominiert auch künftig die anderen Kommunikationsinstrumente		o	o	o	o	o
Bedeutung der Werbung wächst durch EG '92		o	o	o	o	o
Bedeutung der Werbung wächst durch den Integrationsprozeß der DDR		o	o	o	o	o
Kreativer Aufwand für die Werbung wird künftig wichtiger		o	o	o	o	o
Werbewirkungsforschung gewinnt an Bedeutung		o	o	o	o	o
Künftig werden höhere Werbebudgets nötig sein, um sich im Wettbewerb durchzusetzen		o	o	o	o	o
Zunehmende Informationsüberlastung der Konsumenten erschwert künftig die werbliche Ansprache		o	o	o	o	o
Künftig wird es einen gravierenden Mangel an Werbefachkräften geben		o	o	o	o	o
Werbung wird zunehmend als lästig empfunden		o	o	o	o	o
Wirtschaftlichkeit der Werbung im Vergleich zu anderen Kommunikationsinstrumenten nimmt ab		o	o	o	o	o
Differenzierung des Verbraucherverhaltens (hybride Konsumenten etc.) erschwert künftig die Werbung		o	o	o	o	o

Institut für Marketing

Literaturverzeichnis

Aaker, D. A.
Carman, J. M.,
Are you Overadvertising?, in: JoAR, No 4, S. 57-70.

Aaker, D. A.
Stayman, D. M.
Measuring Audience Perceptions of Commercials and Relating them to Ad Impact, in: JoAR, No 4, 1990, S. 7-17.

Achenbaum, A. A.
Advertising doesn't manipulate consumers, in: JoAR, No 2, 1972, S. 3-13.

Albach, H.
Ansätze zu einer empirischen Theorie der Unternehmung, in: Wissenschaftsprogramm und Ausbildungslehre, Hrsg.: Kortzfleisch, G. v., Berlin 1971, S. 133-156.

Althans, J.
Die Übertragbarkeit von Werbekonzeptionen auf internationale Märkte - Analyse und Exploration auf der Grundlage einer Befragung bei europaweit tätigen Werbeagenturen, Diss., Frankfurt u. Bern 1982.

Anderson, C. R.
Zeithaml, C. P.
Stage of the Product Life Cycle, Business Strategy, and Business Performance, in: AoMJ, No 1, 1984, S. 5-24.

Angehrn, O.
Zum Aussagewert des Begriffs "Produktlebenszyklus", in: JAVF, H. 4, 1974, S. 269-280.

Angelmar, R.
Bagozzi, R.
Typical Marketing Behavior Over the Product Life Cycle, Working Paper, Graduate School of Business, Stanford University 1982.

Arnold, S. J.
Oum, T. H.,
Pazderka, B.
Snetsinger, D. W.
Advertising quality in sales response models, in: JoMR, February 1987, S. 106-113.

Arnold, U.   Zur Informationsüberlastung von Konsumenten, in: JAVF, H. 4, 1989, S. 387-401.

Arora, R.   The Product Life Cycle and Time Varying Advertising Elasticities: Another Look, in: AIDS Proceedings, Hrsg.: Reeves, G. R., Sweigart, J. R., American Institute for Decision Sciences, Boston 1981, S. 253-255.

Assmus, G.
Farley, J. U.
Lehmann, D. R.   How Advertising Affects Sales: Meta Analysis of Econometric Results, in: JoMR, February 1984, S. 65-74.

Backhaus, K.   Auswirkungen kurzer Lebenszyklen bei High-Tech Produkten, in: Thexis, Nr. 6, 1991, S. 11-13.

Backhaus, K. et al.   Multivariate Analysemethoden. Eine anwendungsorientierte Einführung, 4. Aufl., Berlin u.a. 1987.

Bagozzi, R. P.   Causal Models in Marketing, Massachusetts Institute for Technology, New York u.a. 1980.

Bänsch, A.   Käuferverhalten, München, Wien 1983.

Batra, R.
Ray, M. L.   How Advertising Works at Contact, in: Psychological Processes and Advertising Effects - Theory, Research and Application, Hrsg.: Alwitt, L. F., Mitchell, A. A., 1985, S. 13-44.

Bauer, F.   Datenanalyse mit SPSS, Berlin u.a. 1984.

Becker, J.   Marketing-Konzeption: Grundlagen des strategischen Marketing-Managements, München 1988.

Behrens, K. C.   Absatzwerbung, Wiesbaden 1963.

Bennett, P. D.   Marketing, New York 1988.

Berekoven, L.
Eckert, W.
Ellenrieder, P.
Berlyne, D. E.

Marktforschung. Methodische Grundlagen und praktische Anwendung, 2. Aufl., Wiesbaden 1986.
Konflikt, Erregung, Neugier - Zur Psychologie der kognitiven Motivation, Stuttgart 1976.

Bidlingmaier, J.

Festlegung der Werbeziele, in: Handbuch der Werbung, Hrsg.: Behrens, K. C., Wiesbaden 1970, S. 403-416.

Birkigt, K.

Kritische Anmerkungen zu Dhalla und Yuspeh, in: HM, H. 1, 1980, S. 79-82.

Bleicher, K.

Das Konzept Integriertes Management. Das St. Galler Management-Konzept, Frankfurt und New York 1991.

Bleymüller, G.
Gehlert, G.
Gülicher, H.

Statistik für Wirtschaftswissenschaftler, 5. Aufl., München 1988.

Böcker, F.

Handelskonzentration: Ein partielles Phänomen? - oder: Irreführende Handelsstatistiken, in: ZfB, H. 7, 1986, S.654-660.

Brehm, J. W.

A theory of psychological reactance, New York 1966.

Brockhoff, K.

Art. Produktlebenszyklen, in: Handwörterbuch der Absatzwirtschaft, Bd. 4, Hrsg.: Tietz, B., Stuttgart 1974, Sp. 1763-1770.

Bruhn, M.

Integrierte Unternehmenskommunikation: Ansatzpunkte für eine strategische und operative Umsetzung integrierter Kommunikationsarbeit, Stuttgart 1992.

Bruhn, M.

Sponsoring. Unternehmen als Sponsoren und Mäzene, Wiesbaden 1987.

Bundesverband Deutscher Zeitungsverleger e. V. (Hrsg.)

Zeitungen '90, Bonn 1990.

Buzzell, R. D.   Predicting short-term changes in mar-
                         ket-share as a function of adver-
                         tising strategy, in: JoMR, May 1964,
                         S. 27-31.

Buzzell, R. D.   Das PIMS-Programm - Strategien und
Gale, B. T.   Unternehmenserfolg, Wiesbaden 1989.

Camerer, C.   The Validity and Utility of Expert
                         Judgment, Research Paper, Graduate
                         School of Business, University of
                         Chicago 1980.

Christopholini, P.   Die Verkaufsförderung im Überblick,
                         in: Die Werbung - Handbuch der Kommu-
                         nikations- und Werbewirtschaft, Bd.
                         1, Hrsg.: Tietz, B., Landsberg a. L.
                         1981, S. 424-447.

Clarke, D. G.   Econometric Measurement of the Dura-
                         tion of Advertising Effect on Sales,
                         in: JoMR, November 1976, S. 345-357.

Cohen, W. A.   The practice of marketing management,
                         New York 1988.

Cooper, R. G.   New Products: What Separates Winners
Kleinschmidt, E. K.   from Losers, in: JoPIM, No 4, 1987,
                         S. 169-184.

Craig, C. S.   Advertising wearout: An experimental
Sternthal, B.   analysis, in: JoMR, February 1976,
Leavitt, C.   S. 365-372.

Day, G. S.   Attitudinal predictions of choices of
Deutscher, T.   major appliance brands, in: JoMR, May
                         1982, S. 192-198.

Day, G. S.   The Product Life Cycle: Analysis and
                         Applications Issues, in: JoM, No 4,
                         1981, S. 60-67.

Deimel, K.   Grundlagen des Involvement und Anwen-
                         dung im Marketing, in: Marketing ZFP,
                         H. 3, 1989, S. 153-161.

Dhalla, N. K. Yuspeh, S.	Forget the product life cycle concept!, in: HBR, No 1, 1976, S. 102-112.
Drazin, R. Kazanjian, R. K.	A Reanalysis of Miller and Friesen's Life Cycle Data, in: SMJ, No 4, 1990, S. 319-325.
Dunst, K. H.	Portfolio-Management. Konzeption für die strategische Unternehmensplanung, 2. Aufl., Berlin u.a. 1983.
Dyer, G.	Advertising as Communication, London, New York 1988.
Edell, J. A. Burke, M. G.	The Power of Feelings in Understanding Advertising Effects, in: JoCR, December 1987, S. 421-433.
Ehrenberg, A. S. C.	Advertising: Reinforcing not Persuading?, in: Evaluating the Effects of Consumer Advertising on Market Position over Time, MSI-Report, No 88-107, Cambridge 1988.
Engelhardt, W. H.	Produktlebenszyklus- und Substitutionsanalyse, in: Handwörterbuch der Planung, Hrsg.: Szyperski, N., Stuttgart 1989, Sp. 1591-1602.
Enis, B. M. La Garce, R. Prell, A. E.	Extending the Product Life Cycle, in: Business Horizons, June 1977, S. 46-56.
Erdtmann, S. L.	Sponsoring und emotionale Erlebniswerte. Wirkungen auf den Konsumenten, Wiesbaden 1989.
Erickson, G. M. Montgomery, D. B.	Brand Life Cycle and Dynamic Market Communications Elasticities, Research Paper, No 593, Graduate School of Business, Stanford University 1981.
Evans, J. R. Berman, B.	Marketing, New York 1982.

Farris, P. W.
Buzzell, R. D.
Why Advertising and Promotional Costs Vary: Some Cross Sectional Analysis, in: JoM, No 3, 1979, S. 112-122.

Farris, P. W.
Reibenstein, D. J.
How prices, ad expenditures, and profits are linked, in: HBR, No 6, 1979, S. 173-184.

Foster, R.
Innovation, New York 1986.

Fox, H. W.
A Framework for Functional Coordination, in: Atlanta Economic Review, No 6, 1973, S. 8-11.

Freter, H.
Mediaselektion, Wiesbaden 1974.

Fritz, W.
Marketing - ein Schlüsselfaktor des Unternehmenserfolgs? Eine kritische Analyse vor dem Hintergrund der empirischen Erfolgsfaktorenforschung, in: Marketing ZFP, H. 2, 1990, S. 91-110.

Fuchs, K.
Formen und Erklärungsversuch des Unternehmenswachstums, Wien 1969.

Gardner, D. M.
The Product Life Cycle: A Critical Look at the Literature, in: Review of marketing, Hrsg.: AMA, Chicago 1987, S. 162-194.

Gardner, D. M.
The Product Life Cycle: Its Role in Marketing Strategy - Some Evolving Observations about the Product Life Cycle, in: Marketing Theory, discussion paper, AMA, Faculty Workshop on Marketing Strategy, Hrsg.: Belk, R. W., et al., University of Tennessee 1986, 176-181.

Geise, W.
Einstellung und Marktverhalten: Analyse der theoretisch-empirischen Bedeutung des Einstellungskonzepts im Marketing und Entwicklung eines alternativen Forschungsprogramms aus alltagstheoretischer Perspektive, Thun, Frankfurt 1984.

Geschka, H.	Marketingkonzepte für Innovationen, in: HM, H. 4, 1984, S. 7-16.
GfK-Testmarktforschung (Hrsg.)	Ökonomische Werbewirkung. Schlußfolgerungen und Hypothesen, Nürnberg 1991.
Ghazizadeh, U. R.	Werbewirkungen durch emotionale Konditionierung. Theorie, Anwendung und Meßmethode, Frankfurt u.a. 1987.
Gierl, H.	Die Analyse des Produkt-Lebenszyklus neuer Investitionsgüter, in: JAVF, H. 1, 1988, S. 4-27.
Ginter, J. L.	An experimental investigation of attitude change and choice of a new brand, in: JoMR, February 1974, S. 30-40.
Gobeli, D. H. Brown, D. J.	Analyzing Product Innovations, in: RM, No 4, 1987, S. 25-31.
Goldman, A.	Short Product Life Cycles: Implications for the Marketing Activities of Small High-Technology Companies, in: R&D Management, April 1982, S. 81-89.
Greipl, E.	Bestimmung und Würdigung von Marktanteilen, in: Erfolgskontrolle im Marketing, Bd. 1, Schriften zum Marketing, Hrsg.: Böcker, F., Dichtl, E., Berlin 1975, S. 101-114.
Grimm, U.	Analyse strategischer Erfolgsfaktoren - ein Beitrag zur Theorie der strategischen Unternehmensplanung, Wiesbaden, 1983.
Gronholdt, L. Hansen, F.	The effects of german television advertising on brands in Denmark - a unique experimental situation, Teil 2, in: Planung & Analyse, H. 3, 1988, S. 175-178.

Gutenberg, E.　　　　Die langfristige Absatzplanung als Instrument der Unternehmensführung, in: Marketingtheorie - Verhaltensorientierte Erklärungen von Marktreaktionen, Hrsg.: Kroeber-Riel, W., Köln 1972, S. 233-253.

Haedrich, G.　　　　Angebotspolitik, Schriftenreihe Mar-
Berger, R.　　　　　keting Management, Bd. 6, Hrsg.: Haedrich, G., Berlin, New York 1982.

Haedrich, G.　　　　Strategische Markenführung, Bern,
Tomczak, T.　　　　 Stuttgart 1990.

Hahn, D.　　　　　　Strategische Unternehmensplanung: Ein konzentrierter Überblick (I.), in: WISU, Nr. 5, 1981, S. 223-227.

Hahn, D.　　　　　　Unternehmernsführung und Öffentlichkeitsarbeit, in: ZfB, H. 2, 1992, S. 137-157.

Hahn, M.　　　　　　Advertising Cost Interactions and the
Hyun, J.-S.　　　　 Optimality of Pulsing, in: Management Science, No 2, 1991, S. 157-169.

Harrigan, K. R.　　Strategies for Declining Industries, in: JoBS, Fall 1980, S. 27 ff.

Haseloff, O. W.　　Werbung als instrumentelle Kommunikation, in: Die Werbung - Handbuch der Kommunikations- und Werbewirtschaft, Bd. 1, Hrsg.: Tietz, B., Landsberg a. L. 1981, S. 63-151.

Heinen, E.　　　　　Einführung in die Betriebswirtschaftslehre, 9. Aufl., Wiesbaden 1985.

Hildebrandt, L.　　Die quantitative Analyse strategischer Erfolgsfaktoren in der Marketingforschung, Habilitationsschrift, Berlin 1989.

Hildebrandt, L. Trommsdorff, V.	Konfirmatorische Analyse in der empirischen Forschung, in: Innovative Marktforschung, Hrsg.: Forschungsgruppe Konsum und Verhalten, Wien 1983, S. 139-160.
Hilleke-Daniel, K.	Wettbewerbsdynamik und Marketing im Pharmamarkt, Wiesbaden 1989.
Hofer, C. W.	Toward a Contingency Theory of Business Strategy, in: Strategische Unternehmensplanung, Stand und Entwicklungstendenzen, Hrsg.: Hahn, D., Taylor, B., 4. Aufl., Würzburg 1986, S. 53-77.
Hoffmann, K.	Der Produktlebenszyklus - Eine kritische Analyse, Freiburg 1972.
Höft, U.	Lebenszykluskonzepte. Grundlage für das strategische Marketing- und Technologiemanagement, Berlin 1992.
Holak, S. L. Tang, E.	Advertising's Effect on the Product Evolutionary Cycle, in: JoM, No 3, 1990, S. 16-29.
Homburg, Chr.	Modellgestützte Unternehmensplanung, Wiesbaden 1991.
Hörschgen, H. Gaiser, B. Strobel, K.	Die Werbeerfolgskontrolle in der Industrie - Eine empirische Untersuchung, Würzburg 1981.
HÖRZU/FUNKUHR (Hrsg.)	Share of Mind, Strategiebewertung, Axel Springer Verlag AG, Hamburg 1982.
Hoyer, W. D. Brown, S. P.	Effects of Brand Awareness on Choice for a Common, Repeat-Purchase Product, in: JoCR, September 1990, S. 141-148.
Hruschka, H.	Erfolgsfaktoren der strategischen Marketing-Planung. Eine Bestandsaufnahme empirischer Ergebnisse, in: DBW, H. 6, 1989, S. 743-750.

Huppert, E. — Produkt-Lebenszyklus: eine Entscheidungshilfe?, in: MJ, H. 5, 1978, S. 416-423.

Jeck-Schlottmann, G. — Werbewirkung bei geringem Involvement, Arbeitspapier Nr. 1 der Forschungsgruppe Konsum und Verhalten, Hrsg.: Behrens, G., et al., Saarbrücken 1988.

Jefkins, F. — Public Relations, 3. Aufl., Suffolk 1988.

Johne, F. A.
Snelson, P. A. — Success Factors in Product Innovation: A Selective Review of the Literature, in: JoPIM, No 5, 1988, S. 114-128.

Kaas, K. P. — Nutzen und Kosten der Werbung - Umrisse einer ökonomischen Theorie der Werbewirkung, in: ZfbF, H. 6, 1990, S. 492-504.

Kaiser, A. — Werbung. Theorie und Praxis werblicher Beeinflussung, München 1980.

Kanter, D. L. — It Could Be: Ad Trends Flowing from Europe to U. S., in: Advertising Age Magazine, No 1, 1981, S. 49-52.

Kaplan, B. M. — Zapping - The Real Issue is Communication, in: JoAR, No 2, 1985, S. 9-14.

Kaplitza, G. — Zwei Schritte vor, drei zurück, in: Planung & Analyse, H. 4, 1987, S. 226-229.

Keitz, B. v. — Der Test von TV-Werbung, in: Planung & Analyse, H. 10, 1983, S. 344.

Keitz, B. v. — Wirksame Fernsehwerbung. Die Anwendung der Aktivierungstheorie auf die Gestaltung von Werbespots, Würzburg, Wien 1983.

Kern, W.	Die Zeit als Dimension betriebswirtschaftlichen Denkens und Handelns, in: DBW, H. 1, 1992, S. 41-58.
Kieser, A. Kubicek, H.	Organisation, 2. Aufl., Berlin u.a. 1983.
Kirsch, W. Esser, W. M. Gabele, E.	Das Management des geplanten Wandels von Organisationen, Stuttgart 1979.
Koeppler, K.	Führt erhöhter Werbedruck zu mehr Wirkung oder zu Übersättigung?, in: Viertel-Jahreshefte für Media und Werbewirkung, H. 2, 1988, S. 32 f.
Koeppler, K.	Wirkungsvergleiche Print: TV-Werbung, in: Vierteljahreshefte für Mediaplanung, H. 4, 1979, S. 8-10.
Koeppler, K., et al.	Werbewirkungen definiert und gemessen, Hrsg.: Heinrich Bauer Stiftung, Velbert 1974.
Köhler, R.	Marktkommunikation, in: WiSt, H. 4, 1976, S. 164-173.
Konert, F.-J.	Vermittlung emotionaler Erlebniswerte - Eine Marktstrategie für gesättigte Märkte, Heidelberg 1986.
Konert, F.-J.	Konsumgütermarketing im Zeichen veränderter Marktstrukturen, Marketing ZFP, H. 4, 1984, S. 279-285.
Korgaonkar, P. K. Bellenger, D. N.	Correlates of Successful Advertising Campaigns: The Manager's Perspective, in: JoAR, No 4, 1985, S. 34-39.
Kotler, Ph. Bliemel, F. W.	Marketing-Management: Analyse, Planung, Umsetzung und Steuerung, 7. Aufl., Stuttgart 1992.
Kreilkamp, E.	Strategisches Management und Marketing: Markt- und Wettbewerbsanalyse, strategische Frühaufklärung, Portfolio-Management, Berlin u.a. 1987.

Kroeber-Riel, W.	Strategie und Technik der Werbung. Verhaltenswissenschaftliche Ansätze, 3. Aufl., Stuttgart 1991.
Kroeber-Riel, W.	Kommunikationspolitik. Forschungsgegenstand und Forschungsperspektive, in: Marketing ZFP, H. 3, 1991, S. 164-171.
Kroeber-Riel, W.	Zukünftige Strategien und Techniken der Werbung - Anpassung der Marktkommunikation an veränderte Kommunikationsbedingungen, in: ZfbF, H. 6, 1990, S. 481-491 f.
Kroeber-Riel, W.	Konsumentenverhalten, 4. Aufl., München 1990.
Kroeber-Riel, W.	Informationsüberlastung durch Massenmedien in Deutschland, in: DBW, H. 3, 1987, S. 257-264.
Kroeber-Riel, W.	Zentrale Probleme auf gesättigten Märkten, in: Marketing ZFP, H. 3, 1984, S. 210-214.
Kroeber-Riel, W.	Bild schlägt Text in der Werbung, in: ASW, Nr. 4, 1978, S. 50-54.
Kroeber-Riel, W. Meyer-Hentschel, G.	Werbung - Steuerung des Konsumentenverhaltens, Würzburg, Wien 1982.
Kroeber-Riel, W. Neibecker, B. Lorson, T.	Expertensysteme in der Werbung, in: DBW, H. 1, 1992, S. 91-108.
Krugman, H. E.	The Impact of Television Advertising: Learning without Involvement, in: Public Opinion Quarterly, No 3, 1965, S. 349-356.
Kube, Chr.	Erfolgsfaktoren in Filialsystemen: Diagnose und Umsetzung im strategischen Controlling, Wiesbaden 1991.

Kühn, R. Jucken, H.	Entwicklungstendenzen der Werbung - Ergebnisse einer Delphi-Studie, Arbeitspapier Nr. 1 des Instituts für Marketing und Unternehmensführung, Universität Bern, Bern 1988.
Lambkin, M. Day, G. S.	Evolutionary Processes in Competitive Markets: Beyond the Product Life Cycle, in: JoM, No 3, 1989, S. 4-20.
Lawrence, P. R. Lorsch, J. W.	Organization and Environment. Managing Differentiation and Integration, Boston 1967.
Lehnert, S.	Die Bedeutung von Kontingenzansätzen für das strategische Management, Frankfurt u.a. 1983.
Lenz, M. Fritz, W.	Die Aktivierungsforschung im Urteil der Marketingpraxis, in: Marketing ZFP, H. 3, 1986, S. 181-186.
Levitt, T.	Exploit the Product Life Cycle, in: HBR, No 6, 1965, S. 81-94.
Liebermann, Y. Ayal, A.	A Test of the Advertising Life-Cycle Theory, in: IJoA, No 4, 1985, S. 247-250.
Link, P. L.	Keys to New Product Success and Failure, in: IMM, No 2, 1987, S. 109-118.
Linssen, H.	Interdependenzen im absatzpolitischen Instrumentarium der Unternehmung. Ein Beitrag zur optimalen Kombination der Absatzmittel, Berlin 1975.
Lipstein, B.	Some observations about the literature, in: Evaluating advertising. A bibliography of the communications process, Hrsg.: Lipstein, B., McGuire, W. J., New York 1978, S. XI-XIII.

Lodish, L. M.   Key Findings from the "How Adverti-
                             sing Works" Study, in: Transcript
                             Proceedings, Hrsg.: ARF, New York
                             1991, S. 23-32.

Lubetkin, B.   Additional Major Findings from the
                             "How Advertising Works" Study, in:
                             Transcript Proceedings, Hrsg.: ARF,
                             New York 1991, S. 35-51.

Maidique, M. A.   Key Success Factors in High-Techno-
                             logy Ventures, in: The Art and
                             Science of Entrepreneurship, Hrsg.:
                             Sexton, D. L., Smilor, R. W., Cam-
                             bridge 1986, S.170-180.

Majan, V.   New Product Diffusion Models in Mar-
Muller, E.   keting: A Review and Directions for
Bass, F. M.   Research, in: JoM, No 1, 1990, S. 1-
                             26.

Marquardt, R. A.   The sales-advertising relationship:
Murdock, G. W.   An investigation of correlations and
                             consistency in supermarkets and
                             department stores, in: JoAR, No 5,
                             1984, S. 55-60.

Martin, A.   Die empirische Forschung in der
                             Betriebswirtschaftslehre - Eine Un-
                             tersuchung über die Logik der Hypo-
                             thesenprüfung, die empirische For-
                             schungspraxis und die Möglichkeit
                             einer theoretischen Fundierung real-
                             wissenschaftlicher Untersuchungen
                             Stuttgart 1989.

Mayer, A.   Imagetransfer, Hamburg 1987.
Mayer, R. U.

Mayer, H.   Werbewirkung und Kaufverhalten unter
                             ökonomischen und psychologischen
                             Aspekten, Stuttgart 1990.

Mayer, H.   Werbepsychologie, Stuttgart 1982.
Däumer, U.
Rühle, H.

Mayer, H.   Werbung und Innovationsverhalten, in:
Galinat, W. H.   JAVF, H. 1, 1982, S. 3-49.

Mayer, H. Kampik, W. Riether, H.	Vorhersagbarkeit von Werbemittel-Pretest-Ergebnissen durch Experten aus den Bereichen Marketing und Werbung, in: JAVF, H. 1, 1986, S. 1-15.
Mayer, H. Kollmorgen, K.	Prognose von Pretest-Ergebnissen durch Werbeexperten mit unterschiedlicher Berufserfahrung, in: JAVF, H. 2, 1987, S. 172-189.
Mayer, H. Weidling, E.	Prognose oder Projektion der Werbewirkung? Zur Validität von Experten-Prognosen, in: JAVF, H. 1, 1989, S. 63-91.
Mc Connell, J. D.	Do Media Vary in Effectiveness?, in: JoAR, No 10, 1980, S.19-22.
Meffert, H.	Marketingforschung und Käuferverhalten, Wiesbaden 1992.
Meffert, H.	Erfolgreiches Marketing in den neunziger Jahren, in: Marketing im Umbruch. Chancen und Gefahren für den Unternehmer, Hrsg.: ATAG ERNST & YOUNG, Zürich 1991, S. 7-43.
Meffert, H.	Corporate Identity, in: DBW, H. 6, 1991, S. 817 f.
Meffert, H.	Werbung und Markterfolg - Neuere Erkenntnisse der Werbewirkungsforschung, Rede anläßlich der Verleihung der Dr. Kurt Neven DuMont-Medaille, Köln, 13. November 1991.
Meffert, H.	Marketing und allgemeine Betriebswirtschaftslehre - Eine Standortbestimmung im Lichte neuerer Herausforderungen der Unternehmensführung, in: Die Betriebswirtschaftslehre im Spannungsfeld zwischen Generalisierung und Spezialisierung, Festschrift zum 75. Geburtstag von Edmund Heinen, Hrsg.: Kirsch, W., Picot, A., Wiesbaden 1989, S. 337-357.

Meffert, H.　　　　Die Anpassung des Media-Mix an den Lebenszyklus von Lotterieprodukten, Vortrag anläßlich des XI. Intertoto Congresses am 19. September 1989 in Budapest.

Meffert, H.　　　　Marketingstrategien in unterschiedlichen Marktsituationen, in: Handbuch des Marketing - Anforderungen an Marketingkonzeptionen aus Wissenschaft und Praxis, Hrsg.: Bruhn, M., München 1989.

Meffert, H.　　　　Werbe- und Mediaplanung, in: Handwörterbuch der Planung, Hrsg.: Szyperski, N., Stuttgart 1989, Sp. 2207-2213.

Meffert, H.　　　　Strategische Unternehmensführung und Marketing - Beiträge zur marktorientierten Unternehmenspolitik, Wiesbaden 1988.

Meffert, H.　　　　Marketing - Grundlagen der Absatzpolitik, 7. Aufl., Wiesbaden 1986.

Meffert, H.　　　　Marketing und strategische Unternehmensführung - ein wettbewerbsorientierter Kontingenzansatz, Arbeitspapier Nr. 32 der Wissenschaftlichen Gesellschaft für Marketing und Unternehmensführung e.V., Hrsg.: Meffert, H., Wagner, H., Münster 1986.

Meffert, H.　　　　Marktforschung, Wiesbaden 1986.

Meffert, H.　　　　Strategische Planungskonzepte in stagnierenden und gesättigten Märkten, in: DBW, H. 2, 1983, S. 193-209.

Meffert, H.　　　　Das System des Kommunikations-Mix, Münster 1979.

Meffert, H.	Interpretation und Aussagewert des Produktlebenszyklus-Konzeptes, in: Neuere Ansätze zur Marketingtheorie, Festschrift zum 80. Geburtstag von O. Schnutenhaus, Hrsg.: Hamman, P., Kroeber-Riel, W., Meyer, C. W., Berlin 1974, S. 85-134.
Meffert, H.	Integrierte Marktkommunikation, Münster o.J.
Meffert, H. Heinemann, G.	Operationalisierung des Imagetransfers. Begrenzung des Transferrisikos durch Ähnlichkeitsmessungen, in: Marketing ZFP, H. 1, 1990, S. 5-10.
Meffert, H. Kirchgeorg, M.	Marktorientiertes Umweltmanagement, Stuttgart 1992.
Meffert, H. Schürmann, U.	Werbung und Markterfolg - eine empirische Untersuchung auf der Grundlage von Experteneinschätzungen im Markenartikelbereich, Gemeinschaftsstudie von Institut für Marketing, GWA und A. C. Nielsen GmbH, Münster 1991.
Meffert, H. Schürmann, U.	Werbung und Markterfolg. Werbewirkung und die Rolle der Fernsehwerbung im Kommunikations-Mix, in: TeleIMAGES, H. 4, 1991, S. 38-41.
Meffert, H. Steffenhagen, H.	Marketingprognosemodelle - Quantitative Grundlagen des Marketing, Stuttgart 1977.
Meffert, H. Steffenhagen, H.	Konflikte in den Absatzkanälen, in: WiSt, H. 4, 1977, S. 164-169.
Meffert, H. Walters, M.	Anpassung des absatzpolitischen Instrumentariums in stagnierenden und schrumpfenden Märkten, Arbeitspapier Nr. 16 der Wissenschaftlichen Gesellschaft für Marketing und Unternehmensführung e.V., Hrsg.: Meffert, H., Wagner, H., Münster 1984.

Meffert, H. Walters, M.	Anpassung des Marketing-Instrumentariums in stagnierenden und schrumpfenden Märkten, in: Betriebswirtschaftslehre und ökonomische Krise, Hrsg.: Staehle, W. H., Stoll, E., Wiesbaden 1984, S. 141-160.
Meffert, H. Wehrle, H.	Strategische Unternehmensplanung - Eine Bestandsaufnahme ausgewählter Grundprobleme, Arbeitspapier Nr. 4 der Wissenschaftlichen Gesellschaft für Marketing und Unternehmensführung e.V., Hrsg.: Meffert, H., Wagner, H., Münster 1981, S. 29 ff.
Merbold, C.	Der Werbeträger "Zeitschrift" in der Medienlandschaft der Zukunft, in: Markenartikel, H. 3, 1985, S. 108-117.
Metwally, M. M.	Sales Response to Advertising of Eight Australian Products, in: JoAR, No 5, 1980, S. 59-64.
Mickwitz, G.	Marketing and Competition, Centraltrycheriet, Helsingfors 1959.
Missner, P.	Werbebudgets unter Druck, in: ASW, H. 4, 1989, S. 64-66.
Mitchell, A. W.	The Effects of Verbal and Visual Components of Advertisements on Brand Attitudes and Attitudes Toward the Advertisement, in: JoCR, June 1986, S. 12-24.
Moser, K.	Werbepsychologie. Eine Einführung, München 1990.
Muchna, C.	Strategische Marketing-Früherkennung auf Investitionsgütermärkten, Wiesbaden 1988.
Mühlbacher, H.	Ein situatives Modell der Motivation zur Informationsaufnahme und -verarbeitung bei Werbekontakten, in: Marketing ZFP, H. 2, 1988, S. 85-94.

Mühlbacher, H.	Selektive Werbung, Linz 1982.
Neibecker, B.	Werbewirkungsanalyse mit Expertensystemen, Heidelberg 1990.
Neibecker, B.	Neue Medien und computergestützte Werbewirkungsanalyse, in: Planung & Analyse, H. 12, 1985, S. 476-480.
Nielsen Marketing Research (Hrsg.)	Gesundheit & Fitness, Studie 1990, o.O. o.J.
Nienhüser, W.	Die praktische Nutzung theoretischer Erkenntnisse in der Betriebswirtschaftslehre - Probleme der Entwicklung und Prüfung technologischer Aussagen, Stuttgart 1989.
o.V.	Mehr Effizienz durch Werbung in verschiedenen Medien, in: BddW, 15. Mai 1992, S. 1.
o. V.	Immer mehr Zuschauer lehnen die Werbeflut auf dem Bildschirm ab, in: FAZ, 28. Februar 1992, S. 15.
o. V.	Mehr Sender, mehr Werbung - weniger Werbewirkung, in: w & v, Nr. 12, 1992, S. 56-61.
o. V.	US-Werbemanager setzen auf Schock-Reklame, in: Süddeutsche Zeitung, 6. Februar 1990, S. 11.
o. V.	Zeitung: das geschätzte Informations-Medium, in: w & v, Nr. 44, 1990, S.111 f.
Oeckl, A.	Die Public Relations im Überblick, in: Die Werbung - Handbuch der Kommunikations- und Werbewirtschaft, Bd. 1, Hrsg.: Tietz, B., Landsberg a. L. 1981, S. 272-288.
Ogilvy, D. Raphaelson, J.	Der Nutzen der Werbewirkungsforschung, in: HM, H. 4, 1983, S. 66-68.

Olson, D.
Schlinger, M.J.
Young, C.

How Consumers React to New-Product Ads, in: JoAR, No 3, 1982, S. 24-30.

Onkvisit, S.
Shaw, J. S.

Competition and Product Management: Can the Product Life Cycle Help?, in: Business Horizons, July-August 1986, S. 51-62.

Ostmeier, H.

Ökologieorientierte Produktinnovationen. Eine empirische Analyse unter besonderer Berücksichtigung ihrer Erfolgseinschätzung, in: Schriften zu Marketing und Management, Bd. 16, Hrsg.: Meffert, H., Frankfurt u.a. 1990.

Parsons, L. J.

The Product Life Cycle and Time-Varying Advertising Elasticities, in: JoMR, November 1975, S. 476-480.

Patt, P.-J.

Strategische Erfolgsfaktoren im Einzelhandel - Eine empirische Analyse am Beispiel des Bekleidungsfachhandels, in: Schriften zu Marketing und Management, Bd. 14, Hrsg.: Meffert, H., Frankfurt 1988.

Perillieux, R.

Der Zeitfaktor im strategischen Technologiemanagement - Früher oder später Einstieg bei technischen Produktinnovationen?, Berlin 1987.

Pfeiffer, W.
Bischof, P.

Produktlebenszyklus - Instrument jeder strategischen Produktplanung, in: Planung und Kontrolle, Hrsg.: Steinmann, H., München 1981; S. 133-165.

Plummer, J. T.

Outliving the Myths, in: JoAR, No 1, 1990, S. 26-28.

Polli, R.
Cook, V.

Validity of the Product Life Cycle, in: JoB, October 1969, S. 385-400.

Popper, K. R.

Logik der Forschung, 3. Aufl., Tübingen 1969.

Porter, M. E.	Wettbewerbsstrategie: Methoden zur Analyse von Branchen und Konkurrenten, Frankfurt 1983.
Pretzsch, D.	Werbefernsehboom hält an - Die Entwicklung in den klassischen Medien 1990, in: MP, H. 3, 1991, S. 147-160.
Prochazka, W.	Werbewirkungskriterien und -modelle, in: Werbeforschung & Praxis, Folge 2, 1987, S. 35-40.
Qualls, W. Olshavsky, R. W. Michaels, R. E.	Shortening of PLC - An Empirical Test, in: JoM, No 4, 1981, S. 76-80.
Rehkugler, H.	Erfolgsfaktoren der mittelständischen Unternehmen, in: WISU, H. 12, 1989, S. 626-632.
Rehorn, J.	Werbetests, Neuwied 1988.
Reiter, W. M. Karpenfeld, R.	Mediapraxis - Handbuch für die Mediaplanung, Frankfurt 1983.
Reutner, F.	Determinanten des Unternehmenserfolges, in: ZfB, H. 8, 1987, S. 747-762.
Rink, D. R. Swan, J. E.	Product Life Cycle Research: A Literature Review, in: JoBR, No 7, 1979, S. 219-242.
Rogers, E. M.	Diffusion of Innovations, 3. Aufl., New York 1983.
Romer, K.-H.	Strategische Unternehmensplanung in gesättigten Märkten. Eine Analyse unter besonderer Berücksichtigung des Bewertungs- und Entscheidungsaspekts, in: Hochschulschriften zur Betriebswirtschaftslehre, Bd. 49, Hrsg.: Beschorner, D., Heinhold, M., München 1988.
Rosenstiel, L. v.	Produktdifferenzierung durch Werbung, in: Marketing ZFP, H. 3, 1979, S. 151-165.

Rossiter, J. R. Percy, L.	Advertising and Promotion Management, New York u.a. 1987.
Rüttler, M.	Information als strategischer Erfolgsfaktor. Konzeption und Leitlinien für eine informationsorientierte Unternehmensführung, Berlin 1991.
Schanz, G.	Betriebswirtschaftslehre als Sozialwissenschaft, Stuttgart u.a. 1979.
Schellinck, D. A.	Effect of Time on a Marketing Strategy, in: IMM, No 12, 1983, S. 83-88.
Schelling, E. E.	Das Marketing neuer Produkte, Wiesbaden 1970.
Schenk, M. Donnerstag, J. Höflich, J. R.	Wirkungen der Werbekommunikation, Köln, Wien 1990.
Scherer, F. M.	Industrial Market Structure and Economic Performance, 2. Aufl., Chicago 1980.
Scheuing, E. E.	The Product Life Cycle as an Aid in Strategy Decisions, in: MIR, No 2, 1969, S. 111-130.
Schierenbeck, H.	Grundzüge der Betriebswirtschaftslehre, 8. Aufl., München 1986.
Schlitt, P.	Handel will mit der Industrie enger zusammenarbeiten, in: w & v, Nr. 5, 1992, S. 12-16.
Schmalen, H.	Kommunikationspolitik, Stuttgart u.a. 1985.
Schmidt, B. Topritzhofer, E.	Reaktionsfunktionen im Marketing: Zum Problem der Quantifizierung von Nachfrage- und Konkurrenzreaktionen, in: Marketing: Neue Ergebnisse aus Forschung und Praxis, Hrsg.: Topritzhofer, E., Wiesbaden 1978, S. 195-238.

Schmitz, P.	Expertensysteme, in: Handwörterbuch der Organisation, 3. Aufl., Hrsg.: Frese, E., Stuttgart 1992, Sp. 611-626
Schreyögg, G.	Umwelt, Technologie und Organisationsstruktur, Bern u. Stuttgart 1978.
Schubö, W. Uehlinger, H.-M. et al.	SPSS - Handbuch der Programmversionen 4.0 und SPSS-X 3.0, Stuttgart, New York 1991.
Schumann, D. W. Petty, R. E. Clemons, D. S.	Predicting the Effectiveness of Different Strategies of Advertising Variation: A Test of the Repetition-Variation Hypotheses, in: JoCR, September 1990, S. 192-202.
Schumann, K.	Der Lebenszyklus von Produkten und sein Einfluß auf Produktion und Vertrieb, Diss., Berlin 1981.
Schweiger, G. Schrattenecker, G.	Werbung - Eine Einführung, Stuttgart 1986.
Scott, L.M.	Understanding Jingles and Needledrops - a rethorical approach to music in advertising, in: JoCR, September 1990, S. 223.
Sebastian, K.-H.	Werbewirkungsanalysen für neue Produkte, Wiesbaden 1985.
Silberer, G.	Werteforschung und Werteorientierung, Stuttgart 1990.
Simon, H.	Die Zeit als strategischer Erfolgsfaktor, in: ZfB, H. 1, 1989, S. 70-93.
Simon, H.	Goodwill und Marketingstrategie, Wiesbaden 1985.
Simon, H.	Pulsierende Werbung, in: ASW, Nr. 5, 1983, S. 60-62.

Simon, J. L. Arndt, J.	The shape of the advertising response function, in: JoAR, No 4, 1980, S. 11-28.
Smallwood, J. R.	The Product Life Cycle: A Key to Strategic Marketing Planning, in: MSU Topics, No 1, 1973, S. 29-35.
Sousa De Vasconcellos, J. A.	Key Success Factors in Marketing Mature Products, in: IMM, No 3, 1991, S. 263-278.
Specht, G.	Dynamische Distributionsstrategien in High-Tech-Märkten, in: ASW, H. 2, 1991, S. 78-85.
Stadler, M.	Die Zielplanung für die Marketing-Kommunikation, in: Handbuch der Werbung, Bd. 3, Hrsg.: Tietz, B., Landsberg a. L. 1982, S. 2151-2181.
Staehle, W. H.	Management: eine verhaltenswissenschaftliche Einführung, 3. Aufl., München 1987.
Steffenhagen, H.	Marketing. Eine Einführung, Stuttgart 1988.
Steffenhagen, H.	Ansätze der Werbewirkungsforschung im Überblick, Teil 1, in: Planung & Analyse, H. 4, 1985, S. 192-196.
Steffenhagen, H.	Ansätze der Werbewirkungsforschung, in: Marketing ZFP, H. 2, 1984, S. 77-88.
Steffenhagen, H.	Kommunikationswirkung - Kriterien und Zusammenhänge, Hrsg.: Heinrich Bauer Stiftung, Hamburg 1984.
Steffenhagen, H.	Wirkungen absatzpolitischer Instrumente - Theorie und Messung der Marktreaktion, Stuttgart 1978.
Steffenhagen, H.	Markenbekanntheit als Werbeziel. Theorie und Operationalisierung, in: ZfB, H. 10, 1976, S. 715-734.

Steiner, R. L.	A dual stage approach to the effect of brand advertising on competition and price, in: Marketing and Public Interest, Hrsg.: Cady, J. F., Cambridge 1978.
Steinhausen, D. Zörkendörfer, S.	Statistische Datenanalyse mit dem Programmsystem SPSS-X und SPSS/PC+, 2. Aufl., München, Wien 1990.
Steinhausen, D. Zörkendörfer, S.	Statistische Datenanalyse mit dem Programmsystem SPSS-X, Softwareinformation Nr. 13 des Universitätsrechenzentrums, Westfälische Wilhelms-Universität, 4. Aufl., Münster 1988.
Stewart, D. W. Furse, D. H.	Effective Television Advertising. A Study of 1000 Commercials, Massachusetts u.a. 1986.
Taylor, R. D. Summey, J. H.	The Promotional Mix and the Product Life Cycle: A Review of their Interactions, in: Theoretical developments in marketing, Hrsg.: AMA, Phoenix 1980, S. 125-128.
Tellis, G. J. Crawford, M.	An Evolutionary Approach to Product Growth Theory, in: JoM, No 4, 1981, S. 125-132.
Tellis, G. J. Fornell, C.	The Relationship Between Advertising and Product Quality Over the Product Life Cycle: A Contingency Theory, in: JoMR, February 1988, S. 64-71.
The Ogilvy Center Research & Development (Hrsg.)	The Impact of Advertising For Expenditures on Profits for Consumer Business, o.O. 1987.
Tietz, B.	Das Konzept des integrierten Kommunikations-Mix, in: Die Werbung - Handbuch der Kommunikations- und Werbewirtschaft, Bd. 3, Hrsg.: Tietz, B., Landsberg a. L. 1982, S. 2265-2297.
Tischler, S.	Medien - Qual der Wahl, in: MJ, H. 1, 1975, S. 60-65.

Tolle, E.	Der Einfluß ablenkender Tätigkeiten auf die Werbewirkung: Bestimmungsfaktoren der Art und Höhe von Ablenkungseffekten bei Rundfunkspots, in: Schriften zu Marketing und Management, Bd. 15, Hrsg.: Meffert, H., Frankfurt u.a. 1987.
Tomczak, T.	Vom Nutzen der Marketingwissenschaft für die Praxis, in: Thexis, Nr. 4, 1991, S. 25-33.
Trommsdorff, V.	Erfolgsfaktorenforschung, Produktinnovationen und Schnittstelle Marketing - F&E, Arbeitspapier des Instituts für Betriebswirtschaftslehre, Fachgebiet Betriebswirtschaftslehre-Marketing, Berlin 1990.
Trux, W. Müller, G. Kirsch, W.	Das Management strategischer Programme, 1. Halbband, München 1984.
Tull, D. S.	Marketing Management, New York 1990.
Ulrich, H. Probst, G.J.B.	Anleitung zum ganzheitlichen Denken und Handeln. Ein Brevier für Führungskräfte, Stuttgart und Bern 1988.
Unger, F.	Pulsierende Werbung und Media-Mix, in: Markenartikel, H. 12, 1990, S. 587.
Unger, F.	Werbemanagement, Heidelberg 1989.
Unnava, H. R. Burnkrant, R. E.	An Imagery-Processing view of the Role of Pictures in Print Advertisements, in: JoMR, May 1991, S. 226-231.
Vaughn, R.	How Advertising Works: A Planning Model, in: JoAR, No 5, 1980, S. 27-33.

Voss, W.-D.	Modellgestützte Markenpolitik: Planung und Kontrolle markenpolitischer Entscheidungen auf der Grundlage computergestützter Informationssys-teme, in: Schriftenreihe Unternehmensführung und Marketing, Bd. 16, Hrsg.: Meffert, H., Wiesbaden 1983.
Waltermann, B.	Internationale Markenpolitik und Produktpositionierung - Markenpolitische Entscheidungen im europäischen Automobilmarkt, in: Schriften der Wissenschaftlichen Gesellschaft für Marketing und Unternehmensführung, Bd. 6, Hrsg.: Meffert, H., Wien 1989, S. 12 ff.
Wenzel, W.	Werbewirkungsforschung für die Mediaplanung, in: Marketing ZFP, H. 2, 1984, S. 89-97.
Wesner, E.	Die Planung von Marketing-Strategien auf der Grundlage des Modells des Produktlebenszyklus, Diss., Berlin 1977.
Wiersema, F. D.	Strategic Marketing and the Product Life Cycle, MSI Working Paper No 82-106, Cambridge 1982.
Wimmer, R. M.	Wiederholungswirkungen der Werbung, Diss., Saarbrücken 1979.
Windhorst, K.-G.	Wertewandel und Konsumentenverhalten, in: Schriften der Wissenschaftlichen Gesellschaft für Marketing und Unternehmensführung e.V., Bd. 2, Hrsg.: Meffert, H., Wagner, H., Münster 1985.
Winterling, K.	Strategische Kommunikationsentscheidungen, in: Strategisches Marketing, Hrsg.: Wieselhuber, N., Töpfer, A., Landsberg a. L. 1984, S. 238-251.
Wirtschaftswoche (Hrsg.)	Werbeklima 1991, o.O. 1990.

Wright, P. L.	Analyzing Media Effects on Advertising Responses, in: Public Opinion Quarterly, No 1, 1974, S. 192-205.
Yankelovich, D.	New Rules: Some Implications for Advertising, in: JoAR, No 5, 1982, S. 9-14.
Young, R. F. Greyser, S. A.	Cooperative Advertising: Practices and Problems, MSI-Working Paper No 82-105, Cambridge, Massachusetts 1982.
Zaltman, G. Moorman, Chr.	The Management and Use of Advertising Research, in: JoAR, No 1, 1989, S. 11-18.
ZAW (Hrsg.)	Werbung in Deutschland 1991, Siegburg 1991.
Zimmermann, A.	Ansatzpunkte einer integrierten Kommunikation für Unternehmen - eine theoretische und empirische Analyse der Barrieren und Umsetzungsmöglichkeiten für die interne und externe Kommunikation, Diplomarbeit an der European Business School, Schloß Reichartshausen a. Rh. 1991.
Zufryden, F. S.	Applications of a Dynamic Advertising Response Model, in: Current Issues and Research in Advertising, Hrsg.: Leigh, J., Martin, C. R., University of Michigan 1978.
Zumbusch, J.	Hauptsache auffallen, in: WiWo, Nr. 46, 1991, S. 98-100.

SCHRIFTEN ZUM MARKETING

Band 1 Friedrich Wehrle: Strategische Marketingplanung in Warenhäusern. Anwendung der Portfolio-Methode. 1981. 2. Auflage. 1984.

Band 2 Jürgen Althans: Die Übertragbarkeit von Werbekonzeptionen auf internationale Märkte. Analyse und Exploration auf der Grundlage einer Befragung bei europaweit tätigen Werbeagenturen. 1982.

Band 3 Günter Kimmeskamp: Die Rollenbeurteilung von Handelsvertretungen. Eine empirische Untersuchung zur Einschätzung des Dienstleistungsangebotes durch Industrie und Handel. 1982.

Band 4 Manfred Bruhn: Konsumentenzufriedenheit und Beschwerden. Erklärungsansätze und Ergebnisse einer empirischen Untersuchung in ausgewählten Konsumbereichen. 1982.

Band 5 Heribert Meffert (Hrsg.): Kundendienst-Management. Entwicklungsstand und Entscheidungsprobleme der Kundendienstpolitik. 1982.

Band 6 Ralf Becker: Die Beurteilung von Handelsvertretern und Reisenden durch Hersteller und Kunden. Eine empirische Untersuchung zum Vergleich der Funktionen und Leistungen. 1982.

Band 7 Gerd Schnetkamp: Einstellungen und Involvement als Bestimmungsfaktoren des sozialen Verhaltens. Eine empirische Analyse am Beispiel der Organspendebereitschaft in der Bundesrepublik Deutschland. 1982.

Band 8 Stephan Bentz: Kennzahlensysteme zur Erfolgskontrolle des Verkaufs und der Marketing-Logistik. Entwicklung und Anwendung in der Konsumgüterindustrie. 1983.

Band 9 Jan Honsel: Das Kaufverhalten im Antiquitätenmarkt. Eine empirische Analyse der Kaufmotive, ihrer Bestimmungsfaktoren und Verhaltenswirkungen. 1984.

SCHRIFTEN ZU MARKETING UND MANAGEMENT

Band 10 Matthias Krups: Marketing innovativer Dienstleistungen am Beispiel elektronischer Wirtschaftsinformationsdienste. 1985.

Band 11 Bernd Faehsler: Emotionale Grundhaltungen als Einflußfaktoren des Käuferverhaltens. Eine empirische Analyse der Beziehungen zwischen emotionalen Grundhaltungen und ausgewählten Konsumstrukturen. 1986.

Band 12 Ernst-Otto Thiesing: Strategische Marketingplanung in filialisierten Universalbanken. Integrierte Filial- und Kundengruppenstrategien auf der Grundlage erfolgsbeeinflussender Schlüsselfaktoren. 1986.

Band 13 Rainer Landwehr: Standardisierung der internationalen Werbeplanung. Eine Untersuchung der Prozeßstandardisierung am Beispiel der Werbebudgetierung im Automobilmarkt. 1988.

Band 14 Paul-Josef Patt: Strategische Erfolgsfaktoren im Einzelhandel. Eine empirische Analyse am Beispiel des Bekleidungsfachhandels. 1988. 2. Auflage. 1990.

Band 15 Elisabeth Tolle: Der Einfluß ablenkender Tätigkeiten auf die Werbewirkung. Bestimmungsfaktoren der Art und Höhe von Ablenkungseffekten bei Rundfunkspots. 1988.

Band 16 Hanns Ostmeier: Ökologieorientierte Produktinnovationen. Eine empirische Analyse unter besonderer Berücksichtigung ihrer Erfolgseinschätzung. 1990.

Band 17 Bernd Büker: Qualitätsbeurteilung investiver Dienstleistungen. Operationalisierungsansätze an einem empirischen Beispiel zentraler EDV-Dienste. 1991.

Band 18 Kerstin Ch. Monhemius: Umweltbewußtes Kaufverhalten von Konsumenten. Ein Beitrag zur Operationalisierung, Erklärung und Typologie des Verhaltens in der Kaufsituation. 1993.

Band 19 Uwe Schürmann: Erfolgsfaktoren der Werbung im Produktlebenszyklus. Ein Beitrag zur Werbewirkungsforschung. 1993.